中国社会科学院青年学者文库

历史考古研究系列

中国社会科学院创新工程学术出版资助项目

林业的生成

近代中国东北的森林治理
与产业秩序（1860~1931）

THE MAKING
OF MODERN FORESTRY

FOREST GOVERNANCE AND INDUSTRIAL ORDER
IN MODERN NORTHEAST CHINA, 1860-1931

池

翔

著

社会科学文献出版社
SOCIAL SCIENCES ACADEMIC PRESS (CHINA)

·中国社会科学院青年学者文库·
总　序

  中国社会科学院拥有一支朝气蓬勃的青年研究队伍，他们多数是毕业于本院研究生院和全国许多著名大学的博士生、硕士生，有的曾出国求学。他们接受过严格的专业训练，基础知识扎实，目光敏锐，视野开阔。目前，在经济学、哲学、宗教学、社会学、法学、国际问题、文学、语言学、史学等主要学科领域，正有越来越多的青年研究人员承担起重要的研究工作。他们中间有的已经崭露头角，有的已经成为博士生导师、学术带头人，在学科建设和发展中起着重要的作用。

  在社会转型时期，社会主义市场经济既为社会科学提供了机遇，同时，研究事业也面临着诸多困难和新问题。其中一个亟待解决的困难就是学术著作出版难的问题。社会科学研究主要是通过论著的形式作用于社会，出版问题得不到解决，研究成果就难以产生其应有的社会效应，研究人员的劳动价值也就得不到社会的承认。目前，学术著作出版难已经成了一个困扰研究人员的普遍的社会现象。名家的著作尚且难出版，青年人的就更难了，对青年科研人员来说，学术成果能否被社会所接受比物质生活待遇好坏似乎更为重要。因此，如何解决好这个问题，是关系到科研队伍的稳定和研究事业后继有人、兴旺发达的根本问题。值得庆幸的是，在这样的情况下，社会科学院仍然有相当一部分青年学者兢兢业业，埋头苦干，致力于学科建设和研究事业，在比较艰苦的科研环境和条件下不断做出成绩，这是令人钦佩和感人至深的。从他们身上，不仅能看到可贵的爱国情操和献身事业的精神，还能看到社会科学研究事业乃至社会主义中国的希望。有这样的精神风貌，相信他们必将能够成为跨世纪的栋梁之才。

出版《中国社会科学院青年学者文库》既是基于学术研究事业的考虑，也是为了实实在在地帮助青年学者，解决他们学术成果出版难的问题。通过丛书的编辑出版，一方面让青年学者的辛勤所得能够得到社会的承认，另一方面让他们的成果接受社会和实践的检验和学界的评判，以利于提高他们的水平，促使他们尽快成才。繁荣学术，扶植青年，我想这是编辑《文库》的两个最重要的宗旨吧。

至于《文库》能不能起到这个作用，有没有好的社会效果，就取决于大家的努力和合作了。若干年后再来看这件事情，也许就清楚了。

胡 绳

一九九四年一月三十日

序

　　森林对于人类的重要性不言而喻。在现代人的观念里，林业既是现代化的物质基础保障，也是环境保护的最主要资源。但从先人的历史记忆中，我感受到中国人对森林有一种莫名的神秘感和恐惧感，随之而来的就是对森林的排斥。诸如将犯人流放到边疆林地，以及对西南地区瘴疬、东北地区严寒的恐惧，大约就是中国人对森林最为深刻的印象了。究其原因，无疑是原始森林远离人类文明核心区域，森林地带由此就成了野蛮的代名词。中国是一个传统的农耕文明国家，在中国人看来，耕地才是最为宝贵的资源。中国历史的发展和进步，与耕地面积的扩大和农业区域的扩展密切相关，这几乎成为中国传统历史叙事的主调。当然也不容否认，中国人尽管经常把森林看作不适于人类生存的瘴疬之地，但仍然认为森林是农耕文明扩展的必要空间。中国人对森林的认知，大致如此。

　　所以，一部中华文明史，几乎就是一部中国农业发展的历史；从另一个角度也大致可以说，一部中华文明史，也是一部中国森林消失的历史。这么说，可能有一点极端，但是如果从林业史的视角思考中华文明史，我们又不得不承认这一点。

　　中国是一个森林资源贫乏的国家，到帝制中国的后期，这一点愈来愈突出，甚至成为制约经济社会发展的一大瓶颈。也正因此，近年林业史研究成为社会经济史研究的一大增长点，可以说林业史研究对丰富中国历史的认识具有特别重要的意义。目前的林业史研究，大多集中于环境史、山林产权、林木买卖等一些问题。这些问题当然非常重要，但是也有一定局限。池翔的这部著作，因为关注的主题、区位、时代等都非常特殊，所以她思考的问题也更加重要、更加广泛、更加特殊。她跳出林业史、环境史、产权史的传统研究范畴，从全球史、知识史以及现代中国的国家建构等方面，来探讨东北林业及相关的重要问题，观点新颖，眼光敏锐，方法独特，是一部极为出色的著作。

首先，本书从跨国史或全球史的视角展开对中国东北的研究。

如果读者认为本书是关于中国东北地方史的研究，那就大错特错了。东北是中国的一个重要区域，近年关于东北地方史的研究成果也有很多，但本书作者眼光高远，没有就东北谈东北。也正因如此，本书可称为从东北出发的跨国史或全球史。在清代中国经济发展史上，东北的特殊性非常突出：清代前期，东北作为龙兴之地，被执行了严格的封禁政策，这使它在清代大部分时间内成为一个神秘的存在。东北封禁的结果，是中国有了面积最大的森林景观，但客观上也使这个地区的经济发展长期停滞不前。施坚雅在划分清代中国经济区的时候，就特别强调说，东北不可与中国的其他传统经济区相提并论。晚清以后，东北才成为中国较为重要的经济区。更需要注意的是，东北封禁最为严重的后果，是使对领土无限贪婪的沙俄乘虚而入，中国外兴安岭大片地区的丢失，与清政府的长期封禁政策关系极大。东北地区的复杂性，直接由清朝的封禁政策引起。1860 年后，东北地区逐渐开禁，其主要目的之一就是防止沙俄的继续渗透。所以，此时东北的问题，已经不再单单是中国的问题，而是一个跨国史的重要问题，甚至是国际性或全球性的问题。可惜，清政府的醒悟太晚，因为到 19 世纪晚期，不仅北面有一个强大的极具扩张性的沙俄，东面还有一个正在强大且同样具有侵略性的日本，此外还有欧洲列强的觊觎。尤其是沙俄及日本都把中国东北作为自己志在必得的势力范围，使晚清及民国政府根本不可能在这个地区进行完整的统治和管理。这是研究晚清以来东北历史最需要注意的一个大背景。本书在这个大的历史背景下展开论述，使读者看到了一个复杂且丰满的东北史。

其次，本书从知识史的视角审察中国从传统向现代的转变。

现代化是一个极其复杂的过程，在从传统社会向现代社会的转变过程中，能源从来都是一个非常重要的因素。而在矿物能源被人类充分利用之前，森林资源的重要性可以说首屈一指。也就是说，林业与现代化关系密切，在很多地区林业甚至直接为初始现代化建设提供了最重要的资源。但在东方人的观念里，林业从来都是被纳入农业体系的，中国人只有"种树"的观念，没有林业的观念。也就是说，在中国人的知识体系中，林业是缺失的。当然，即使在西方，林业也同样经过从传统到现代的一个发展过程。中国人林业观念的缺乏，与传统的农本观念密切相关。即使到了 20 世纪初现代化已经成为近代中国立国最强音的时候，林业依然很少被纳入中国人的视野。中国人的林业知识主要来源于日本。日本在明治维新后开始向欧洲学习，大约因为日本资源的极度缺乏以及现代化建设的迫切需要，日本人逐渐提高对林业重要性的认识，后来远超他们的欧洲老师。从明治维新开始，林业不仅逐渐被日本人认为是文明国家的事业，而且还被认为是"永续的"事业，是国家工业实力的基石。正是因为这个时期日本对林业的高度重视，日本林学家甚至将"林业"视为日本在全球市场的核心竞争力，把林业和进步、国运联系在一起，因此这个时期的日本特别重视林业殖民。日本学者及政客普遍认为中国东北的森林对于缺乏资源的日本来说特别重要，应该将东北森林"收入囊中"。日本对中国东北地区的殖民经营，与日本人现代林业观念的形成不无关系。甲午战后，中国人大批留学日本，促成了中国人现代林业知识的形成。不同的是，日本人的林业知识更多与军事化、工业化、现代化相关联，而中国人的林业知识则更多与"造林治水"、发展农业的传统观念相结合。从中日两国林业知识史的建构，可以看出两国当时发展的实际差距以及知识人的不同追求。

最后，本书从现代国家的建构审视东北问题的复杂性。

清朝前后期对东北截然不同甚至完全相反的政策，使东北形势错综复杂，成为晚清民国国家治理中的一个难点。清朝前期，清政府对东北实行封禁政策有多重目的，第一是要将东北的森林塑造为自身权威和价值取向的重要手段，并借以维系满人的特殊地位和文化象征；第二，一旦满族建立的清政权有不测，他们可以退回"老家"。不承想，长达两百多年的封禁政策，不仅使大片领土落入沙俄手中，也让后起的东邻日本垂涎三尺，这个结果是清初的统治者无论如何想不到的。1860 年后清政府逐渐开禁，允许内地汉人进入东北，这在一定程度上促进了东北地区的经济开发，也部分起到了防止沙俄及日本进一步渗透的作用。但是，这个时期东北开禁未久，尤其是政府很少介入林业开发及农业垦殖，主要还是靠民间自发的开拓和投资，因此对当地森林的开发和利用非常有限，弱小的民间资本始终无法与外国资本形成比较有力的竞争。在缺乏政府有效支持和规划的情况下，东北林业发展十分缓慢。尤其是晚清以降内忧外患频繁发生，如果没有国家力量的介入，不仅东北地区的林业难以发展，而且这个地区的安全也难以保障。森林国有化的动议始于清末，具体实施则在1912年民国建立后。池翔研究后认为，民国初年东北的林业建设经历了集中化、专门化和国有化的改革，总体看是卓有成效的；尤其是北洋政府在东北推行的国有林制度，具有深远意义，它既是抗衡外来殖民压力的策略，也是自上而下建设现代国家的重要一环。尽管后来东北国有林所有权和控制权的主体逐渐转移到东三省地方官署和各实业部门，但终究是强化了东北森林的领土主权性，也带动了地区经济的发展。

本书还对东北地区复杂的土地产权和森林产权问题进行了深入论述，对东北林木市场与近代中国工业化的关系等做了精彩的阐发；东北地区林地分离的制度设计丰富了我们的产权知识，也使我们对东北经济结构有了全新的认识；中国的林业建设开始于东北，中国的林业史知识建构同样是在东北森林的开发中完成的。清末民初，国家开始强力介入森林资源的直接管理，而东北地区的"国有林"政策更是拉开了近代中国国家林业的全新篇章。本书不仅使我们对晚清和民国以来的东北地区有了全新的认识，也填补了我们许多关于林业知识的盲点。总之，池翔这部著作以国家与森林的互动为主题，聚焦近代东北林业的变革历程，既展现了中国林业现代化的历史脉络，也为理解"中国式现代化"提供了新的视角和思考。

仲伟民

2024年3月1日于清华园

目　录

绪　论 ……………………………………………………………… 1

国家与森林的互动 ………………………………………………… 3

林业与现代资源管理 ……………………………………………… 8

全球视野下的中国东北与森林 …………………………………… 13

中日"林业"概念交流 …………………………………………… 20

本书章节安排 ……………………………………………………… 24

第一章　"森林之虎"与清朝东北的山林秩序 ………………… 26

第一节　历史地理学视野下的东北山林 ………………………… 26

第二节　神圣、拱卫与山货：东北森林的三个传统维度 ……… 35

第三节　清前期政府对东北森林的控制和利用 ………………… 39

小　结 ……………………………………………………………… 46

第二章　森林的跨语际实践：近代中国"林业"概念的引入与转译 …… 48

第一节　现代性与明治日语新词"林业"的形成 ……………… 49

第二节　日本殖民扩张与"林业"话语扩展 …………………… 55

第三节　甲午战后中国人对"林业"的译介和引鉴 …………… 60

第四节　清末"林业"概念的本土化阐释 ……………………… 65

小　结 ……………………………………………………………… 73

第三章　晚清边疆危机与东北森林的利权纠葛 ………………… 76

第一节　晚清外患与鸭绿江右岸伐木业的兴起 ………………… 77

第二节 鸭绿江、浑江流域的木会与林木水运 …………… 81

第三节 日俄的鸭绿江沿岸林业拓殖 ………………………… 84

第四节 日本的鸭绿江流域林业计划 ………………………… 86

第五节 森林利权流失与木把群体的抵抗 ………………… 91

小 结 ……………………………………………………………… 102

第四章 清末新政与东北森林国有化的尝试 ………………… 105

第一节 清末朝野的林业认知与吉林省山林 …………… 106

第二节 吉林全省林业总局与官山森林的国有化 ……… 111

第三节 森林国有化视野下的吉林林木采运、运输与销售 … 116

第四节 吉林全省林业总局的问题与倒闭 ……………… 125

小 结 ……………………………………………………………… 128

第五章 东三省林务局与民初东北国有林的经营 ………… 133

第一节 "森林国有"论与中央国有化的努力 ………… 134

第二节 东三省国有林的调查和发放 ……………………… 139

第三节 东三省国有林的"部省"纠葛 ………………… 142

第四节 地方政治与东三省的国有林建设 ……………… 147

第五节 民初东北林科毕业生的培养与去向 …………… 155

小 结 ……………………………………………………………… 158

第六章 民国时期东北森林的权属变迁与法律纷争
　　　 ——以奉天为例 …………………………………………… 164

第一节 清末民初奉天森林的权属演变与林权习惯 …… 165

第二节 民初国有林制度的推行与奉天林权重构 ……… 169

第三节 奉天国有森林的登记和发放 ……………………… 174

第四节 奉天的林权纠纷与讼案 ………………………… 180

小 结 ……………………………………………………………… 193

第七章 近代东北木材的制售与市场竞争 …………………… 197

第一节 甲午战争前后"大东沟材"的采伐与销售 …… 198

第二节　甲午战后日美制材在中国北方市场的竞争 …………………… 203

第三节　日俄战后"鸭绿江材"与中国北方木材市场的竞争 ……… 210

第四节　鸭绿江上中式筏的编筏与流送 ……………………………… 215

第五节　日式筏与采木公司的林木运输改良 ………………………… 219

第六节　中日两式筏在鸭绿江的营运竞争 …………………………… 226

小　结 …………………………………………………………………… 229

结　语 …………………………………………………………………… 232

参考文献 ………………………………………………………………… 237

附　录 …………………………………………………………………… 258

后　记 …………………………………………………………………… 261

绪　论

窝集夫何许，遥瞻已不凡。

真堪称树海，乍可悟华严。

紫翠纷闉砢，茏葱锁粤岩。

恰如望瀛渤，未饮早知咸。①

——爱新觉罗·弘历：《驻跸库勒讷窝集口占》（1743 年）

　　1743 年 8 月 27 日，乾隆皇帝第一次东巡吉林，在途经库勒讷窝集（今吉林省敦化市）时，作五言绝句《驻跸库勒讷窝集口占》。乾隆帝以诗意的方式呈现了东北广大的天然林地，"不凡"和"树海"展示了东北天然林的恢宏和广袤。满语 Weji（森林），在汉语中写作"窝集"，特指吉林、宁古塔和黑龙江一带的原始森林。② 1677 年，康熙皇帝下令封禁兴京以北的广大地区，开启了东北长达 200 年的封禁政策。清朝对东北地区的封禁措施在客观上保护了森林。1910 年，日本林业技师在东北林业调查中记录了清朝封禁的森林遗产，这些调查数据后来由民国中国林学家陈嵘转录（表 0-1）。

　　在一套新的图表中，乾隆皇帝所赞叹的原始森林以"产业统计"为主题被转录为结构化的数据。"森林覆盖率""森林形态"等一连串专业术语，

---

① 爱新觉罗·弘历：《驻跸库勒讷窝集口占》，载萨英额《吉林外纪·吉林志略》，史吉祥等点校，吉林文史出版社，1986，第 13 页。

② 胡增益主编《新满汉大词典》，新疆人民出版社，1994，第 817 页。《鸡林旧闻录》记载："森林，满语名窝集。如以义释之，亦可谓树密为窝，可以居集，亦曰乌稽。"参见魏声和《鸡林旧闻录》（二），载李澍田主编《吉林地志·鸡林旧闻录·吉林乡土志》，吉林文史出版社，1986，第 64 页。

表0-1 东三省的森林面积和森林蓄积量

林区	所在省份	面积（千亩）	蓄积量（千石）			备注
			针叶林	阔叶林	共计	
鸭绿两江流域	辽宁	9030			433352	1915年调查
松花江江流域	辽宁、吉林	14370	401584	501539	903123	1927年修正
图们江江流域	辽宁、吉林	8330	162374	271227	433601	1917年调查
牡丹江江流域	吉林	6350	211933	209018	420951	1915年调查
拉林河流域	吉林	6340	103731	197419	301150	1917年调查
中东铁路沿线	吉林	24350	273883	650770	924652[a]	1917年调查
三姓地区	吉林	52910	904618	1713984	2618602	1917年调查
大兴安岭	黑龙江	140000			5600000	估算
小兴安岭	黑龙江	100000			3500000	估算
共计		361680			15135431	

a. 原表数据如此。

资料来源：《满洲产业统计》（1930），载陈嵘《历代森林史略及民国林政史料》，金陵大学农学院森林系推广部，1934，第114~115页。

2

以及定量的面积和蓄积量，描绘了一种不同的、抽象的和科学的森林知识排序。与关于树木和植被类型等新知识形式一起出现的，还有新的政府机构、企业、专业培训和国家林业计划，这些构成了我们今天所知的"现代森林治理"。我的问题是：中国东北的森林如何参与到中国现代林业的形成中来？同时，当 Weji 转化为"林业"和"产业"的新理念时，在新形式的林业知识和实践中，我们得到了什么，又失去了什么？

国家与森林的互动

本书主要探讨"林业"在中国东北地区的形成及其影响。本书将现代森林治理的形成与发展置于东北地区长时段的跨国史和土地变迁史中，不仅研究森林的商业化，也关注森林资源的争夺对本地人民和地方治理结构的影响。本书着重考察 1860~1931 年中国民间和官方对东北森林资源的认识、政策和治理的变化，分析林业的知识生产、制度建构、商业竞争及国家动员与近代东北边疆治理之间的联系，以呈现清朝在森林中的制度遗产转化为现代政府治理领域的复杂过程。现代自然资源管理制度是国家治理体系与治理能力现代化的重要内容，对东北林业历史的研究也会为当代环境保护和生态文明建设提供有益借鉴。

本书时间范围从 1860 年前后至 1931 年九一八事变。历经晚清、北洋政府和奉系军阀时期，在这一时期内，中国东北地区的经济和环境进程呈现出长程的演变脉络。有清一代，东北的森林对于清朝的政权巩固确有一种特别的意义，何秋涛在其所著《朔方备乘》中记载：

> 东北方曰艮维，吉林、黑龙江两省实居艮维之地，山水灵秀，拱卫陪京，其间有窝集者，盖大山老林之名……材木不可胜用……地气苦寒，人迹罕到。[①]

由此可见，何秋涛基本上是从"军事拱卫"和"材木供给"两个角度来认

---

① 何秋涛：《艮维窝集考》，《朔方备乘》卷 21《考十五》，上海古籍出版社，1995，第 1 页。

识东北森林的功用的，这大致代表了传统王朝对于森林资源的某些需求。然而，诚如有学者注意到的，东北森林除为清朝提供军事屏障和木材资源外，还为满人巩固其"权威或价值取向"提供了重要凭借。① 清廷视东北为龙兴之地，康熙朝曾在该地区设盛京、吉林和黑龙江三大围场，用于八旗兵的日常演练和皇室的贡品采集，其更重要的目的则是重新标识满人统治者的特殊文化身份，并且维系中央政府与蒙古诸王之间的联系，森林围场的背后实际上是对族群认同的强化和国家权力的分配。另一方面，随着关外移民的大量涌入，东北地区的森林砍伐和林地拓垦不断增加，木材的贸易和加工成为汉人移民的重要"生意"，木税也由此成为该地区地方政府的大宗财政来源。② 清政府在东北先后设置了22处官营伐木场，进而形成了以奉天、大东沟和吉林为中心的木材市场，这些伐木场在其经营前期既为政府创造了相当可观的财税效益，又为汉人木工提供了充分的融合空间。通过皇家围场和官营伐木场的设置，以及长白山区、皇家园陵等相关封禁法令的实施，清政府事实上通过森林的区划实现了对东北地区满、蒙、汉等多元族群社会的控制。由此可以知悉，清朝中央政府对森林的管理并不仅仅针对森林本身，更是对当地族群关系和财税来源的控制。

然而至19世纪末20世纪初，清朝原有的森林管理模式受到挑战，这一时期俄日两国假科学之名行侵略之实，分别在东北各地进行大规模森林考察和开发。这种基于民族国家发展的需要、以近代林业为基础的资源利用方式，大大有别于清廷此前对森林的定位和认知。在这一变局之下，清政府面临如何变革森林管理方式以应对东北林业资源争夺的重要问题。与此同时，从西方（一部分是通过日本）不断传入的农学、林学知识则逐渐从知识层面上改变了当时中国人对森林的认知。从1896年罗振玉首倡农学会并广译西文农林书籍及论文后，农林事业已逐渐为士大夫所注重并日趋"科学化"。1903年，张之洞厘定学堂章程时已将"林学"列为农科大学"八科之一"，③ 林学作为一个学科正式得到官方承认。新知识的传播与朝野

---

① 孟泽思：《清代森林与土地管理》，赵珍译，曹荣湘审校，中国人民大学出版社，2009，第48页。
② 陈跃：《清代东北地区生态环境变迁研究》，中国社会科学出版社，2017，第286页。
③ 陈嵘：《中国森林史料》，中国林业出版社，1983，第54~56页。

间知识分子的讨论，影响着时人对国家和资源之间关系的认识，也成为关系近代国家转型的重要因素。

1907 年，清廷正式设立吉林全省林业总局管理奉天和吉林省的林木资源，这标志着清政府森林管理体系的重大转变，也标志着清朝边疆管理中族群控制与资源管理策略相分离。此前与森林资源相关的国家机构主要有围场处①、木税局、工部和内务府打牲乌拉衙门等，前二者是针对围场和伐木场设置的后勤及财税机构，后二者是负责全国工程和宫廷事务的国家机关，木料只是其采买和贮存的原料之一。也就是说，清廷此前从未有过管理森林和木材的单独机构。那么"林业"作为新近传入的"知识"，如何产生出一个新的国家机构？林业局中的"林业"二字代表的是一套复杂的西方知识体系，② 新的知识因素进入后，哪些原有管理模式被摧毁？哪些仍存在？存在的又接受了怎样的改革与修正？事实上，清廷设立的吉林全省林业总局只存在了短短 5 年，1911 年朝代鼎革之后便很快被废除，但继之而来东三省林务局、实业厅的设立以及《森林法》的颁布，无一不包含"近代林业"的知识和"木材是国家建设基础资源"的定位，林业、木材业也成为独立的产业存在于国家之中。

清末民初，在内忧外患的情境下，中国朝野逐渐认识到"森林国有"的重要性。1912 年 12 月，北洋政府农林部启动了中国第一个国家林业计划。农林部颁布《东三省国有林发放暂行规则》，授权林业机构将东北边境的无主荒地和天然林编为"国有林"，由农林部直辖的吉林林务局及其分支哈尔滨林务分局负责国有森林的报领。"国有林"由此成为一种新的土地权

---

① 如盛京管理围场事务处，隶属于盛京将军，嘉庆以后简称为"围场处"，参见赵珍《清代盛京围场处》，《历史档案》2009 年第 4 期。

② "近代林业"是资本主义的一个重要概念，马克思说的原始积累发生在英国庄园经济兴盛之际，森林先移入贵族手中，随后落入国家手里。为缓解 18 世纪林产不足或森林破坏导致的社会动荡，林业从原先的"贵族猎场管理之术"转为统治科学（Police Science）的一支，主张从财产权而非市场的层次介入与森林相关之全部社会经济活动。然而，诚如研究"福柯效应"（the Foucault effect）的若干论文指出，统治科学在政治经济学兴起后，由于无法以如此全面且直接的形式介入社会，于是衰落了；与此同时，统治的逻辑却在国有林经营中留存下来，林业进一步化身为治理科学（the Science of Government）与国家福祉的管理员。参见洪广冀《林学、资本主义与边区统治：日治时期林业调查与整理事业的再思考》，《台湾史研究》第 11 卷第 2 期，2004 年 12 月，第 54 页。

属类别，森林产权被重新定义。这一时期围绕东北森林集中化、专业化和国有化的改革全面重塑了该地区的地缘政治和地方权力，引发了产权制度和资源治理的巨大变革。

基于以上论述，本书希望通过对晚清民国时期东北森林资源控制策略转变及由林业专门机构成立所带动的森林治理转型的研究，兼及不同族群和社会文化群体对相关事件的因应，重新审视清末民初知识传播与近代国家转型的互动和纠葛，并试图对知识、产权和国家领土主权互动背后的复杂转型和深远影响做出解释。本书尝试在东北史和林业史方面做出三类推进。

首先，本书讲述了一部晚清民国时期东北地区的环境史和经济史。已有的清史研究极大地促进了我们对东北森林环境与清朝多元化治理之间相互作用的理解，但较少探讨东北森林本身。美国学者谢健（Jonathan Schlesinger）和贝杜维（David A. Bello）提供了这类研究的典范，他们将环境史融合进清代边疆史研究。例如，谢健认为，清政府通过在东北和蒙古的森林、围场和军事驻地中维护环境的"纯洁"，不仅保护了满族的狩猎习俗和物质特权，还重建了东北的"自然"。英文中的"自然"（nature）一词无法捕捉到满语 bolgo（意为"纯洁"）的本意。[1] 贝杜维则研究了满族身份认同与东北森林生态系统之间的关联。他主张，清朝有意识地在森林生态系统中创造狩猎和采集的空间与制度，以培育满人的身份认同。以各边地自然环境为基础构建边民的身份认同，是疆域形成的独特而成功的基础。[2] 然而，以上研究更多是从东北森林环境回看清朝的多元化治理，而没有太多地告诉我们"什么是东北森林"。此外，满语的"纯洁"观及身份认同构建主要发生在18世纪的清朝鼎盛时期，当时清朝能够在军事驻防体制下对东北实现集中化的治理。与现有研究的不同之处在于，本书关注晚清民初中央集权式微过程中东北森林的治理转型，以及清代东北森林制度遗产在民国时期的延续和挑战。

---

[1] Jonathan Schlesinger, *A World Trimmed with Fur: Wild Things, Pristine Places, and the Natural Fringes of Qing Rule* (Stanford, CA: Stanford University Press, 2017).

[2] David A. Bello, *Across Forest, Steppe, and Mountain: Environment, Identity, and Empire in Qing China's Borderland* (Cambridge: Cambridge University Press, 2016).

　　其次，本书围绕东北森林治理中多层次的中日因素进行研究。以往晚清和民国时期东北区域史的研究多强调日本帝国主义对东北森林的破坏性影响，如满铁、关东军和采木公司的掠夺性资源开采等，[1] 很少有人讨论 20世纪中国东北林业景观塑造过程中中国的国家和民间因素。这里的"中国因素"，既指晚清和民国时期中国朝野对日本化了的科学林业知识的内化和运用，以及中国民间木把（伐木工和筏工的总称）的抵抗，也包括北洋政府的东三省国有林新政、东北地方实力派崛起后的"省有林"垄断等。同时，来自日本的影响也多元且复杂。一方面，日军强占中国筏工在鸭绿江上流送的木筏，由此引发外交争端；另一方面，日本林学技师引进日本式的流筏和锯木技术，改变了鸭绿江沿岸的林业技术生态。此外，留学日本的林学生将科学林业管理方法引入东北并加以实践。本书将区分出不同的中日因素，并考察中日之间围绕林业在国家、民间、概念和技术等不同层面的交流、对抗和博弈。

　　最后，本书也尝试与世界环境史与林业史研究进行对话。过去，欧美环境史学者热衷于考察 19~20 世纪热带森林的管理和实践，并发现了围绕热带世界发展起来的"热带性"（tropicality）意识形态和"政治林业"（political forestry）制度。[2] 然而，中国现代林业制度的建立是一个更为复杂的过程。尽管中国曾在一系列对外战争中失败，并且部分领土被割让或租借给西方列强和日本，但中国政府的主权力量一直存在，而且从未停止重新集权和建设国家的努力。因此，像印度环境史反复研究的主题——英国直接将林业制度移植到印度本土社会，并没有在中国发生。[3] 相反，中国政府和地方精英将自日本引介的科学林业知识与中国传统的"善治"意识形态相结合，创造了一种新的林业话语和林业实践，调动了中国现代国家建设的积极性。因此，本书为中国东北林业的研究，提供了一个反帝国主义的温带林业史案例，在与热带殖民地林业史的对话中，也为世界环境史研究贡献了"中国故事"。

---

① 王希亮：《近代中国东北森林的殖民开发与生态空间变迁》，《历史研究》2017 年第 1 期。

② Susanna Hecht, Kathleen Morrison, and Christine Paddock, eds., *The Social Lives of Forest: Past, Present, and Future of Woodland Resurgence* (Chicago: University of Chicago Press, 2008).

③ Arun Agrawal, *Environmentality: Technologies of Government and the Making of Subjects* (Durham, N. C.: Duke University Press, 2005).

林业与现代资源管理

近代林业的历史是一部自然、资本主义与帝国相互交错的全球史。一般来说，近代林业的出现与以木材为导向的产业发展、资本主义的工业化和民族国家的形成密切相关。① 人口增长和燃料需求推动国家和社会追求更系统的资源控制和供应扩张的管理模式，形成了一套有关森林的科学原理和统计概念，以此来构建和维系现代国家。② 西方林业与非西方原住民社会的相遇是近代林业研究的主要焦点，尤其是在热带地区。学者们研究了 20 世纪东南亚和拉丁美洲热带森林的管理范式和实践，并将西方林业机构在非欧洲世界的移植描述为"专业林业"（professional forestry）。③ Nancy Peluso 等在关于殖民地和后殖民时期印度尼西亚、马来西亚和泰国的殖民林业研究中表明，所谓的"科学林业管理"不是欧洲殖民者自上而下强加的模式，而是一个自

① 《海上森林：文艺复兴时期威尼斯的环境专业知识》讲述了一个关于威尼斯战争动员的独特的森林故事，涉及现代早期国家的理性问题。海军的发展在很大程度上依赖于舰队的木材供应，因此，森林的立法和保护对一个国家的海军发展至关重要。通过讨论威尼斯加强海军力量的方式，作者认为对森林的控制增强了国家的理性并使之合法化。参见 Karl Appuhn, *A Forest on the Sea: Environmental Expertise in Renaissance Venice* (Baltimore: Johns Hopkins University Press, 2009); Karl Appuhn, "Inventing Nature: Forests, Forestry, and State Power in Renaissance Venice," *The Journal of Modern History*, 72. 4 (2000), pp. 851-889。

② 有关林业与近代资本主义世界的形成，参见 John Perlin, *A Forest Journey: The Role of Wood in the Development of Civilization* (Cambridge, MA: Harvard University Press, 1989); Bernahard Eduard Fernow, *A Brief History of Forestry in Europe, The United States and other Countries* (Toronto: University Press, 1911); Jack Westoby, *Introduction to World Forestry* (Oxford: Wiley-Blackwell, 1991); Rolf Peter Sieferle, *The Subterranean Forest: Energy Systems and the Industrial Revolution* (Cambridge: White Horse Press, 2001); Joachim Radkau, *Wood: A History* (Cambridge: Polity Press, 2012)。关于毁林和生态恶化的研究参见 J. Ives and David C. Pitt, eds., *Deforestation: Social Dynamics in Watersheds and Mountain Ecosystems* (London: Routledge, 1988); Aaron L. Schneider, *Deforestation and Development in Canada and the Tropics: The Impact on People and the Environment* (Sydney, Nova Scotia: University College of Cape Breton Press, 1989)。关于森林管理和资本主义世界关系的最新思考参见 Anna Lowenhaupt Tsing, *The Mushrooms at the End of the World: On the Possibility of Life in Capitalist Ruins* (Princeton: Princeton University Press, 2015)。

③ Susanna Hecht, Kathleen Morrison, and Christine Paddock, eds., *The Social Lives of Forest: Past, Present, and Future of Woodland Resurgence*; Nancy Peluso and Peter Vandergeest, "Empires of Forestry: Professional Forestry and State Power in Southeast Asia, Part 1," *Environmental History*, 12. 1 (2006), pp. 31-64.

下而上的过程，当地林业局局长的能动性是科学林业移植的重要组成部分。[①]
Nancy Lanston 提供了爪哇殖民林业中的一种控制与抵抗模式框架。她将研究视角从地方官府的代理转变为当地人民所遭受的后果及其对殖民统治的反抗，将焦点放在森林中的抵抗运动。[②] 詹姆斯·斯科特和 Arun Agrawal 则将英帝国林业中对殖民地原住民的动员模式描述为"环境主体"的塑造。[③]

在东亚，日本的"林业帝国主义"是通过 19 世纪下半叶对北海道，以及朝鲜和中国台湾的军事占领和资源开发来实现的，也被称为"帝国林业"。[④] David Fedman 考察了日本在殖民地朝鲜的林业拓殖，日本军队和林业专家成功建立了一个旨在开采木材和其他自然资源的"工业帝国"。Fedman 认为，日本殖民林业模式根植于 1910 年前由朝鲜人建立的交通网络和劳动力市场，日本通过投资更多的铁路线、锯木厂以及移植"爱林"思想来加强殖民控制。[⑤] 李文良研究了日本在中国台湾的土地整理和开发。他认为，日本殖民者通过按照日本地籍分类重新规划和定义台湾世居居民的林地，在一定程度上促进了世居居民土地私有产权的形成。旧有的台湾世居居民基础设施和意识形态在殖民林业建立过程中也起到了一定作用。[⑥] 洪广冀则引用古哈（Guha Ramachandra）的观点，指出在西欧，近代林业是资本

---

① Nancy Peluso and Peter Vandergeest, "Empires of Forestry: Professional Forestry and State Power in Southeast Asia, Part 1," *Environmental History*, 12.1 (2006), pp. 31–64; Nancy Peluso and Peter Vandergeest, "Empires of Forestry: Professional Forestry and State Power in Southeast Asia, Part 2," *Environmental History*, 12.1 (2006), pp. 359–353.

② Nancy Langston, *Forest Dreams, Forest Nightmares: The Paradox of Old Growth in the Inland West* (Seattle: University of Washington Press, 1995).

③ James Scott, *Seeing Like a State: How Certain Schemes to Improve the Human Condition have Failed* (New Haven: Yale University Press, 1999); Arun Agrawal, *Environmentality: Technologies of Government and the Making of Subjects*.

④ 澳大利亚学者 Tessa Morris-Suzuki 提出了日本"林业帝国主义"（forestry imperialism）的概念，认为日本通过对北海道，以及朝鲜和中国台湾等地的采伐帝国主义扩张来实现资源控制，参见 Tessa Morris-Suzuki, "The Nature of Empire Forest Ecology, Colonialism and Survival Politics in Japan's Imperial Order," *Japanese Studies*, 33.3 (2013), p. 229。"帝国林业"的讨论参见中島弘二・竹本太郎・中山大将・永井リサ・米家泰作・三島美佐子・水野祥子「帝国林業、森林、林学――帝国の自然をめぐる科学的なまなざし」『E-journal GEO』16 巻 1 号、2021 年。

⑤ David Fedman, *Seeds of Control: Japan, Empire of Forestry in Colonial Korea* (Seattle: University of Washington Press, 2020), pp. 186–193.

⑥ 李文良：《日治时期台湾总督府的林野支配与所有权——以"缘故关系"为中心》，《台湾史研究》第 5 卷第 2 期，1998 年 12 月。

主义的重要概念。在由欧洲人和后来的日本人控制的广阔殖民地中，近代林业本身发展成一种独立的治理形式。也就是说，重新定义现代世界的是近代林业，而不是资本主义。[①]

在古代中国，森林资源的治理通常表现为国家的农业政策。早在春秋时期，管仲就提出"山林、菹泽、草莱"是人民的基本福利。他向齐桓公指出："为人君而不能谨守其山林、菹泽、草莱，不可以立为天下王。"（《管子·轻重甲篇》）管仲由此把对森林、草原的严格保护与君主权威和合法性的确立联系起来。此后，中国历朝的统治者为了维护统治秩序，纷纷制定政令、法规来管理山林。因此，森林资源的管理也是中国人"善治"理念的重要组成部分，通过保护土地资源来获得充足的粮食供应是中国历代环境治理的重要组成部分。[②]

明清以降，随着城市化程度的加深，社会对燃料和建材的需求也日益增长，不少学者从木材的市场化供应及生态破坏的角度研究中国的森林与木材。其中，李伯重、彭慕兰、邱仲麟、龚胜生、高寿仙、孙冬虎、元廷植等学者对北京城燃料供应的研究[③]具有重要参考和借鉴意义。他们指出 19

① 洪广冀：《林学、资本主义与边区统治：日治时期林业调查与整理事业的再思考》，《台湾史研究》第 11 卷第 2 期，2004 年 12 月。

② R. Bin Wong, "Taxation and Good Governance in China, 1500－1914," in B. Yun-Casalilla and Patrick O'Brien, eds., *The Rise of Fiscal States: A Global History*, *1500－1914*（Cambridge：Cambridge University Press, 2012）, pp. 353－377; Richard von Glahn, *The Economic History of China: From Antiquity to the Nineteenth Century*（Cambridge：Cambridge University Press, 2016）.

③ 参见李伯重《明清时期江南地区的木材问题》，《中国社会经济史研究》1986 年第 1 期；李伯重《明清江南工农业生产中的燃料问题》，《中国社会经济史研究》1984 年第 4 期；李伯重《发展与制约——明清江南生产力研究》第五章"能源问题"、第六章"木材问题"，联经出版社，2002；彭慕兰《腹地的构建：华北内地的国家、社会和经济（1853～1937）》第三章"生态危机与'自强'逻辑"，马俊亚译，社会科学文献出版社，2005，第 18～50 页；邱仲麟《人口增长、森林砍伐与明代北京生活燃料的转变》，《"中央研究院"历史语言研究所集刊》第 74 本第 1 分，2003 年 3 月；邱仲麟《明代的煤矿开采——生态变迁、官方举措与社会势力的交互作用》，台湾《清华学报》第 37 卷第 2 期，2007 年 12 月；龚胜生《元明清时期北京城燃料供销系统研究》，《中国历史地理论丛》1995 年第 1 期；高寿仙《明代北京燃料的使用与采供》，《故宫博物院院刊》2006 年第 1 期；孙冬虎《元明清北京的能源供应及生态效应》，《中国历史地理论丛》2007 年第 1 期；元廷植《清中期北京的煤炭不足和清朝的对策》，《中国社会经济史研究》1998 年第 3 期；元廷植《清中期北京地区的煤炭生产和流通的变化》，载柏桦主编《庆祝王钟翰教授八十五暨韦庆远教授七十华诞学术论文合集》，黄山书社，1999。

世纪中国面临严重燃料不足的问题，这直接导致清代中国经济及资本主义萌芽发展受阻。彭慕兰、弗兰克和 S. A. M. Adshead 等西方学者也认为木材短缺和燃料不足是造成中西"大分流"的重要原因。[①] 燃料供应困难的背后是森林的过度砍伐和生态的严重恶化，伊懋可、Robert B. Marks、濮德培和上田信等学者的研究表明，早在 18 世纪，中国的大部分地区就已承受着越来越重的资源压力，人口压力和耕地开垦破坏了森林。[②] 孟一衡和张萌的最新研究则显示，前近代的中国南方已经拥有成熟的商业化造林和木材期货市场，民营林业的高效率和高生产力使明清中国发展出一套"放任自流"的自然资源管理模式。[③]

　　然而，上述关于中国森林的经济史和环境史研究却鲜有提及东北的情况。这主要是因为东三省地区的特殊性。该地作为清人龙兴之地一直被官方加意保护，直到 19 世纪中晚期受外力冲击和影响，封禁政策才逐步瓦解，因此东北森林的管理和利用长时间被排除在能源供应的视野之外，相关研究也多注目于东三省移民开发与封禁问题。[④] 19 世纪末 20 世纪初，日

---

① 贡德·弗兰克：《白银资本：重视经济全球化中的东方》，刘北成译，中央编译出版社，2000；彭慕兰：《大分流：欧洲、中国及现代世界经济的发展》，史建云译，江苏人民出版社，2004；Samuel Adrian M. Adshead, *Material Culture in Europe and China，1400—1800: The Rise of Consumerism*（New York：St. Martin's Press，1997）。

② 如伊懋可在其代表性著作中指出，中国森林的破坏在清代达到顶峰，18 世纪中国经历了第一次全国性的木材不足。参见 Mark Elvin, *The Retreat of the Elephants: An Environment History of China*（New Haven：Yale University Press，2004）。另见 Robert B. Marks, *Tigers，Rice，Silk，and Silt: Environment and Economy in Late Imperial South China*（Cambridge：Cambridge University Press，1998）；Peter C. Perdue, *Exhausting the Earth: State and Peasant in Hunan，1500—1850*（Cambridge，MA：Harvard University Asia Center，1987）；上田信「封禁·开采·弛禁——清代中期江西における山地开发」『東洋史研究』61 卷 4 号、2003 年 3 月。

③ Ian M. Miller, *Fir and Empire: The Transformation of Forest in Early Modern China*（Seattle：University of Washington Press，2020）；Meng Zhang, *Timber and Forestry in Qing China: Sustaining the Market*（Seattle：University of Washington Press，2021）。

④ 中国台湾学者的东北史研究可参见赵中孚《清代东三省地权关系与封禁政策》，《"中央研究院"近代史研究所集刊》第 10 期，1981 年 7 月；赵中孚《清代东三省北部的开发与汉化》，《"中央研究院"近代史研究所集刊》第 15 期下，1986 年 12 月；等等。大陆学者的相关研究参见许淑明《清末吉林省的移民和农业的开发》，《中国边疆史地研究》1992 年第 4 期；张杰《清代鸭绿江流域的封禁与开发》，《中国边疆史地研究》1994 年第 4 期；陶勉《清代鸭绿江右岸荒地开垦经过》，《中国边疆史地研究》1999 年第 1 期；张士尊《清代东北移民与社会变迁（1644~1911）》，吉林人民出版社，2003。相关学位论文参见许倩伦《清代东北封禁政策之研究》，硕士学位论文，台湾师范大学，1999。

俄两国掀起了对中国东北资源与领土的争夺，清政府才被迫开放边疆森林并推动林业开发。与此同时，沙俄和日本通过铁路和不平等条约，建立起一种攫取型的森林工业体系。本书着重关注晚清和民国政府如何结合森林中的制度遗产和传统治理观念，创造出本国的现代林业官僚体系。

中国官方首次尝试建立林业官僚机构可追溯至 1907 年。该年 12 月，清政府在吉林省的五常和四合川成立吉林全省林业总局及其分局，是为在东北建立林业官僚机构的首次尝试。然而，吉林全省林业总局早期工作的重点并不是保护森林，而是最大限度地开采森林资源，以强化国家财政和领土控制。以往关于近代东北林业的日文著作常将日本明治时期的森林治理与清朝进行比较，并认为清朝缺乏"林业"，所以未能保护其边疆林地。[1]诚然，清朝长期以来一直将"林业"纳入农业政策和土地管理范畴，由于缺少一个由稳定的中央政府组织、具有专业科学和执法能力的森林和林产品管理系统，也就无法提高土地肥力、保护生态和促进制造业的发展。将"林业"从土地或农业领域中剥离出来，使其成为一个行政上独立且统计上先进的体系，正是日本学者所认为的现代林业管理。

20 世纪初，"林业"也成为清政府和北洋政府振兴国家和保卫领土的众多战略之一。俄国修筑中东铁路和日本对鸭绿江森林的直接投资都让中国精英和地方官员警觉到，旧有的以土地垦殖为核心的东北林地管理制度无法解决东北森林中不断发生的复杂情况。随着西方科学林业知识的传播和人们认识到世界市场对木材的巨大需求，建立专门的国家林业管理机构成为新的选择。1912 年至 1917 年，北洋政府农商部成立中央直辖林务局——东三省林务局（包括其前身及之后的演化机构），专门负责管理东北地区的国有森林。这种由国家集中控制天然森林的愿望从一开始就与地方的利益有所冲突。尽管时任农商总长的周自齐主张建立统一的中央直辖林业官僚机构，但中央政府和东北地方实力派之间的关系却愈发紧张。1915 年，奉天、吉林和黑龙江三

[1] 王大川「近代満州林業に於ける日中合弁事業——林場権紛争を中心に——」『経済論叢別冊 調査と研究』30 号、2005 年 4 月；王大川『近代中国東北地方における林業開発』博士学位論文、京都大学、2009；蘇雲山、岩井吉弥「鴨緑江流域における森林開発構造の特質」『京都大學農學部演習林報告』64 号、1992 年 12 月；萩野敏雄『朝鮮・満洲・台灣林業發達史論』大空社、2005；外林会満蒙部会『満蒙大陸林業史』農林出版株式会社、1977。

省各自设立省属林务局，标志着由"部办林务局"向"部省共管"的转向。在央地围绕东北国有林的博弈下，各省发展出自己独特的林区，如奉天的"省有林"、黑龙江的"矿区森林"和"护路森林"。这些特殊林区的规划使地方实业厅的势力不断扩大，在某种意义上，也形成了对中央权威的挑战。

随着农商部针对东北地区推行国有林制度，东北森林管理的重点从林地转向林木，从而对传统的私有土地产权惯习提出挑战，但也赋予了一些没落的旗人机构从木材供应中获利的权利；更重要的是，中国林业官员把握机会，对林务局管辖范围内的国有森林进行分类、登记和地图绘制。至1912年，日本已经在鸭绿江沿岸建立了特许伐木区，继承了南满铁路沿线的租借地，并试图通过更多森林投资扩大其领土控制权。通过启动国家林业计划，北洋政府农商部下属的林务局从发放国有林①中获得财源，绘制了主权森林地图，并限制了日本商人从本地居民处购买木材。同时，中国林业官员生产和记录的国有林知识采用了新的文字类别、数字表格和森林地图形式，取代了传统的"山""地""窝集"等传统术语，从而构建了新的东北森林主权。国有林的推行和实践也成为一种新的边防战略，林业知识、森林治理和领土之间的联结和转变制造了林业的现代性。

全球视野下的中国东北与森林

中国东北既是经济大区，也是中国边疆区。②东北在整个中国经济史的研究中占有重要地位。20世纪下半叶，有关中国东北地区的社会经济史研究十分繁荣。在"五朵金花"的影响下，黑龙江省、吉林省和辽宁省的社会科学院曾整理和出版了一批明清及近代的中、日、满文社会经济档案；同时，孔经纬等学者贡献了有关东北地区资本主义萌芽、工业化、土地所有制和现代化的开创性经典研究。③改革开放以后，随着研究范式日趋多元

---

① "发放国有林"是当时文献中的固定说法，指开放森林让民众和企业申请承领。

② G. William Skinner, "The Structure of Chinese History," *Journal of Asian Studies*, 44.2（1985）, pp. 271–292.

③ 孔经纬、李澍田和衣保中等学者做出了奠基性的研究，参见孔经纬《清朝统治时期东北官地旗地的经营和向民地转化》，《吉林大学社会科学学报》1978年第Z1期；李澍田、衣保中《关于东北近代史的几个理论问题》，《吉林师范学院学报》1989年第3期；刁书仁《清代吉

以及多语种资料的整理出版，东北经济史研究再度活跃起来。在新的视阈下，学者们检视"边疆开发"和"殖民遗产"的解释框架，从东北经济的内部结构与内生动力出发，重新理解东北区域经济的内生性和现代性。[①]

近年来，海外学界涌现出一批以近代东北历史研究为基础的环境史和知识史新成果。例如，有研究者注意到独特的满族"纯洁"概念的构建。谢健认为，满语单词 bolgo（意为"纯洁"）是一种独特的观念和实践。通过实施"净化土地"政策和限制人们进入东北地区，清廷将该地区重新塑造为"未受污染的自然"的地区。[②] 贝杜维则认为，清政府对东北的政策是

林、盛京围场开放述略》，《史学集刊》1993 年第 4 期；衣保中《弛禁放荒与东北地区资本主义的产生》，《吉林大学社会科学学报》1999 年第 3 期；衣保中、吴北战《论清前期东北垦荒政策的演变》，《长白学刊》1999 年第 6 期；乌廷玉、张云樵、张占斌《东北土地关系史研究》，吉林文史出版社，1990；孔经纬《新编中国东北地区经济史》，吉林教育出版社，1994；佟冬主编《中国东北史》，吉林文史出版社，1998。

[①] 有关近代东北边疆开发的代表性研究参见赵中孚《移民与三省北部的农业开发，1920~30》，《"中央研究院"近代史研究所集刊》第 3 期下，1972 年 12 月；赵中孚《清代东三省北部的开发与汉化》，《"中央研究院"近代史研究所集刊》第 15 期下，1986 年 12 月；步平《东北边疆开发与近现代化过程》，《学习与探索》1993 年第 3 期；江夏由树「辛亥革命後、舊奉天省における官地の拂い下げ：昭陵窖柴官甸地の場合」『東洋史研究』53 巻 3 号、1994 年 12 月；江夏由树「辛亥革命後、旧奉天省における官有地の払い下げについて」『一橋論叢』98 巻 6 号、1987 年 12 月；Christopher Mills Isett, "Village Regulation of Property and the Social Basis for the Transformation of Qing Manchuria," *Late Imperial China*, 25. 1（2004），pp. 124–186；Yoshiki Enatsu, *Banner Legacy: The Rise of the Fengtian Local Elite at the End of the Qing*（Michigan：University of Michigan Ann Arbor, 2004）；薛龙《张作霖和王永江：北洋军阀时代的奉天政府》，徐有威、杨军译，中央编译出版社，2012；安富步・深尾葉子編『「満洲」の成立：森林の消尽と近代空間の形成』名古屋大学出版会、2009；马平安《近代东北移民研究》，齐鲁书社，2009。有关日本针对中国东北的殖民开发可参见 Peter Duus, Ramon H. Myers, and Mark R. Peattie, eds., *The Japanese Informal Empire in China，1895–1937*（Princeton：Princeton University Press, 1989）；Louise Young, *Japan's Total Empire: Manchuria and the Culture of Wartime Imperialism*（Berkeley：University of California Press, 1998）；Yoshihisa Tak Matsusaka, *The Making of Japanese Manchuria，1904–1932*（Cambridge, MA：Harvard University Asia Center, 2003）；Erik Esselstrom, *Crossing Empire's Edge: Foreign Ministry Police and Japanese Expansionism in Northeast Asia*（Honolulu：University of Hawai'i Press, 2009）；Aaron Moore, "The Yalu River Era of Developing Asia：Japanese Expertise, Colonial Power, and the Construction of Sup'ung Dam," *The Journal of Asian Studies*, 72. 1（2013），pp. 115–139；Emer O'Dwyer, *Significant Soil: Settler Colonialism and Japan's Urban Empire in Manchuria*（Cambridge, MA：Harvard University Asia Center, 2015）；等等。

[②] Jonathan Schlesinger, *A World Trimmed with Fur: Wild Things，Pristine Places，and the Natural Fringes of Qing Rule.*

在森林生态系统中维持一种"培育的自然"，以鼓励和保留满族人的狩猎和采集习惯。此外，康熙年间东北地区这种由国家管理的狩猎和采集活动，成为既表达满族认同又开发东北资源的主要策略。① 贝杜维的结论与孟泽思的发现相呼应，并进一步解释了东北森林与清朝治理的联系。② 罗芙芸则考察了 17 世纪到 20 世纪东北地区自然知识的构建。她搜集了不同国家的行动主体围绕东北山脉、河流、森林和平原的多语言文本，包括清代帝王、鄂伦春猎人、俄罗斯植物学家、日本细菌学家和美国古生物学家等留下的不同形式的东北自然知识，以此论证东北地区"地方性"的重要性和丰富性。③

近代以来，中外的资本、技术、知识、劳动力和市场等多种要素在东北的场域中相遇、并行、冲突乃至结合，重塑了东北的经济空间与边疆秩序。19 世纪，中国东北作为东北亚各国之间的边疆地带，呈现出"同床异梦"的复杂景象。④ 在这片舞台上，各国角逐争夺，互相的交流和持续的领土主权争端凸显了东北地区的动态性和复杂性。⑤ 作为拉铁摩尔（Owen Lattimore）笔下"冲突的摇篮"（cradle of conflict），近代东北波澜曲折的历史变迁在很大程度上塑造了森林的概念和制度。⑥ 然而，本书并不是简单地将

---

① David Bello, *Across Forest, Steppe, and Mountain: Environment, Identity, and Empire in Qing China's Borderland*.

② 孟泽思将中国的森林生态系统分为六类：狩猎场、寺庙、亲族公地、农业林、经济林和天然林。他认为清朝木兰围场的设立是管理森林的一种方式，并指出封闭的围场是满族身份的象征和代表。参见孟泽思《清代森林与土地管理》。

③ Ruth Rogaski, *Knowing Manchuria: Environments, the Senses, and Natural Knowledge on an Asian Borderland* (Chicago: The University of Chicago Press, 2022).

④ Hyun Ok Park, *Two Dreams in One Bed: Empire, Social Life, and the Origins of the North Korean Revolution in Manchuria* (Durham, N. C.: Duke University, 2005).

⑤ Robert H. G. Lee, *The Manchurian Frontier in Ch'ing History* (Cambridge, MA: Harvard University Press, 1970); Nicola Di Cosmo and Don J. Wyatt, eds., *Political Frontiers, Ethnic Boundaries, and Human Geographies in Chinese History* (London: Routledge, 2003); Diana Lary, ed., *The Chinese State at the Borders* (Vancouver: UBC Press, 2007); Thomas R. Gottschang and Diana Lary, *Swallows and Settlers: The Great Migration from North China to Manchuria* (Ann Arbor: Ann Arbor Center for Chinese Studies, University of Michigan, 2000); Shao Dan, *Remote Homeland, Recovered Borderland: Manchus, Manchoukuo, and Manchuria, 1907−1985* (Honolulu: University of Hawai'i Press, 2011); Patrick Fuliang Shan, *Taming China's Wilderness: Immigration, Settlement, and the Shaping of the Heilongjiang Frontier* (London: Routledge, 2017).

⑥ Owen Lattimore, *Manchuria: Cradle of Conflict* (New York: Macmillan, 1932).

中国、日本和俄国之间的国际争夺投射到东北的森林上，相反，本书所要做的是利用森林历史来重新思考清朝的封禁和移民实边政策、日本的林业殖民扩张以及东北土地产权和森林产权的改革。

东北拥有中国最大面积的天然森林。这一地区的森林是在一套以"窝集""山""地"等概念为表征的土地管理体系之下，与不同产权和政治经济单元联系在一起的。清朝的东北森林很少被视为公共物品，[1] 相反，它们是清皇室专属的珍宝，被称为"贡山"或"围场"。这些森林为清朝皇室提供贡品，为清朝士兵提供军事训练场所，并为清朝国家提供中俄之间的缓冲地带。然而，在19世纪末，日俄两国对森林的掠夺深刻改变了清朝关于边疆森林管理方式的观念——从以皮毛、人参等贡物为导向的禁地政策，转变为以林木资源开发为导向的边疆治理。

在19世纪以前，皮毛、人参等森林产品的长程贸易对东北经济至关重要。早在16世纪，努尔哈赤等女真领袖已经参与到皮毛和人参的商业贸易之中。谢健就认为，努尔哈赤等人更像是"商业资本家"，而非单纯的猎人。18世纪至19世纪初，东北地区已发展成一个商业中心，其皮毛、珍珠和蘑菇等商品不仅满足了本地市场需求，还辐射到周边西伯利亚、山海关内、北海道和朝鲜的市场。在1830年貂皮枯竭危机之前，东北森林为皮毛、珍珠等商品的商业扩张和全球贸易提供了原料和市场。[2]

19世纪末，第二次工业革命兴起，开矿、修造铁路和建筑的木材需求空前增加，这使林木本身变得十分重要。新型工业的飞速发展以及城市化进程的不断加快，进一步刺激了木材需求的增长。铁路建设需要大量的枕木，电信行业需要大量的电线杆，造船业需要大量的木材。在欧洲、日本和俄国的远东地区，林木被加工制作成铁路枕木、筑窑用木和电线杆用木等，以供应这些新兴行业及其背后帝国扩张的需求。[3]

东北森林作为林木资源的来源，很快成为全球势力交锋和竞争的对象，

---

① 直到1949年后，中国东北的天然森林才成为一种公共物品。参见 Julia C. Strauss, "Forestry Reform and the Transformation of State Capacity in Fin-de-Siècle China," *The Journal of Asian Studies*, 68. 4（2009），pp. 1163–1188。

② Jonathan Schlesinger, *A World Trimmed with Fur: Wild Things, Pristine Places, and the Natural Fringes of Qing Rule*, pp. 61– 66。

③ 本多静六著印『林政学：国家と森林の関係』前編、1894~1895、25~29頁。

清政府也被迫卷入了一系列与林务相关的国际交涉中。1898 年，中东铁路的修建给清政府的边防策略带来挑战，跨国铁路打破了清廷利用中俄边境的原始森林作为缓冲地带的设想。1905 年，日本在日俄战争中获胜，成为近代第一个击败欧洲国家的亚洲国家，这继续改变了东北亚地区政治格局的平衡，并对东北森林产生了影响。日俄战争后，日本不仅继承了中东铁路南段（即南满铁路）沿线的森林租借地，还通过成立中日合办的鸭绿江采木公司，直接投资和管控鸭绿江流域森林。

为了应对日俄对东北领土和资源的攫夺，1907 年 12 月，清政府在吉林成立了全国第一个地方林业局，即吉林全省林业总局。此前属于内务府打牲乌拉衙门管理的"贡山"被迫开放，改组为吉林全省林业总局的官营林场。同时，随着东北改制的推行，以往进贡皮毛、珍珠和人参等贡品的活动停止，传统的贡山制度也随之终结。中国、日本和俄国围绕东北森林展开的政治和经济博弈加速了林木的开采，并推动了"林业"话语的广泛传播。

从 19 世纪 60 年代起，东北地区见证了以大豆和谷物为代表的农业发展，以及汉人农民的大规模移民。移民实边是清朝的一项重要政策，旨在解决华北核心地区的人口和生态压力。东北吸收了剩余人口，并提供了剩余粮食，以维持清朝以赈灾为中心的治国策略。然而，正如艾仁民（Christopher M. Isett）指出的那样，移入的农民并没有从大豆和谷物的种植和贸易中获益，而商人组织，特别是粮栈，则成为国家和社会的中间人，补充了国家对全国粮食分配控制的不足。依赖棉花和布料的东北与依赖粮食的江南通过国家范围内的大豆和谷物长距离贸易联系起来。① 此外，关于东北移民史的研究经常将汉人移民描绘为开垦土地和砍伐森林的人，有学者也将这一过程描述为"东北地区的农业化"，然而，这些研究过于关注移民作为农民的角色，而忽略了他们的另一个重要角色：木把。到 19 世纪 70 年代，清政府的政策转向鼓励移民定居和商业伐木，因此，大量移民成为伐木工的主体，聚集在鸭绿江沿岸。本书重点关注 19 世纪至 20 世纪森林的商业化而不仅仅是伐木垦田，并探讨清朝边疆遗产如何受到森林采伐的挑战。

---

① James Reardon-Anderson, *Reluctant Pioneers: China's Expansion Northward*, *1644—1937*（Stanford：Stanford University Press, 2005）；Christopher Mills Isett, *State*, *Peasant*, *and Merchant in Qing Manchuria*, *1644—1862*（Stanford：Stanford University Press, 2007）.

从 19 世纪下半叶起，东北地区的汉军旗人开始崛起并成为地方权力的掌握者。江夏由树研究了清末奉天汉军旗人，让我们深入了解了地方层面产生的转变和长期影响。1904 年日俄战争期间，汉军旗人通过组织地方团练抵抗日本，从而获得了政治权力。1907 年，东三省总督徐世昌推行土地私有化，将东北的旗地和其他土地财产出售给平民，曾经担任庄头的汉军旗人购买了大量土地。这样，汉人庄头既有军事实力，又有经济实力，成为晚清中央政府和奉天地方政府赖以生存的非正式地方政权，也正是这批地方精英促成了张作霖政权的崛起。[①] 因此，本研究以江夏由树的研究为依据，将这些变化视为奉天林业官员独立性的历史根源。民初，这批奉天官员经常挑战北洋政府的权威，并最早将奉天森林管理地方化。

以往的东北史研究形成了两种理解东北森林的基本范式——简言之，保护和破坏。第一类"保护范式"包括了以满族的"纯洁"观念为指导的封禁政策、将鸭绿江右岸森林保留为"中朝缓冲地带"的宗藩理念，以及将中俄之间边境森林作为缓冲地带的防御理念。[②] 第二类"破坏范式"以晚清生态衰退和木材短缺的危机叙述为代表，把东北描绘成日本和俄国帝国主义入侵导致环境恶化的受害者。[③] 诚然，大规模的森林砍伐确实存在，但我

---

① Yoshiki Enatsu, *Banner Legacy: The Rise of the Fengtian Local Elite at the End of the Qing*；黄自进：《九一八事变始末：从"文装武备"到"武力掠夺"》，载吕芳上主编《中国抗日战争史新编》第一编《和战抉择》，"国史馆"，2015，第 29～117 页。

② Seonmin Kim, *Ginseng and Borderland: Territorial Boundaries and Political Relations Between Qing China and Choson Korea, 1636−1912*（Berkeley：University of California Press, 2017）；Jonathan Schlesinger, *A World Trimmed with Fur: Wild Things, Pristine Places, and the Natural Fringes of Qing Rule*.

③ 相关研究参见 Patrick J. Caffrey, The Forests of Northeast China, 1600−1953: Environment, Politics and Society, Ph. D. dissertation, Georgetown University, 2002。关于日本对东北森林的掠夺，参见中央档案馆、中国第二历史档案馆、吉林省社会科学院编《日本帝国主义侵华档案资料选编：东北经济掠夺》，中华书局，1991；王承礼主编《中国东北沦陷十四年史纲要》，中国大百科全书出版社，1991；王长富《东北近代林业经济史》，中国林业出版社，1991；许淑明《清末吉林省的移民和农业的开发》，《中国边疆史地研究》1992 年第 4 期；孙传杰、孙静丽《日本对我国东北森林资源的掠夺》，《世界历史》1996 年第 6 期；饶野《20 世纪上半叶日本对鸭绿江右岸我国森林资源的掠夺》，《中国边疆史地研究》1997 年第 3 期；陈锋《清末民国年间日本对华调查报告中的财政与经济资料》，《近代史研究》2004 年第 3 期；张杰《清代鸭绿江流域的封禁与开发》，《中国边疆史地研究》1994 年第 4 期；陶勉《清代鸭绿江右岸荒地开垦经过》，《中国边疆史地研究》1999 年第 1 期；王希亮《近代中国东北森林的殖民开发与生态空间变迁》，《历史研究》2017 年第 1 期。

们也不能忽视同时发生的大规模农业发展和"工业现代性"的兴起。正如日本学者安富步等人所展示的那样，东北森林的消尽造就了"县域经济"的勃兴和新的空间现代性。① 此外，由于东北传统社会经济结构具有高度韧性，外部势力对东北地区的渗透常常会遭遇本土模式的抵抗。清末鸭绿江采木公司能够顺利运行，是殖民者接受和采纳本地传统模式的结果。② 因此，本书在吸收已有研究的基础之上，试图将东北森林置于更纵深的历史脉络和更复杂的历史情境中，考察东北森林和林业的内生性、现代性和地方性。

作为当时中国面积最大的天然林区，森林的权属关系构成了近代东北地权演变的主要问题，森林产权的析出、流转、重构和竞争直接牵涉到当地土地权利和经营方式的改变，以及地方财政和边疆治理的转型。在以往的东北土地制度史研究中，乌廷玉、衣保中和刁书仁等学者注意到了东北官地、旗地的民有化过程，并重点探讨了田面权、田底权和典权等地权形态在东北土地交易中的具体实践；③ 赵云田、高月、徐建平、李皓等学者则考察了徐世昌、锡良、赵尔巽等人任职东北期间的官地清丈和财政调查情况，④ 但这些研究大多将关注点集中在平原地区耕地的地权演变上，对平原和周边

---

① 安富步・深尾葉子編『「満洲」の成立：森林の消尽と近代空間の形成』。

② 叶磊：《鸭绿江采木公司与日本对东北林业生产的殖民介入（1908~1931）》，《近代史研究》2022 年第 3 期；菅野直樹「鴨緑江採木公司と日本の満州進出—森林資源をめぐる対外関係の変遷」『国史学』172 号、2000 年 8 月；塚東進「日中合弁鴨緑江採木公司の分析—中国東北地域における日本資本による林業支配の特質」『アジア経済』31 号、1990 年 10 月。

③ 乌廷玉、张云樵、张占斌：《东北土地关系史研究》，吉林文史出版社，1990；衣保中：《东北农业近代化研究》，吉林文史出版社，1990；刁书仁：《清代吉林、盛京围场开放述略》，《史学集刊》1993 年第 4 期。

④ 赵云田：《清末新政研究——20 世纪初的中国边疆》，黑龙江教育出版社，2004；高月：《清末东北新政研究》，黑龙江教育出版社，2012；徐建平：《总督锡良与东北边疆的开发》，《北方论丛》2001 年第 6 期；李皓：《赵尔巽与清末奉天政局（1905~1907）》，中华书局，2019。此外，在清代民国东北环境史的相关专题研究中，赵珍、陈跃等学者探讨了国家权力对清代东北森林景观的改造；熊大桐、樊宝敏、李莉和郑宇等学者则从林业史的角度梳理了近代东北森林资源的管理和产业化进程。相关研究主要侧重于人类的活动对森林资源和生态环境的"破坏"，对其中的建设性因素则关注不够。有些研究尽管提及了东北地区的林权演变问题，可惜尚未深入。参见赵珍《清代塞外围场土地资源环境变迁》，《中国人民大学学报》2007 年第 6 期；赵珍《清嘉道以来伯都讷围场土地资源再分配》，《历史研究》2011 年第 4 期；陈跃《清代东北地区生态环境变迁研究》；熊大桐等编著《中国近代林业史》，中国林业出版社，1989；樊宝敏《中国林业思想与政策史（1644~2008 年）》，科学出版社，2009；李莉编《中国林业史》，中国林业出版社，2017；郑宇《近代东北森林资源产业化研究（1878~1931 年）》，上海社会科学院出版社，2020。

山地的林地确权、林权演变等则研究较少。① 因此，本书将聚焦于晚清东北开禁、旗地私有化时的森林产权变化以及民初国有林权的重构，并关注地方垦务局和林务局的职能竞争及其影响。

民初，"森林国有化"标志着近代东北地区历史和林业史上的重大转变。清代没有"国有林"的概念，"国有林"作为一个新术语，19 世纪晚期才从日本传入中国。1912 年 4 月，北洋政府农林部成立。面对日、俄等殖民势力对东北利权的争夺，如何应对边患和收回利权成为北洋政府改革的重要考量。新一代技术官僚主张通过制定新的国有森林法规和设立专门的林务机构，来加强对东北森林的控制。然而，东北林务中的新旧机构叠床架屋，林权关系复杂。国有林制度的推行遭到了东三省地方军政实力派的抵抗，并进而引发了中央和地方围绕国有林管理权的纠纷，林、矿部门对国有林采伐权的争夺，以及本地民众关于山场权属的争议。这一时期，国有林制度的实践打破了传统的林权格局，引发了从中央到地方层面经济与环境治理结构的变化，深刻影响了东北边疆森林的管理体系和空间秩序。本书将"森林国有化"作为民初东北林业的考察重点，从国家、民众和全球环境史的角度讨论东三省国有林制度的推广、特点和困境。

中日"林业"概念交流

19 世纪末，自然资源开采和领土扩张在东北森林这里被联系在一起，成为东北亚生态政治和国际竞争的核心。日本和全球市场都将林木视为建筑和工业建设的重要天然商品。同时，森林也是互动和融合的物理空间。通过控制东北的森林、修铁路和从事边境采伐，日本既扩大了自己的领土，又在中国东北境内引发了领土和主权争端。

日本帝国史和殖民史学者普遍从两个方面来理解 1931 年前日本在中国

① 学界以往关于山林产权的研究多集中于中国西南地区或者东南地区，详见张应强《木材之流动：清代清水江下游地区的市场、权力与社会》，三联书店，2006；杜正贞《晚清民国山林所有权获得与证明——浙江龙泉县与建德县的比较研究》，《近代史研究》2017 年第 4 期；杜正贞《近代山区社会的习惯、契约和权利——龙泉司法档案的社会史研究》，中华书局，2018。近代南方山区的山林确权研究为东北地区林权研究提供了重要参考。

的帝国主义扩张。一方面是将日本财阀和其他在华企业纳入"日本非正式帝国"（informal empire）的构建中，这种方式是通过签订不平等条约或利用国际法，在不直接获取领土的情况下获得经济优势，并排斥其他竞争对手。① 学者们将"非正式帝国"的成功归因于日本的"官僚多元主义"（bureau-pluralism），即日本官僚机构的分权以及财阀企业和家族协会的积极参与。② 另一方面，也是最新的日本帝国主义/殖民主义研究则主要强调以下几点：第一，社会群体与帝国权力之间微妙的谈判与合作；第二，"南满殖民区"居民的能动性，以及核心都市与外围殖民地之间的相互影响；第三，普通定居者的自治。日俄战争以后，日本在"南满"建立了"四头政治"，即满铁株式会社、日本驻奉天总领事馆、关东厅（前身为关东都督府）和关东军司令部，这四种力量同时参与了日本对"南满"的经营并相互博弈。③ 新的东北地区日本殖民史研究开始探索满铁日本员工的"自治"及个人能动性在塑造帝国主义势力范围方面的作用，而不再仅仅关注重要殖民机构从上至下的控制。例如，近代定居大连的满铁公司员工拒绝了日本政府强加给他们的身份认同，而是进行了自我身份塑造，并在定义大连的"帝国空间"方面表现出能动性。④

日裔历史学家 Tak Matsusaka 对日本侵占中国东北的动机有一个有趣的看法。他不同意日本的目标是自然资源，认为中国东北提供的原材料很少是无法从其他地区以更低的成本和更好的质量获得的，营利性的商业投资机会甚至更不相关，因为在中国东北投资的企业回报率往往明显低于国内企业。这是一个有意思的观点，但后来的研究者很少对此做出回应。那么，

---

① Peter Duus, Ramon Myers, and Mark Peattie, eds., *The Japanese Informal Empire in China*, *1895—1937*.

② Kaoru Sugihara and R. Bin Wong, "Industrial Revolution in Early Modern World History," *Cambridge World History*, 6.2（2015），pp. 283—310; Tetsuji Okazaki, "The Japanese Firm under the Wartime Planned Economy," in Masahiko Aoki and Renald Dore, eds., *The Japanese Firm*（New York: Oxford University Press, 2000），pp. 350—378.

③ Emer O'dwyer, *Significant Soil: Settler Colonialism and Japan's Urban Empire in Manchuria*.

④ Erik Esselstrom, *Crossing Empire's Edge: Foreign Military Police and Japanese Expansion in Northeast China*; Emer O'dwyer, *Significant Soil: Settler Colonialism and Japan's Urban Empire in Manchuria*. 最新的日本殖民史研究考察了日本对抚顺煤矿的经营，以及化石燃料带来的东北工业现代性。参见 Victor Seow, *Carbon Technocracy: Energy Regimes in Modern East Asia*（Chicago: The University of Chicago Press, 2022）。

日本在中国东北的目标是什么呢？Tak Matsusaka 这样总结道："日本在中国东北的核心愿望是领土，而非贸易。"①

我将 Tak Matsusaka 的结论作为本书的出发点。如前所述，控制林地不仅是扩张领土的途径，也是获取自然资源的途径。日俄战争后，日本直接投资鸭绿江森林，成立了鸭绿江采木公司，并将三井、大仓等一批专门从事铁路枕木和纸浆木材业务的财阀企业移植到中国东北。② 日本木材企业到达中国后，纷纷以自己的名义设立森林租借地、伐木场、纸浆厂或锯木厂。Tak Matsusaka 的观察将日本的帝国政策、领土要求和林业联系在一起，为我们理解日本在东北的林业政策提供了一种有益的视角。

19 世纪和 20 世纪，日本在扩张的同时创建了现代林业。从 19 世纪 70 年代起，日本向北海道以及后来的台湾岛、库页岛和朝鲜半岛扩张，为殖民统治地区的管理创造了新形式的森林知识。在明治政府的资助下，林业技师和科学家被派遣到帝国的林地进行细致的调查，测量林地面积，对植物种类进行分类，并绘制森林资源地图。林业报告和调查中的统计数据、地图和表格成为日本森林开采和木材制造业发展的基础。③ 森林的命名、分类、测量和林木销售等一系列新的做法也创造了新的术语，如"森林""国有林""林野""林业"等。正如欧洲的环境观念受到其殖民的热带森林的影响一样，日本在吸收欧洲科学林业和拓殖殖民地森林后所发展出的"森林"和"林业"等明治林学新词，标志着一种新的环境治理形式，即 Morris-Suzuki 所谓的"激进的现代科学理性"（a militantly modern scientific rationality）和平野克弥所言"榨取性殖民主义"（extractive colonialism）。④ 日俄战争后，日本开

① Yoshino Tak Matsusaka, *The Making of Japanese Manchuria*, *1904—1932*.
② Kaoru Sugihara and R. Bin Wong, "Industrial Revolution in Early Modern World History," *Cambridge World History*, 6. 2 (2015), pp. 283—310; Tetsuji Okazaki, "The Japanese Firm under the Wartime Planned Economy," in Masahiko Aoki and Renald Dore, eds. , *The Japanese Firm*（New York：Oxford University Press, 2000）, pp. 350—378.
③ 参见小関隆祺「北海道林業の発展過程」『北海道大學農學部演習林研究報告』22 巻 1 号、1962 年 11 月。
④ Morris-Suzuki Tessa, "The Nature of Empire：Forest Ecology, Colonialism and Survival Politics in Japan's Imperial Order," *Japanese Studies*, 33. 3 (2014), pp. 225—242; Katsuya Hirano, "The Politics of Colonial Translation：On the Narrative of the Ainu as a 'Vanishing Ethnicity'," *The Asia-Pacific Journal*, 7. 3 (2009), https：//apjjf. org/-Katsuya-Hirano/3013/article. html.

始对鸭绿江沿岸进行森林调查，并在其科学林业报告中使用了"山林""森林""林业"等术语。日本对领土的渴望也投射到相关森林新词汇的产生和传播上。

有两套关于中国东北森林管理的史料激发了我对"林业"一词的翻译兴趣。一套是保存在吉林省档案馆、题名为"吉林全省林业总局"（1907～1911年）的中文档案，另一套是1919年由中日鸭绿江采木公司编纂的日文书《鸭绿江林业志》。这两份材料都包含"林业"的汉字词，但有关内容却大相径庭。《鸭绿江林业志》以"中国木把"、"料栈"和"采木公司"等作为标题，列出了木材价格、木筏交易、锯木厂生产铁路枕木等的数字和表格。而在"吉林全省林业总局"的档案中，大多是关于与俄国官员谈判、解决旗民矛盾、贡山勘界的官方文件，另外还有一些关于漂流木的记录。不同的林业理念和实践表明，晚清民国时期的"林业"和日本的"林业"概念之间存在着明显差别。

以往关于中国东北近代林业的研究都自然地认为中文汉字"林业"与日文汉字"林業"代表了同一事物，并在研究中采用了同一套范畴。[1] 这些研究都有一个共同的观点，即日本帝国主义掠夺和侵略东北林业的做法激发了中国对近代林业的学习和实践，1907年吉林全省林业总局的例子就是证明。然而，本书认为，日文语境下的"林业"是日本对东亚进行帝国殖民扩张的一种中心战略。林业，在日语发音中为 ringyo，在明治时代的日本成为"殖产兴业"的一项基本原则，是日本与亚洲其他国家文明性的对比指标，以及战时资源控制和殖民管制的结合点。日文语境下的"林业"一词包含了永续性、工业化、国家化和帝国化等含义，与汉语语境中的"林业"其实存在较大差异。中国的精英和官员如何用他们的理解和实践重新诠释"林业"这一日语借词，也是本书讨论的重点之一。

---

[1]　参见陈嵘《中国森林史料》；王长富《中国林业经济史》，东北林业大学出版社，1990；王长富《东北近代林业经济史》；王长富编著《东北近代林业科技史料研究》，东北林业大学出版社，2000；南京林业大学遗产研究室编《中国近代林业史》，中国林业出版社，1989；中国林学会主编《中国森林的变迁》，中国林业出版社，1997；东北三省中国经济史学会、抚顺市社会科学研究所编《东北地区资本主义发展史研究》，黑龙江人民出版社，1987；中国科学院林业土壤研究所编《东北经济木材志》，科学出版社，1964；陶炎《东北林业发展史》，吉林省社会科学院，1987；黄甲元编著《长白山区开发史稿》，吉林文史出版社，1992。

森林没有重塑东北，相反，近代林业知识和国有化森林改革对东北的森林景观进行了重塑。本书认为，"林"一词不仅仅是树木的自然景观，还是现代资源制度形成过程中知识建构的结果。本书表明，在1912年国家林业计划（即国有林政策）启动后，"林"逐渐被确立为中国"森林"的标准术语。同时，林木所有权与土地所有权的分离是一种认识上和实践上的突破，促进了林地管理重点的变化，并为中国现代资源管理奠定了基础。

本书章节安排

本书共分七章。在第一章中，我主要探讨在移民实边以前，清政府如何通过建构神圣性、宿卫王土和货殖来对封禁下的东北山林进行管理和利用，并以此检视这一时期清朝对东北地区的边疆治理观念和治理特点。同时，该章会结合盛京工部砍木山场和永陵移民养树旗地等案例，来分析清政府实行的多元化林地管理策略的实际影响。

第二章考察了日文汉字"林业"在中文语境中的转义。伴随明治日本的殖民扩张和工业化转型，日本产生出新的林学知识并出现新的二字词"林业"，这标志着一种新的环境治理形式，具有永续性、工业化、国家化、军事化和帝国化的特性。甲午战后，"林业"作为一个明治日语借词被留学日本的中国知识精英传回中国并用于实业政策讨论。通过对比中日官方及学者对"林业"的不同解读，该章主要探讨了中国的精英和官员们对"林业"概念如何借用和修正，在水患和边患的压力下将"林业"调适为一种御辱强国的科学话语。

第三章重点考察了东北地区的边疆危机与森林利权之间的关联。其中，中国朝野与日、俄等国围绕东北森林的主权交涉、经营争端及其背后的分歧，是该章着重研究的对象。该章讨论奉天东边道设置的漂流木局、采木公司和木业公会等机构针对鸭绿江漂流木的互动与纠纷，进而从地方政府、企业、劳工等视角来审视晚清鸭绿江森林商品化给东北边疆治理造成的多重影响。

第四章着重探究清末新政时期清政府在东北地区实行的森林国有化政策及其具体实践，进而分析其成败得失的主要原因，以及由此对东北边疆治理转型和国家机构变革的影响。同时，该章也讨论这一时期东北森林国有化中的满汉矛盾、官私争议等问题，归纳总结清朝的土地和森林改制留给民国的制度性遗产。

第五章研究的是 1912 年至 1917 年间北洋政府农林部（农商部）制定的国有林制度以及"森林国有"理念在东北地区的推行经过以及相关纠葛。该章着重考察民初农林部（农商部）颁布森林法规、筹设东三省林务局等措施，并兼及奉天、吉林、黑龙江等地对农林部（农商部）相应计划的看法和应对，借此分析中央的林权规划在地方层面的成效和影响。

第六章探讨的是 1912 年至 1931 年间东北森林权属变动所造成的地方诉讼与法律纠纷。该章将结合法律史和文化史的视角来辨析森林的权属变动之于东北地方社会的利害关系，同时会尝试通过统计表格，将不同森林的权属类型、权属流动以及纠纷进行呈现，进而阐释国有林权的确立和发展对东北地区边疆治理产生的意义和影响。

第七章探讨的是东北森林的权属变动与林木贸易等市场性活动之间的关联。这一章将利用中、日、美等多方面的材料，来考察晚清至九一八事变前东北地区的林木制售与中国北方市场林木贸易之间的关系，并兼及日、美等国在中国林木市场的竞争。同时，该章会探讨中式筏和日式筏之间的技术交流和障碍以及对东北边疆治理的影响。

本书挑战了将 20 世纪东北森林史简单视为日本帝国主义史或科学林业史的一部分的观点。相反，将东北森林治理置于复杂的跨国史和边疆森林发展的历史脉络中，展示人与自然、国家与环境之间持续不断的协商、冲突与合作，以及由此产生的更大范围的资源管理、国家动员和政治经济发展转型。这些不同的因素相互作用，共同塑造了近代东北地区的"林业"。

第一章

"森林之虎" 与清朝东北的山林秩序

第一节　历史地理学视野下的东北山林

　　"东北"（以及"东三省"）概念的缘起及其与相应地理实体的对应，是讨论"东北史"时首先需要厘清的问题。中外地图及文献对"东北"的地理想象和畛域认知有所不同。明代的东北疆域与朝鲜、俄国远东的界线较为模糊，时山海关至铁岭卫一带属于山东省，由中央政府设辽东都司等机构管理；辽东边墙（经铁厂堡、广宁镇静堡、开原北关和鸭绿江岸）以外至外兴安岭以北设奴儿干都司管辖。明代的边疆管理强调所辖疆土部族在仪式上对中央"称臣"归附，而对疆域的实际控制权归属则较为"宽厚大度"。[①] 清朝虽承袭"天朝之制"，但对清代满人而言，"东北"不仅是"边疆"，更是"故土"，[②] 有清一代满人对"东北"有更多创造、建构和控

[①] 永乐二年（1404），朝鲜向明成祖提出请求，希望将"参散千户李亦力不花等十一处"归属朝鲜，并称"地面皆在圣朝同仁之内，伏望圣慈许令上项人等仍旧安业，永沾盛泽"。朱棣即从朝鲜之请，同意将参散等 10 处地区归朝鲜管理，并谕"朝鲜之地，亦朕度内"，由此可见明代中央政府对边疆管理重在礼仪上的"归附"，而不在事实上的"控制"。参见杨旸《明代东北疆域研究》，吉林人民出版社，2008，第 39 页。其他相关研究参见杨旸《明代东北史纲》，台湾学生书局，1993；杨旸《再谈关于明代东北疆域研究中的几个问题》，《博物馆研究》2007 年第 4 期；黎敬文《明代东北疆域考》，《考古学报》1976 年第 1 期。

[②] 邵丹：《故土与边疆：满洲民族与国家认同里的东北》，载中国社会科学院近代史研究所政治史研究室编《清代满汉关系研究》，社会科学文献出版社，2011，第 320~347 页。

制。清初，清朝统治者分别设置（盛京）昂邦章京（初设内大臣留守，1646 年改昂邦章京，1662 年更名镇守辽东等处将军，1664 年更名镇守奉天等处将军，1747 年更名镇守盛京等处将军）、宁古塔昂邦章京（设于 1656 年，1662 年更名为镇守宁古塔等处将军，1757 年更名为吉林将军）和黑龙江将军（设于 1683 年），将东北划为三大八旗军事驻防区，以柳条边为界线，设立驿站，加强对东北疆域的实际控制。[①] 同时，康雍乾三朝皇帝基本确认了长白山作为满族发源地的神圣地位，完成了满族同源的历史记忆与身份认同建构。[②] 中俄《尼布楚条约》划定清朝北疆界线后，受欧洲天文学和地图绘制术传入的影响，康熙帝曾派耶稣会传教士到盛京等地实地考察并于 1718 年制作完成《皇舆全览图》，初步确认了从渤海湾至库页岛的大片区域归属"大清皇舆"，也奠定了清人"东北"地理认知的基础。[③]

康熙《皇舆全览图》随后传入欧洲（包括俄罗斯）和日本等地，成为世界各地绘制中国地图的基本图，然而不同版本上"东北"的命名和划定范围却不尽相同。根据欧立德（Mark C. Elliott）提供的地图，可知 1741 年欧洲《东西鞑靼一览图》（A General Map of Eastern and Western Tartary）最早以 Manchew 一词指代以宁古塔为中心、位于日本海以西的东北部分区域；1751 年荷兰地图《卡特·冯奥斯特鞑靼》（Kaart von Oost Tartarye）上

---

① 从天聪三年（1629）至康熙十年（1671），清人在明代辽东边墙的基础之上修筑了沿吉林法特哈边门—开原城威远堡边门—山海关—凤凰城一线的柳条边体系。其中，威远堡边门至凤凰城划定了盛京将军与宁古塔将军辖区的界限，而威远堡边门以南至山海关和其以北至吉林法特哈边门两侧，分别为盛京将军辖区、宁古塔将军辖区与蒙古部落的边界。参见张杰《柳条边、印票与清朝东北封禁新论》，《中国边疆史地研究》1999 年第 1 期，第 81 页。笔者同意张杰的论点，即柳条边不是东北的封禁界线，柳条边的修筑与清廷发布"辽东招垦令"是同时进行的，旨在抵御蒙古部落而非阻挡汉人出关。笔者认为所谓"从康熙七年（1668）开始对东北实施两百余年的封禁"的模式化叙述是需要重新检讨的。另参见张士尊《清代东北移民与社会变迁（1644~1911）》；张杰、张丹卉《清代东北边疆的满族（1644~1840）》，辽宁民族出版社，2005。

② 康熙帝于 1671 年、1682 年、1698 年出关祭祖时曾作诗歌颂龙兴之地，诗中反复出现长白山等意象。乾隆帝于 1743 年、1754 年、1778 年、1783 年东巡谒陵时同样作诗歌颂长白山。参见爱新觉罗·玄烨《望祀长白山》，载《圣祖仁皇帝御制文集》，吉林出版集团有限责任公司，2005；爱新觉罗·弘历《祭告长白山文》，载《清高宗（乾隆）纯皇帝御制诗文全集》第六册，中国人民大学出版社，1993；等等。

③ 此后还有"乾隆图"和"嘉庆图"，参见于逢春《论中国疆域最终奠定的时空坐标》，《中国边疆史地研究》2006 年第 1 期。

Manchew 位置与《东西鞑靼一览图》相似，大致在吉林乌拉至兴凯湖一线的松花江以南区域内；然而 1809 年的《日本边界略图》却将 Manchew 边界向北扩展至黑龙江流域、鞑靼海峡以西，并将 Manchew 翻译为"满洲"。欧立德引用不同时期的地图旨在展示"满洲"（Manchuria）由部族之名演变为地名的"外力"过程，但仔细检阅，不难发现这些地图也呈现出另一种图景。第一，"满洲"位于盛京以北，盛京不属于"满洲"；第二，"满洲"的范围随时间推移不断北移并扩大。[①] 1877 年"满洲"作为中文地名出现在《满洲考略》一书中，1905 年光绪《皇朝一统图》正式在地图上确认"满洲"的界限，包括黑龙江、吉林全省和内蒙古东边一部分，这说明清末的地图绘制者接受了日本地图对"满洲"地理范围的修正。学界一般认为"满洲"和"东北"就是指盛京、吉林、黑龙江三省，如欧立德所称"在某个时期出于政治原因，'满洲'被'东北'和'东三省'等更中性化的称谓取而代之"，[②] 似乎"满洲"与"东北"只是政治意涵相异而地理范围相同。但其实不然，不同视野之下的"满洲"是一个变动的地理概念。如前所述，Manchew 在 18 世纪西方人地图上的位置大致是松花江以南的吉林境内，这是欧洲人对满人故乡的地理想象，但漏掉了满人最看重的盛京；而日本人接受了俄国"转手"的地图信息后，在 19 世纪的地图上创造的满

---

① 康熙朝法国耶稣会士张诚（Jean-Francois Gerbillon）亦有此看法，他写道："大鞑靼……可以分为不同的民族，每一民族各有自己的国家，各国又有不同的风俗、语言和宗教。首先是满族……这个国家位于辽东之北……北以大江为界……中国人称为黑龙江……南以辽东省和高丽为界；东临大洋；西以蒙古为界。"可见张诚认为满族的"国家"在辽东之北，不包括盛京。参见张诚《对大鞑靼的历史考察概述》，陈增辉译，载杜文凯编《清代西人见闻录》，中国人民大学出版社，1985，第 89 页。

② 欧立德通过对"满洲"一词词源的考察，指出"满洲"从部族之名变为地名的主因是清朝统治者对龙兴之地的地理想象、认同建构和受 17 世欧洲制图术传入的影响。1794 年，日本人桂川甫周第一次在地图上以 Manchew 标志渤海湾到黑龙江一带，1877 年"满洲"作为中文地名出现在《满洲考略》一书中。金毓黻认为"至以满洲之名，代替辽东盛京东三省之称，而为一地方之名称者，实肇端于有满洲铁路"，但笔者更认同欧立德的说法。关于欧立德和金毓黻对满洲词源的考察，笔者认为，金毓黻的贡献在于指出"满洲"是部族名而非国号或地名；欧立德的贡献是进一步厘清了"满洲"一词由满文部族名变为中文地名的过程，并发现了满族统治者的主动建构和欧洲地图绘制术的影响。参见 Mark C. Elliott, "The Limits of Tartary: Manchuria in Imperial and National Geographies," *Journal of Asian Studies*, 59. 3 (2000), pp. 603-646, 本书涉及的地图参见第 627、629 页；金毓黻《东北通史》（上编六卷），五十年代出版社，1936，第 13 页。

人故乡扩大为包含吉林和黑龙江全境，仍然忽略盛京；[①] 而康雍乾三朝统治者所竭力营造和强调的"满人根本之地"其实是盛京与吉林，[②] 这其中的差别值得考量。清人对"根本之地"的认知也有一个过程，清初时满人统治者多称"盛京（或奉天）、吉林乃根本之地"；而到了清末，时人又多称"东三省为我朝根本重地"，从盛京、吉林两地扩大为奉天、吉林、黑龙江三省，说明清朝的"根本之地"认知根据情势在不断北扩，与日本"满洲"范围的南扩相反。

欧立德看到了欧洲与日本因素参与东北地理想象的直接影响，但还应该注意，外力制造的东北"满洲"和清人自我建构的东北故乡范围并不相同。也就是说，清廷虽然将"满洲"画入了《皇朝一统图》，但地图上的"满洲"并非满族人心目中的神圣故乡，而清末的"东北"也不等于"满洲"，而是由满洲和盛京两地共同组成。1896 年，清朝甲午战败后的第二年，朝鲜《独立新闻》发文这样评论道："但愿朝鲜也能打败清国，占领辽东和满洲，获得八亿元赔偿，朝鲜人应下大决心，争取数十年后占领辽东和满洲。"[③] 且不论朝鲜此时态度如何，单看这段描述可知至少在清末的朝鲜人眼中，满洲与辽东还只是并列关系，互不从属。

1932 年 3 月，日本成立伪满洲国，这时"满洲"的范围开始扩大为"满洲四省"（黑龙江、吉林、奉天、热河）。为了对抗日本殖民渗透，民

---

① 欧立德指出，日本的清代疆域图是从俄国传入的。参见 Mark C. Elliott, "The Limits of Tartary: Manchuria in Imperial and National Geographies," *Journal of Asian Studies*, 59. 3（2000），pp. 603–646。日本地图见欧立德文图 8。

② 《清实录》里康雍乾三朝皇帝反复提及"盛京（或奉天）、吉林乃根本之地"，自康熙五年开始的厉行封禁也主要针对柳条边以南的盛京。康雍乾三朝皇帝对"根本之地"的提法参见《清圣祖实录》卷 167，康熙三十四年五月至七月；《清世宗实录》卷 108，雍正九年七月；《清高宗实录》卷 102，乾隆四年十月上；卷 115，乾隆五年四月下；卷 274，乾隆十一年九月上；卷 294，乾隆十二年七月上；卷 428，乾隆十七年十二月上；卷 676，乾隆二十七年十二月上；卷 977，乾隆四十年二月下；卷 979，乾隆四十年三月下；卷 983，乾隆四十年五月下；卷 1087，乾隆四十四年七月下；卷 1090，乾隆四十四年九月上。清末的说法参见魏震等《南满洲旅行日记》，载中国社会科学院近代史研究所近代史资料编辑部编《近代史资料》总 45 号，中国社会科学出版社，1981，第 94 页。自乾隆五年开始的厉行封禁也主要针对柳条边以南的盛京，参见张士尊《清代东北移民与社会变迁（1644~1911）》，第 110~112 页。

③ 白永瑞：《思想东亚：朝鲜半岛视角的历史与实践》，三联书店，2011，第 215 页；另见稻香蛙《当年朝鲜也做瓜分中国梦》，《东方早报·上海书评》2014 年 4 月 27 日，http://www.df-daily.com/html/1170/2014/4/27/1146633.shtml。

国学人以"东北"的称谓取代伪满洲国之"满洲"，力图消解殖民色彩并强调四省国土乃"国之东北"，直到这时，现代意义上"东北"的概念和地理区划才应运而生，其地理范围相当于日本殖民的"满洲国"。金毓黻曾梳理历代汉文史志，指出"东北"一词先表方位，后指区域，其背后的意涵是"中央之国土"。但"东北"所指代的具体范围"又因时代而转移"，辽金以后才有"明确界画之可指"。清人先以"盛京一词概括东北全部之地"，而将东北与辽、吉、黑三省对应起来要到1907年建行省之后。① 侯杨方指出，有清一代"省"是"一种应用宽泛的通称"，并非正式行政区划。② 早在雍正十三年就已经出现"东三省"的记录，③ 乾隆皇帝还曾指责某奉天官员不应用"省"称呼盛京，"东三省"是"不知检点"的"俗语"。④ 因此，我们可以大致总结如下。不同时期、不同视野之下的"东北"及其对应地理实体差异较大。满洲人有意在关外构建凝聚满人认同、有别于汉人世界的神圣故乡，而欧洲人根据他们的认知将松花江以南、盛京以北识别为"满洲"（旧）。日本人在清末对满洲边界的修正以及20世纪30年代伪满洲国的实践则直接制造了"满洲"（新）并造成现代"东北"格局的形成。因此，层累的"东北"概念实包含着复杂混合的历史脉络。明朝的"东北"是北至库页岛的开放边疆，清朝的"东北"是界限明晰的边疆与故土混合的"根本之地"（盛京和吉林），民国时期学人强调的"东北"是民族国家观念下重塑的"国之东北边疆四省"，⑤ 而近代日本人则化用了源自西方的"以族群定国土"的知识，制造了独立的"满洲"。也就是说，现代"东北"概念的缘起是为了对抗日本殖民的"满洲"，称谓不同的背后是各种不同观念的误解、化用和对抗。

---

① 金毓黻：《东北通史》（上编六卷），第4～15页。
② 侯杨方：《清代十八省的形成》，《中国历史地理论丛》2010年第3期。
③ 《清高宗实录》卷9，雍正十三年十二月丙戌。
④ 邵丹：《故土与边疆：满洲民族与国家认同里的东北》，载中国社会科学院近代史研究所政治史研究室编《清代满汉关系研究》，第326页。
⑤ 这一时期有关东北研究的学人论著有：傅斯年《东北史纲初稿》，中央研究院历史语言研究所，1932；金毓黻《东北通史》（上编六卷）；郑天挺《满洲入关前后几种礼俗之变迁》《清代皇室之氏族与血统》，《清史探微》，独立出版社，1946；蒋廷黻《最近三百年来东北外患史》，"中央日报社"，1953；孟森《清朝前纪》，商务印书馆，1930；孟森《满洲开国史》，商鸿逵整理，上海古籍出版社，1992；等等。

美国人类学家托马斯·巴菲尔德（Thomas Barfield）曾将满人比喻为"森林之虎"，以对应蒙古人的"草原之狼"，① 可见满人故乡的一大生态特色就是森林。早在康熙时期，东北森林就已经作为一种专门知识进入国家视野。《康熙几暇格物编译注》里"窝集"（森林）的条目释义为："窝集东至海边，接连乌喇、黑龙江一带，西至俄罗斯，或宽或窄，丛林密树，鳞次栉比，阳景罕曜。如松柏及各种大树，皆以类相从，不杂他木。林中落叶常积数尺许，泉水、雨水至此皆不能流，尽为泥淖，人行甚难。其地有熊及野豕、貂鼠、黑白灰鼠等物，皆资松子、橡栗以为食。又产人参及各种药料，人多有不能辨识者，与南方湖南、四川相类。"② 《几暇格物编》是康熙皇帝辑录天文、地理、古生物等各类"新知"的笔记，"窝集"一词的收录和释义透露出以下信息。首先，"窝集"代表森林最茂密的形态，必须"林木丛杂、夏多哈汤、人马难以通行之处"才能称"窝集"，这也是东北森林的一大特色。③ 其次，东北森林除木材外，还提供貂、熊及人参等资源。如法国耶稣会传教士张诚记载，在"松花江两岸居住的满人，冬天他们去黑龙江两岸大森林里猎取黑貂，夏天回到他们自己的聚集地度夏"。④ 对于东北本地满人，森林主要为他们提供狩猎的空间和对象，是作为农牧等资源的载体而存在。再次，康熙帝描述的东北森林分布大致与《尼布楚条约》签订后的清朝北疆范围一致，东至海参崴，西接尼布楚，森林"鳞次栉比，阳景罕曜"以及"尽为泥淖，人行甚难"，为东北边疆提供了天然屏障。

咸丰年间，何秋涛作《艮维窝集考》一文，指出吉林、黑龙江共有48窝集，⑤ 而吉林将军辖区内的纳穆窝集（也作喇母乌稽、小乌稽）和色齐窝集（又作塞赤乌稽、大乌稽）最常见于时人记载。1862年，扈从康熙东巡的内廷供奉翰林院侍讲高士奇记录了东路驿站⑥上的两大松林："我太祖高皇

---

① 巴菲尔德：《危险的边疆：游牧帝国与中国》，袁剑译，江苏人民出版社，2011，第23页。
② 李迪译注《康熙几暇格物编译注》，上海古籍出版社，2008，第80页。
③ 曹廷杰：《东三省舆地图说·窝集说》，载李澍田主编《香余诗钞·吉林纪事诗》，吉林文史出版社，1991，第129页。哈汤即沼泽。
④ 张诚：《对大鞑靼的历史考察概述》，载杜文凯编《清代西人见闻录》，第90~91页。
⑤ 何秋涛：《艮维窝集考》，《朔方备乘》卷21《考十五》，第6~9页。
⑥ 清代东北有以吉林城为中心，向西、北、东3个方向辐射的3条驿路。西路驿路由吉林向西经伊勒门站、双阳站、大孤山站等8站直达开原城和盛京，再由盛京入山海关达京师；东路

31

帝攻取乌喇，地为我有，山多黑松林，结松子甚巨……是日，上欲往观乌稽，因雨不果。访之土人云：喇母乌稽在松花江东，可百里许，一曰小乌稽。乌稽者，汉言大林也，中皆乔松及桦、柞树，间有榆、椴……自厄黑木站至喇伐木站，西东四十余里皆林径也……又东四十里曰塞赤乌稽，树稠道峻，倍于喇母，仰视天日，窔辽如在洞穴中，行渡六十里，始得平原，相传呼为大乌稽者是也。"① 清代东北驿路随山林蜿蜒修筑，以林木为原料和补给，旨在对外防御沙俄，对内运输调遣。② 纳穆窝集和色齐窝集正是长白山著名支脉老爷岭和张广才岭上的原始森林，是 1677 年修筑从吉林乌拉至宁古塔驿站驿路的必经之路，高士奇的记载反映出吉林境内山林分布、驿路建设和八旗驻防的紧密关联。1858~1860 年，中俄签订《瑷珲条约》和《北京条约》，黑龙江以北、乌苏里江以东大片领土被沙俄割占，③ 但东北境内仍有 28 窝集被保留下来。按《鸡林旧闻录》记载，1860 年后吉林境内山林分为长白山和小白山两系。长白山系在"松花江上流，头道江、二道江之地，老林绵亘千里，在前清严禁采伐"，小白山系"在拉林河上游四合川附近，南抵张广才、老爷二岭，东迄三姓、宁古塔，西至宾州、五常，东北界俄领黑龙江州"。④ 法国传教士张诚记载"满洲流放罪人"之地的瑷珲和宁古塔地区"非常寒冷，山多，森林丰富，很像加拿大"。⑤

盛京（奉天）境内的森林主要分布在盛京边墙和柳条边外巡防地区

驿路经天岗站、拉法站、退抟站、额穆站等 10 站到宁古塔城；北路驿路经法特站等 10 站到伯都讷城，然后过茂兴站向北直通齐齐哈尔城。参见刘文鹏《清代驿传及其与疆域形成关系之研究》，中国人民大学出版社，2004，第 45、51~52 页；刘文鹏《论清代东北驿站功能的发展》，《吉林师范大学学报》2003 年第 2 期，第 49~50 页。

① 高士奇：《扈从东巡日录》卷下，参见李澍田主编《松漠纪闻·扈从东巡日录·启东录·皇华纪程·边疆叛纪》，吉林文史出版社，1986，第 113 页。"厄黑木站"即额赫穆站；"喇伐木站"即拉法站。
② 参见刘文鹏《论清代东北驿站功能的发展》，《吉林师范大学学报》2003 年第 2 期，第 50~51 页。
③ 沙俄通过《瑷珲条约》和《北京条约》割占中国近 100 万平方公里国土，其中林地面积达 5471.6 万公顷，相当于我国现有森林面积的 50%。参见翟中齐等编著《中国林业经济地理》，中国林业出版社，1993，第 271 页。
④ 魏声和：《鸡林旧闻录》（二），载李澍田主编《吉林地志·鸡林旧闻录·吉林乡土志》，第 64 页。
⑤ 张诚：《对大鞑靼的历史考察概述》，载杜文凯编《清代西人见闻录》，第 90~91 页。

（东边外）。1682年，康熙帝为备战雅克萨第二次东巡，从北京出发经盛京到吉林乌拉，同行的耶稣会士南怀仁在《鞑靼旅行记》中写道："辽东及其以东地方，全是山岳，为几世纪间从不知斧锯的繁密的老楠林和其他树种的森林所覆盖。间有需用几天才能通过的榛棵矮林，我除了树木如此之多外，什么也没有记忆。"[①]南怀仁笔下的辽东森林是如此繁茂，但何秋涛所记录的48窝集中却没有一处位于辽东。王长富认为，雍正时期在辽东大举开设的22个伐木场将辽东森林"彻底砍光，已不成为窝集"，因此咸丰时期何秋涛在考察中没有记录。1818年清廷在兴京（今新宾）设伐木山场9处，开原3处，辽阳2处，凤凰城6处，岫岩2处，伐木场所在便是森林丰富之地，除此之外另有"盛京佟家江、口内马前寨、英讷河、大庄河、老虎峪、汪清"等地木植丰富，[②]"陵街南七八十里曰石人沟"，所产松柏"为盛京工部预备薪炭之用"。[③]

清末东北开禁以来，清廷对山林的控制逐渐集中在长白山一带，主要包括奉天和吉林两省。1877年，清廷设分巡奉天东边兵备道（简称"东边道"）以"稽查木税，慎重海防"。[④]《鸡林旧闻录》里记载的长白山系山林"头道江"被纳入东边道管辖，设为通化县，并于1902~1903年析出长白、临江、辑安和柳河四县。而长白山系"二道江"山林则先后设濛江垦务局和濛江州（今靖宇县），隶属吉林将军和分巡吉林省西路兵备道。同一系山林被划为两县，分别隶属奉、吉两省，行政边界的变动名义上是为防御外敌，实际上是各省为防止木税外溢，这一时期山林的经济利益是地方将军加强山林控制的主要考量。[⑤]1904年，工部员外郎魏震等人奉命考察长白山林业，东边道道台张锡銮建言道："长白山顶终年积雪，山上并不产木，山麓左近木植，以距水口较远，亦难运出。其有名窝集，产木最多之处，有在长白山西南干帽儿山一带者，以鸭绿江为运道，此行须到临江县始能悉其大概。"[⑥]临江县设于1903年，按魏震等的调查，"长白山南各沟产木

---

① 南怀仁：《鞑靼旅行记》，薛虹译，载杜文凯编《清代西人见闻录》，第72页。

② 王长富：《东北近代林业经济史》，第15、30页。

③ 魏震等：《南满洲旅行日记》，《近代史资料》总45号，第101页。

④ 民国《奉天通志》卷44《大事志》，东北文史丛书编辑委员会，1983。

⑤ 黄甲元编著《长白山区开发史稿》，第14~17页。

⑥ 魏震等：《南满洲旅行日记》，《近代史资料》总45号，第95页。

之处均在其辖境。各沟木植运道必由鸭绿江下驶，经过帽儿山江岸，直赴大东沟"；同时临江县的居民"以业木把者为大宗，其次即垦田者……临江农人多不知耕，有田辄租韩民种之，分收其谷"。① 临江县的设置和升级使清廷对"长白山西南帽儿山一带"有了更强的控制，但长白山北麓山林仍被其他势力瓜分，其中一股势力名为"会房"。李乐营等学者研究指出，会房"利用清政府边疆行政设治滞后，与政府不即不离，以经济为后盾，军事与政治并为保障，盘踞一方，犹若独立王国"。② 魏震等在旅行日记中亦有提及："初八日王把总宝山来，适有吉林汤河界会房纪宝传一人至……汤河与临江隔一老岭，长白山西北一隅均归该会房管领，周围约千余里，并未设官，地面征税、剿匪等事由该会房经理，吉林将军派员前往收税，税多少无定额，借以羁縻而已。"③ 从这段叙述可知：第一，时人对会房的存在早已习以为常；第二，会房成为东北基层建置的重要补充；第三，会房势力控制长白山北麓，掌管木税，吉林将军通过"羁縻"会房来管理长白山北麓。

1904 年，沙皇俄国通过《修建东省铁路合同》获得了中东路沿线森林砍伐权，中东路"西部为大兴安岭林区，东部是张广才岭、老爷岭林区"，④ 正是《鸡林旧闻录》里所言"小白山系"山林。同一时期日本人也进入长白山区进行农林测绘，1928 年南满洲铁道株式会社出版《东省的进步：满蒙与满铁》，按照水系和铁路把东北森林分为八大林区，"满蒙的森林，以松花江、牡丹江和图们江上游沿岸一带地域为最。此外鸭绿江和浑河上游地方、中东铁路东部路线的海林地方、吉林省的三姓地方，也都是极繁茂的。蒙古呢？虽然兴安岭山脉上面，间或也伐得出森林来，不过那全部的调查，现在还是不完全"。⑤ 有清一代，松花江、牡丹江都属于吉林将军辖区和之后的吉林省，而海林也正是宁古塔将军原驻防所在地，后设为五常

① 魏震等：《南满洲旅行日记》，《近代史资料》总 45 号，第 134、121 页。
② 李乐营、王景泽：《长白府设置的背景及意义》，《中国边疆史地研究》2004 年第 2 期，第 100 页。
③ 魏震等：《南满洲旅行日记》，《近代史资料》总 45 号，第 118 页。
④ 王长富：《东北近代林业经济史》，第 19 页。
⑤ 南满州鉄道株式会社編印『東省的進步：満蒙與満鉄』1928、17 頁。

厅，隶属吉林将军。魏震等说"利之所在，人争趋之"，[1] 森林资源最集中的吉林将军辖区（1907 年设为吉林省）日后逐渐成为邻国、流民和胡匪各家必争之地。

第二节 神圣、拱卫与山货：东北森林的三个传统维度

神圣

中国古代地理学强调山脉与王朝思想的联系，[2] 康熙帝受此影响模仿汉人将长白山尊为"祖宗发祥之地"，于 1673 年将长白山"交宁古塔官员在乌喇地方望祭"，并于 1678 年"敕封长白山之神，祀典如五岳"。[3] 东北的山与林共同塑造了满人的神圣故乡文化，体现在清代各类官民记录和历代帝王的颂诗中。

1682 年高士奇扈从康熙帝东巡，记录了盛京外福陵、昭陵、永陵一带的森林情形。谒祭福陵时"在盛京城东二十五里……佳气乔林，郁葱五色，自殿外望之，则百水回环，众山俯伏，群趋争赴拱会朝宗"；谒祭昭陵，其"在盛京城北八里许……云霞蒸驳，松柏丛骈丰沛，老臣尚有鼎湖之恸也"；告祭永陵时"大雪弥天……深林密树，四会纷迎，映带层峦，一里一转，时时隔树窥见行人远从峰顶自上者下、自下者上……陵后山气郁葱，树木丛茂"。[4] 在这些记述中，山林与王陵共同构建了肃穆神圣的帝陵气象。

在清朝历代帝王告祭王陵、长白山的颂诗中，森林也作为神圣意象反复出现。康熙帝告祭福陵时作诗："松柏丸丸直，冈峦面面同。恢弘思祖烈，建树本神功。"[5] "松柏"和"冈峦"共同构成了帝陵的"恢弘"，让人

---

① 魏震等：《南满洲旅行日记》，《近代史资料》总 45 号，第 111 页。

② 唐晓峰：《中国古代的王朝地理学》，《人文地理随笔》，三联书店，2005，第 269~270 页；唐晓峰：《从混沌到秩序：中国上古地理思想史论述》，中华书局，2010。

③ 《清圣祖实录》卷 44，康熙十二年十一月庚子；卷 71，康熙十七年正月庚寅。

④ 高士奇：《扈从东巡日录》卷下，李澍田主编《松漠纪闻·扈从东巡日录·启东录·皇华纪程·边疆叛迹》，第 110~102、104~105 页。

⑤ 爱新觉罗·玄烨：《三月初六日告祭福陵恭述十韵》，载沈阳一宫两陵志编纂委员会编著《沈阳福陵志》，辽宁民族出版社，2006，第 92 页。

不由思"列祖"之"神功"。祭告永陵时康熙帝作诗云："睇拜园陵肃，凝思大业琪。茏葱松柏茂，瑞鸟满林间。"[1] "葱茏松柏"带来"瑞鸟满林"，同样让人"凝思大业"。高士奇为唱和康熙，也作《恭和御制告祭永陵》："雪色远迎仙杖过，松枝低拂玉舆升。郁葱王气钟烟霭，莫烈于今奕叶承。"[2] 诗中"郁葱"的"松枝"意象直接成为"王气"的象征，暗示先祖的"莫烈"已被康熙帝所继承。另有1829年道光皇帝《恭谒福陵》云"天柱巍峨岳镇东，桥山佳气郁菁葱。十三甲起恢皇业，百万军摧振武功"，"山气菁葱"对应"皇业武功"。[3] 另外还有高士奇《告祭福陵》中"遥岑开碧甸，迭嶂拥珠宫"的"碧甸"景象，[4] 以及著名的乾隆帝《盛京赋》里的"灵郁崇辉，祥凝巨沉""松柏云缦，溪池流淰"，与结尾句"千亿万岁，皇图永绵"遥相呼应。[5] 通过清朝历代皇帝和大臣的歌咏，帝业开创的遥思、皇图永绵的愿望与松柏常青的意象联系在一起，东北山林因此有了特别的神圣性，森林景观被赋予满人神圣故乡的文化含义。

拱卫

顺康年间，一批汉人文士被流放至宁古塔一带，他们出山海关，沿东路驿路行至宁古塔，留下了大量有关宁古塔林区林木茂密、环境艰险的记录。方拱乾记录宁古塔"荒野四百余里外皆有大树林，曰大阿稽、小阿稽。千章之木，杀其皮以令之朽，万牛不能送，时令人发深叹焉"。[6] 钱志熙为《宁古塔山水记》作序称"有林数十里，不见日月，千寻百围之财，不可胜数者"。[7] 张缙彦记录宁古塔石城"材木则松、桧、桦、椴、榆、郁诸树，

[1] 爱新觉罗·玄烨：《兴京》，载张佳生《独入佳境：满族宗室文学》，辽海出版社，1997，第52页。

[2] 高士奇：《恭和御制告祭永陵》，载谢建勋等编著《辽海古诗征》，辽沈书社，1989，第134页。

[3] 爱新觉罗·旻宁：《恭谒福陵》，载辽宁省档案馆编《奉天纪事》，辽宁人民出版社，2009，第316页。

[4] 高士奇：《告祭福陵》，《扈从东巡日录》卷上，李澍田主编《松漠纪闻·扈从东巡日录·启东录·皇华纪程·边疆叛迹》，第101页。

[5] 爱新觉罗·弘历：《盛京赋》，参见阿桂等《满族源流传》，辽宁民族出版社，1988，第100页。

[6] 方拱乾纂《宁古塔志》（又名《绝域纪略》），载《昭代丛书》丙集，卷26，上海古籍出版社，1990，第2～6页。

[7] 钱志熙：《宁古塔山水记序》，见张缙彦《宁古塔山水记·域外集》，李兴盛校点，黑龙江人民出版社，1984，第1～2页。

在乌鸡者,千寻之材,不可名数"。① 从"千章之木""千寻之材"即可见宁古塔山林的茂密和高耸。杨宾在《柳边纪略》中也记录了他路经纳穆窝集时的感受:"跋涉过混同,所历已奇峭。结束入窝稽,一望更深奥。树密风怒号,崖崩石奔跳。阴霾不可开,白日安能照。古雪塞危途,哀湍喧坏道。更无人迹过,惟闻山鬼啸。"从"阴霾不可开,白日安能照"不难看出森林之密集和环境之险恶;而过色齐窝集时"纳木五十里,颇极登顿苦。色齐林更深,未入心已阻。豺狼逐我驰,山鸡向我舞。谷口咆熊罴,松根窜貂鼠。云横道不通,雾黑眼若瞀。幸有凿山人,乃见天一缕"。② 豺狼、山鸡、熊罴、貂鼠和密林组成的生态系统令不事渔猎的汉人感到陌生和"心阻"。苏州诗人吴兆骞曾专门为纳穆和色齐两大窝集赋诗,《小乌稽》咏"千年冰雪晴还湿,万木云霾午未开";《大乌稽》咏"朝辞石栈乱云巅,暮宿苍林万仞前。灌木带天余百里,崩榛匝地自千年。栖冰貂鼠惊频落,蛰树熊罴稳独悬。闻道随刊神禹续,崎岖曾未到穷边",③ 展示了汉人眼中域外林地的艰苦和险恶。康熙帝和乾隆帝东巡时也曾驻跸吉林境内窝集,亦留下相关诗作。1682 年康熙帝驻跸吉林城时,作诗云:"松林黯黯百十里,罕境偏为麋鹿游。雨雪飘萧难到地,啼鸟野草自春秋。"④ 1743 年乾隆帝第一次东巡,驻跸库勒讷窝集(吉林城西南百里),作《驻跸库勒讷窝集口占》。两首诗中"松林黯黯""堪称树海"的意象都反映出东北森林的繁茂和人迹罕至。

东北密林的艰险环境有助于外御敌辱拱卫国家,这样的观点首先由清人何秋涛提出来。咸丰年间何秋涛撰写《艮维窝集考》,称吉林、黑龙江二省之森林"不仅称富饶,并足以资防卫",吉林"东限于海,北接俄罗斯边界数千里,初未设立喀伦,惟赖窝集之险,以限戎马之足……从古部落之居于是者,非务游牧,即事采捕,以故深山老林鲜罹斧斤之患,而数千百

---

① 张缙彦:《宁古塔山水记》,《宁古塔山水记·域外集》,第 8 页。
② 杨宾:《柳边纪略》卷 4,载李澍田主编《吉林纪略》,吉林文史出版社,1993,第 75 页。
③ 吴兆骞:《秋笳集》,麻守中校点,上海古籍出版社,1993,第 38~39 页。
④ 爱新觉罗·玄烨:《阅窝集》,载吴相湘编《康熙帝御制诗文集》,台湾学生书局,1966,第 1322~1323 页。

里绝少蹊径，较之长城巨防尤为险阻"。① 清廷曾在中俄东段边界黑龙江境内设立卡伦67处，② 而吉林边境却未设一处，全靠"窝集之险"才得以限制俄人"戎马之足"，何秋涛据此认为窝集之防比"长城巨防"更为"险阻"。

除了利用北疆的深山密林防御俄人，清人也利用另一种森林防御蒙古人，即柳条边。按杨宾《柳边纪略》的记载，柳条边"西自长城起，东至船厂止，北自威远堡门起，南至凤凰山止"。边上柳条"高者三四尺，低者一二尺，若中土之竹篱，而掘壕于其外"。③ 高士奇在《扈从东巡日录》里写道："癸亥，道经柳边，插柳结绳，以界蒙古。"④ 赵珍指出，"以界蒙古"应该有三层含义，分别是"禁止蒙古人进入东北"、"修示界限"和"禁止汉人自蒙古境内进入东北"。⑤ 这样以林木作为界限以防卫外敌的根源或许可以在魏震等的《南满洲旅行日记》中找到。魏震记载："恭稽会典八旗驻防之兵，有游牧部落，有打牲部落。游牧部落不一，以蒙古统之；打牲部落亦不一，我朝皆以满洲统之。"⑥ 中国的北疆由游牧部落和打牲部落共同生活居住，游牧部落生活在草原，戎马倥偬；而打牲部落主要依靠渔猎为生，生活在森林地带。生态环境的差异导致族群的特点各异，作为打牲部落的满人以林木防游牧部落的蒙古人，希冀以森林抵挡草原的"戎马之足"，这不妨看作一种打牲部落的"森林思维"。

山货

满人既为打牲部落，自然对森林提供的动植物资源十分依赖；清廷入关后，东北森林的各类产物成为国家皇贡的主要来源和地方将军辖区的重要税源。就林木本身而言，桦木与松柏是主要的木类山货。杨宾记录了桦木皮的利用："桦皮，桦木皮也。桦木遍山皆是，状类白杨，春夏间剥其皮入污泥中，谓之曰糟，糟数日乃出而曝之，地白而花成形者为贵，《金史》

① 何秋涛：《艮维窝集考》，《朔方备乘》卷21《考十五》，第1页。
② 马汝珩、马大正主编《清代边疆开发》，中国社会科学出版社，1990，第383页。
③ 杨宾：《柳边纪略》卷1，载李澍田主编《吉林纪略》，第3页。
④ 高士奇：《扈从东巡日录》卷下，参见李澍田主编《松漠纪闻·扈从东巡日录·启东录·皇华纪程·边疆叛迹》，第107页。
⑤ 赵珍：《资源、环境与国家权力：清代围场研究》，中国人民大学出版社，2012，第84页。
⑥ 魏震等：《南满洲旅行日记》，《近代史资料》总45号，第124页。

所谓酱瓣是也。拉发北数十里特设桦皮厂，有章京、有笔帖式、有打桦皮人，每岁打桦皮入内务府，而辽东桦皮遂有市于京师者矣"。① 桦皮厂位于宁古塔将军辖区内的照大鸡山场（今肇大鸡山），丛佩远在《东北三宝经济简史》中指出，内务府收取桦皮"是为了供制作鞍版、刀柄之用，以及作各种装饰品"。② 桦皮还可用于桦皮船、桦皮房、桦皮箭杆的制作，在通古斯人的生活中"起着重要作用"。③

　　而对于普通的松柏窝集，清末以前官民对这类木材需求较小，但随着经世思想的兴起和交通建设的需要，木材山货的价值被迅速发现。《皇朝经世文编五集》收入汤蛰仙《防俄》一文，记载了一段对康熙帝"窝集"释义的新解。康熙帝在《几暇格物编》里对"窝集"的原释义为"窝集东至海边，接连乌喇、黑龙江一带，西至俄罗斯，或宽或窄，丛林密树，鳞次栉比，阳景罕曜。如松柏及各种大树，皆以类相从，不杂他木"；而汤蛰仙则根据当时的现实需要这样补充道："窝集，即大山老林之名，东方甲乙属木材，不可胜用，亦固其宜。造路之值料半、之工少、之木植省、便帑减，而工速日可藏也。"④ 康熙帝的释义注重窝集的表象（如不杂他木），而《皇朝经世文编五集》里的补充则注重窝集的功用（造路速成），眼光的转变为窝集赋予了新的内涵，而对林业的需求也呼之欲出。

第三节　清前期政府对东北森林的控制和利用

造船

　　明朝时，辽东丰富的森林资源和便捷的水系交通就使东北成为中原王朝重要的造船中心和水师基地。《辽东志·外志》记载："建州东濒松花江，风土稍类开原，江上有河，曰稳秃，深山多产松木，国朝征奴儿干，于此

---

① 杨宾：《柳边纪略》卷4，载李澍田主编《吉林纪略》，第50~51页。
② 丛佩远：《东北三宝经济简史》，农业出版社，1989，第336页。
③ 丛佩远：《东北三宝经济简史》，第332页。
④ 汤蛰仙：《防俄》，求是斋校辑《皇朝经世文编五集》卷24，《近代中国史料丛刊》三编第28辑，文海出版社，1987，第1176页。

造船。"① 据今人考证，1409 年起，明朝军队便在吉林开场造船，"造船所需木材，需秋后阴历八、九月入山采伐。十月大雪封山后，趁雪用牛爬犁把原木运至山麓空场，河流解冻前赶运至河边。春季河流解冻后，原木下水编排，然后顺河下放，送至船厂"，② 因此吉林市从前名为"船厂"，吉林的林木资源是制造战船的主要原材料。

有关吉林船厂建厂时间有两种说法，分别是 1656 年和 1658 年；③ 吉林水师营的设置时间有两种记载，④ 笔者认同李澍田先生的考证，船厂建于 1656 年，而吉林水师营设于 1661 年。⑤ 顺治和康熙两朝曾在吉林船厂大批量制造战船和运粮船，据《吉林通志》记载，船厂"在吉林西门外松花江北岸。东西一百五十九丈六尺，南北十八丈。凡水师制造船舰均在此厂，黑龙江船舰亦寄此制造"。⑥

1675 年，为备雅克萨之战，宁古塔副都统安珠瑚移驻吉林船厂。《扈从东巡日录》记载："康熙十五年春，移宁古塔将军驻乌拉吉林……修造舰船四十余艘，又有江船数十，日习水战，以备老羌。"⑦《朝鲜李朝实录》记载清朝战船"小者仅容四五人，一百四十只；大者可容十七人，二十只"。⑧

---

① 正统《辽东志》卷 9，转引自吉林省地方志编纂委员会编纂《吉林省志》卷 43《文物志》，吉林人民出版社，1991，第 243 页。另参见李澍田、刁书仁《吉林船厂考略》，《吉林师范学院学报》1984 年第 3 期，第 75 页。

② 丛佩远、宋德金：《明清时代吉林船厂建置年代考》，《社会科学战线》1979 年第 4 期，第 178~179 页。

③ 1656 年，参见李澍田、刁书仁《吉林船厂考略》，《吉林师范学院学报》1984 年第 3 期，第 75 页；1658 年，如《吉林外纪》上称："顺治十五年，因防俄罗斯造战船于此，名曰船厂。"参见萨英额《吉林外纪·吉林志略》，第 27 页。《柳边纪略》中"设于顺治十八年"的说法已被李澍田先生否定，"船厂设于顺治十八年，昂邦章京沙尔虎达造船于此，所以征俄罗斯也"，见杨宾《柳边纪略》卷 1，载李澍田主编《吉林纪略》，第 10 页。

④ 1653 年，见汤蛰仙《防俄》，载求是斋校辑《皇朝经世文编五集》卷 24，"查顺治十年设吉林水师营，康熙十三年移吉林水师营于黑龙江"（第 1005 页）；1661 年，见《清朝文献通考》卷 182《兵四·考六四三一》，"设吉林水师营，以移迁人充水手"。

⑤ 李澍田、刁书仁：《吉林船厂考略》，《吉林师范学院学报》1984 年第 3 期，第 75、77 页。

⑥ 光绪《吉林通志》卷 56《武备志七·船舰》，李澍田等点校，吉林文史出版社，1986，第 903 页。

⑦ 高士奇：《扈从东巡日录》卷上，参见李澍田主编《松漠纪闻·扈从东巡日录·启东录·皇华纪程·边疆叛迹》，第 57 页。

⑧ 《朝鲜李朝实录》第 36 册，刁书仁等选编《中朝相邻地区朝鲜地理志资料选编》，吉林文史出版社，1996，第 344 页。

在军备中，船只的作用很大在于运送粮米。1682年，"吉林地方伐木造船百艘，由伊屯河运米松花江，于伊屯门、伊屯口筑仓收贮"，同时康熙帝命令时宁古塔副都统瓦礼祜"今应于乌喇造大船五十艘，或以萨布素等所留蒙古席北米，或以盛京所发米，计口运往"。① 除了官方在船厂大规模造船外，吉林普通居民也造船备战。随康熙东巡的比利时传教士南怀仁曾记录："吉林城的居民能制造一种特殊结构的船，装上索具，能航向东北几百里，出没于这些河川之中。这种船是为了对付来吉林盗捞真珠的俄罗斯人用的。"② 由船厂发展而来的吉林城不仅以木造船，也以木造城。1893年，聂士成奉李鸿章之命考察东三省，他在游历吉林城时观察到，"吉林秋熟，粮价极贱，木料尤贱于各省。凡民居、官舍、围墙，均木板为之，街道亦以尺五寸见方木板铺之"。③

1684年增设齐齐哈尔水师营，领"大战船二艘、二号战船十五艘"；设墨尔根水师营，领"战船六艘"；设黑龙江水师营，领"战船三十艘"。④ 吉林船厂所造船只在1686年雅克萨之战中"立下汗马功劳"。⑤ 晚清著名维新人士汪康年在其笔记中记录了吉林船厂的结局："庚子前犹存战船无数，皆康熙年间征罗刹时用之战船也。……定例，每年必修理一次，相传几二百年。迨庚子年，俄兵入吉林，取以为柴烧之，不数日而尽矣，故至今已片木无存。"⑥ 清人为防御沙俄而开设的吉林船厂最终还是断送在俄人手里。

贡山与围场

清军入关后，东北大片山林被设为禁地，划分为"贡山、贡江与贡河"。1657年，清廷设打牲乌拉总管衙门，专司采捕、打牲进贡。七座进贡松子与蜂蜜的贡山分别为帽儿山、烟筒砑子、珠奇山、棒槌砑子、雷击砑

①　《清圣祖实录》卷101，康熙二十一年三月庚戌。
②　南怀仁：《鞑靼旅行记》，载杜文凯编《清代西人见闻录》，第77页。
③　聂士成：《东游纪程》卷1，李兴盛、吕观仁主编《渤海国志长编（外九种）》，黑龙江人民出版社，1995，第1005页；管书合：《"火烧船厂"与近代吉林城市消防变迁——以宣统三年吉林省城大火为中心》，《史学集刊》2009年第4期。
④　赵尔巽等：《清史稿》卷135《志一百十·兵六·水师》，中华书局，1977，第4000页。
⑤　刁书仁：《明清东北史研究论集》，吉林文史出版社，1995，第266页。
⑥　汪康年：《穰卿随笔》，匡淑红编选、校点，中共中央党校出版社，1998，第193～194页。

子、杉松岭、八台岭，均位于吉林乌拉城以东，贡山内一切树木严禁私砍，但官方采集松子时仍会砍伐松树。[1] 另有"照大鸡山和左支脉庆岭"专门进贡桦木箭杆，清初每年进贡箭杆 8000 根，至 1871 年增至 20000 根，1890 年时照大鸡山场的桦木几乎被采尽。[2]

1681 年，清廷设木兰围场，位于热河北部；第二年设盛京围场和吉林围场。盛京围场"南自柳条边龙岗山脉起，北至西丰县南，西自威远堡之东，东至哈雅范岭"，吉林围场"西自威远堡门，东至俄界，不下二千余里，北至黑龙江交界，南至鸭绿、土们两江源，又不下二千余里"，两围场界毗连。[3] 1697 年康熙帝又增设黑龙江围场，包括"东荒围场"和"索约尔济围场"，位于呼兰平原东北方。[4] 围场主要用于满人帝王行围御猎，场内林木也禁止民人砍伐，直到 1879 年东北围场才陆续开放。[5]

对于围场内的森林，清代帝王一方面严禁民人盗伐，另一方面则将其供给缺乏燃料的蒙古部落。[6] 清末时，贡山与围场内的林木管理与吉林全省林业总局的林业管辖平行进行，二者的管辖范围在吉林围场内重合，民国时还有是否开发禁山森林的讨论。

"修边养树官地"

清朝东北的土地可大致分为旗地和民地。据周藤吉之研究，旗地也可称为"官地"，包括盛京内务府的皇庄，盛京户部、礼部和八旗贵族拥有的各种类型的官庄，一般旗地以及未开垦的土地。[7] 这些旗地所有者依靠技术熟练的汉人庄头佃户进行农业耕作，并征收地租。随着旗制的扩张，旗地制度在奉天和吉林发展出了随缺地、伍田和台丁地；在黑龙江发展出了庄

---

① 陈跃：《清代东北地区生态环境变迁研究》，第 148 页。
② 潘景隆、张璇如主编《吉林贡品》，天津古籍出版社，1992，第 223～226 页。
③ 赵珍：《资源、环境与国家权力：清代围场研究》，第 88、90 页。
④ 陈跃：《清代东北地区生态环境变迁研究》，第 154 页。
⑤ 曲淑珉：《清代东北封禁政策述评》，《中国边疆史地研究导报》1989 年第 2 期，第 45 页。
⑥ 陈振汉、熊正文、萧国亮编《清实录经济史资料（顺治—嘉庆朝）·商业手工业编》（2），北京大学出版社，2012，第 161 页。
⑦ 周藤吉之『清代満州土地政策の研究：特に旗地政策を中心として』河出書房、1944。

屯,以收纳养活更多的旗人。①

"养树官地"是一种特殊的旗地。据辽宁省档案馆馆藏档案显示,养树官地一般附属于柳条边各军事防御边门,其性质"与官兵随缺伍田性质不同"。② 从顺治年间开始,清军在柳条边每隔九十里处设一道防御边门,并在各边门驻扎军队。由于防御边门需要季节性的维修,各边门的防御衙门会专门划出一块土地,用于种植林木和供应木料。这些专门用于种树的林地被登记为"修边养树官地",为各柳条边各防御衙门所有。

1676 年,作为柳条边防御体系 20 个边门之一,清河边门建立,以附近的清河命名。③ 清河边门向西为九官台边门,向东为白土厂边门,是盛京与蒙古之间的重要关口。为了准备足够的建筑材料,清河边门衙门划出一块临河沙荒,专门种植树木幼苗,由边门领催负责。其他的驻军士兵和军官,包括 1 名满洲旗人和 30 名汉军旗人,也参与了林木的种植和管理(驻军直到 1920 年才被遣散)。④ 1885 年,随着清河一带移民的增加,清朝设清河门镇,与义县毗邻。⑤ 由于清代文献中与"养树官地"直接相关的史料较少,清代义州尉清河边门的"养树官地"是笔者暂时找到的唯一一个有关东北"养树官地"的案例,但据此仍可推断,柳条边的各边门应广泛设有"修边养树官地"。

永陵养树旗地

辽东最丰富的林区之一是盛京永陵。为了维持守卫永陵的士兵和佃户的生计,永陵旗署衙门将皇陵核心区周围的土地分配给旗人士兵和佃户,作为他们的生计来源。一般而言,士兵和佃户会将所得旗地上的林木铲除,

---

① 徐兴武:《清代汉民对东北之拓殖》,帕米尔书店,1973。徐兴武的研究表明,清政府的土地开垦和开放计划早在 1860 年就从黑龙江开始,而奉天围场的开放则始于 1901 年。
② 《奉天行省公署为义州尉呈请河边养树官地可否发给租照事》(1912 年 5 月),辽宁省档案馆藏民国档案,JC010-01-006524。以下档案号以 JC 开头者,馆藏地和全宗名称同此,不另注。
③ 柳条边 20 个边门的具体信息可参见赵珍《资源、环境与国家权力:清代围场研究》,第 81~83 页。
④ 《奉天行省公署为义州尉呈请河边养树官地可否发给租照事》(1912 年 5 月),JC010-01-006524。
⑤ 阜新市人民政府地方志办公室编《阜新市志》第 4 卷,中国统计出版社,1999,第 282 页。

以便种植粮食作物，但当分配的旗地过于贫瘠无法种植庄稼时，旗署也允许佃户种植和出售林木，并发给特殊的"养树执照"，清末旗人纪学成的例子即展示了这一点。

纪学成是满洲镶蓝旗的佃户，民初奉天林务局的资料显示，他的家族后代已经在永陵服务了两个多世纪。作为旗人佃户，他继承了父辈位于凤凰城北部梨树甸子的 20 方里永陵随缺地亩。他的祖先在乾隆年间获得了这块土地和相应地照，然而，由于这片土地位于山区，且土壤较为贫瘠，为了支付地租，他的父辈只得将土地中肥沃的部分开垦为熟地，并将无法耕种的部分向永陵旗署衙门申请退佃，但遭到旗署的拒绝。无奈之下，纪学成的父辈将难以开垦的土地通过植树改造成林地，由永陵旗署衙门发给"养树执照"。纪学成的材料显示，永陵旗署衙门在给本地旗人颁发永佃执照时，也同时给分到难以耕种的旗地的人颁发"养树执照"，且准许旗民自便经营，"砍伐留根"，这种养树执照的发放从乾隆年间一直持续到光绪年间。[①]"养树执照"使纪学成的家族可以植树和伐木，而不仅仅靠耕种粮食获得收益；同时，旗署也相应减免其林地上的纳租额度。由此可知，清代东北旗地的管理不仅包括种粮纳租，林木的种植和砍伐也是一个组成部分。

图 1-1　永陵旗署养树执照

永陵总管衙门镶黄旗子

凤凰城北场界梨树甸子沟里老板场佃户纪学孔认佃执照以内有山石碴沟，不能开垦，准许栽养树株，甘愿许给该佃自便随时经管，砍伐留根，并无异说。四至以内不许外人侵争，待后倘有他人搅揽等情，向本署呈诉，特立砍伐执照凭据为证。

四至到下
东至老岗
西至碴子
南至老岗
北至老岗

永陵总管之章
光绪九年十月十九日发给纪学孔故执

资料来源：《奉天省长公署为纪学成请领林场事控告张永波》（1919~1924 年），JC010-01-007748。

---

① 《奉天省长公署为纪学成请领林场事控告张永波》（1919~1924 年），JC010-01-007748。

盛京工部的砍木山场

除了永陵旗署衙门颁布的"养树执照"外，盛京工部也颁发一种伐木和植树许可证，即木票。从雍正元年起，盛京工部开始发放木票，准许盛京本处人民自备资本，入山伐木。[①] 至 1766 年，砍木山场由"英讷河、大庄河、老虎屿三处"扩展为 22 处，清廷准许本地台丁之外的木商领票砍木。其中，9 处山场位于柳条边内，13 处位于边外。[②] 道光年间，盛京工部仍继续发放木票，但要求领取木票的人"封山养树不成材者，概不采伐"。1918 年，据"前清优贡生"邓祥麟称，他的祖父邓鹏曾于道光年间领取盛京工部木票一张，在本溪县署东路汤沟经营林场，已历经三世。1875 年，盛京工部裁撤，官府追销了木票，邓家失去了经营该处森林的凭证，因此邓祥麟提出，由于邓家世代经营东路汤沟森林，应有报领该处森林的优先权。但这一请求被奉天林务部门驳回，理由是盛京工部局的木票和记录已在日俄战争中被毁，无法证实邓祥麟的说法。[③] 通过这个案例可知，除了养树的官地和私人旗地，东北地区以木票为准入证明的伐木山场在道咸时期兼有造林和伐木的功能。

由以上可知，清代东北的林地大部分为清廷（或皇室）控制下的国有土地，除了区分旗占、民占和边内、边外，这些林地的所有权界限不甚分明，甚至也不太重要。总体而言，清代东北林地由旗署、官衙和驻防将军三类单位混合经营，没有统一的林业机构。在"对外封禁，对内多元"的政策下，盛京将军管辖的盛京围场和其他林区统称为"官山"，官衙和旗署管辖的采捕山场称为"贡山"，另外还设有盛京三陵等特殊建制。道咸以前，清朝对柳条边内外的林地管理呈现多元化的特征，这一时期的天产林木得到了较好的保护。

---

① 《嘉庆会典事例》卷 725《盛京工部四·营造·工程报销》。
② 22 处砍木地方山场包括兴京所属小夹河、那尔吽、梨树沟、莺窝背、东昌沟、木奇台沟、大那录西南岔、小那录、大那录东南岔内砍船沟、凤凰城所属松树嘴子、交家岭帽盔山、套岫峪、凤凰城界南大石湖、锅铁峪、安阳车头大西三道沟等处、开原所属转乡湖、夹磇子沟、英额河磇子大石头、辽阳乱石沟榆树沟等处、辽阳界内白石山磇子、岫岩所属一面山、岫岩界内岔沟，参见《嘉庆会典事例》卷 725《盛京工部四·收支款项·木税》。
③ 《奉天省长公署为林务局函请检发追销工部木票卷事》（1918 年），JC010-01-007787。

小 结

东北地区的林地面积约占该地区整个土地面积的一半，森林从鸭绿江口向北延伸到黑龙江流域，形成一条超过 1500 公里长的绿色地带。根据 1910 年代至 1920 年代的满铁林业调查，20 世纪初，中国东北的森林总面积达到 86108 万亩，森林存量高达 1513548.1 万石。许多世纪以来，东北的天然林为本地族群和动物提供了庇护，并为林矿资源提供了载体。由于气候、地貌和海拔等方面的差异，东北的林木种类多达约 300 种。满洲松是古代森林的遗迹，在长白山到小兴安岭的林地中幸存下来。针叶树生长在海拔 900 米以上的山地上，包括油松、落叶松、鱼鳞松和紫杉，面积约占东北森林的 40%。在海拔 900 米以下，阔叶树环绕着山谷和低矮的山丘，占东北森林总面积的 60%。阔叶树种类包括水曲柳、刺柏、椴树、胡桃楸、刺楸、橡木、白桦、白杨、色木和柳树。[①] 成片的林地遍布南北，从山峰到山谷，正如康熙皇帝所记录的那样，这是一条绿色的幔帐，"丛林密树，鳞次栉比，阳景罕曜"。

17 世纪以来，清朝统治者对柳条边以东和兴京以北的林区实行长期封禁，禁止中朝流民入山垦殖。学界最新的研究认为，清朝封禁的目的除保护满人"龙兴之地"外，更多的是垄断人参产地和防止由于越界采参而引发中朝边界争端。[②] 在封禁政策下，清朝在东北林地中规划了官庄旗地、砍木山场、垦荒民地等各种土地类型，由官衙、旗署和驻防将军三类单位混合管辖，在土地垦殖之外形成了一些特殊的林地类型。

道咸以降，经世思潮盛行，同时东北被迫解禁，清廷管理东北山林的原有机构设置开始受到冲击。至清末，日俄对东北林矿资源的争夺迫使清廷重新审视东北山林的开发与利用，面对木税分配、木材运输、林学传入等新问题与新思潮，清廷开始酝酿新的变革。随着日本化西学知识的不断

---

① Wang Chi-Wu, *Forests of China*（Cambridge：Harvard University，1961），p. 34；徐兴武：《清代汉民对东北之拓殖》。

② 南满州铁道株式会社『満洲旧慣調査報告書：前篇ノ内 皇産』南満洲鉄道総務部事務局調査課、1915、264 頁。

传入，如何将日语中的科学词汇翻译为汉语成为一个重要问题。受中日汉字同形的影响，许多明治新词被直接挪用至汉语语境，久而久之，成为该学科领域的固定术语，"林业"就是其中一个典型案例。本书第二章将着重讨论日本化林学词汇进入中国后所引发的概念碰撞和新的知识生产，及其与东北的特殊联结。

第二章

森林的跨语际实践：近代中国"林业"概念的引入与转译

　　19 世纪末，欧洲的科学林业知识开始在全球范围产生影响。明治日本在殖民扩张和工业化转型的过程中吸收了欧洲的科学林业，并产生了日本化的明治林学新词"林業"。甲午战争以后，"林业"以日语借词的形式被留学日本的中国知识精英传回国内并用于实业改革的讨论。受中日汉字同形的影响，作为明治新词的"林业"在进入汉语文化圈后，很快成为林学领域的固定用语，但其所指其实发生了明显变化。

　　以往有关林学的知识史和翻译史的研究，都自然地将中文汉字"林业"与日文汉字"林業"等同，很少注意到日文中的"林業"在进入中国的语境脉络后，其实发生了转义。[①] 本章认为，日文中的"林業"是日本在受到

---

① 在已有的概念史研究中，笔者暂未找到与"林业"概念直接相关的研究。但可以提供启发和参考的中日文化交流史、概念史、翻译史和学术史研究有熊月之编《晚清新学书目提要》，上海书店出版社，2007；黄兴涛《新名词的政治文化史——康有为与日本新名词关系之研究》，载黄兴涛主编《新史学》第 3 卷《文化史研究的再出发》，中华书局，2009；复旦大学历史地理研究中心编《跨越空间的文化：16~19 世纪中西文化的相遇与调试》，东方出版中心，2010；邹振环《疏通知译史：中国近代的翻译出版》，上海人民出版社，2012；《农业科学·林业》，载张晓编著《近代汉译西学书目提要（明末至 1919）》，北京大学出版社，2012；冯天瑜《近代汉字术语的生成演变与中西日文化互动研究》，经济科学出版社，2016；高超群《从"商"到"实业"：中国近代企业制度变迁的观念史研究》，《中国社会经济史研究》2017 年第 3 期；長沼秀明「近代日本の『実業』概念 —報徳運動の再検討の必要性—」『自由が丘産能短期大学紀要』41 号、2008 年 6 月；朱京伟《近代中日词汇交流的轨迹——清末报纸中的日语借词》，商务印书馆，2020；沈国威《新语往还：中日近代语言交涉史》，社会科学文献出版社，2020；李尹蒂《晚清农学的兴起与困境》，科学出版社，2021。

德国科学林业影响，发展森林工业并管控殖民地的森林景观后所生产的新术语，标志着一种新的环境治理形式，具有永续性、工业化、国家化、军事化和帝国化的特性。"林业"在传入中文语境后，中国知识精英和技术官员对这一词语进行了不同的阐释。通过考察近代中日林学专著、学术期刊和报纸对"林业"的不同定义和解释，本章将展示日本在殖民扩张和工业化转型背景下诞生的"林业"概念在传入中国后发生了哪些改变，中国的精英和官员们对"林业"概念如何借用和修正，使其调适为中国国家建设的策略和"御辱强国"的科学话语。

第一节　现代性与明治日语新词"林业"的形成

近代林学起源于德国。自 16 世纪起，德意志地区高速发展的传统工矿业对木材资源的大量消耗引发了木材能源危机。为了应对这一挑战，德意志各城邦管理者开始注重森林资源的管理和保护。1713 年，林学家汉斯·卡尔·冯·卡洛维茨（Hans Carl von Carlowitz, 1645−1714）首次提出"森林永续利用"的理念并推动森林学校的建立。在此基础上，1795 年，林学家格奥尔格·路德维希·哈尔蒂希（Georg Ludwig Hartig, 1764−1837）创立了以"控制木材开采量"为核心的森林经营学，即通过科学计算、建模和实验来维持伐木量与造林量的平衡，以实现森林资源的永续经营。[①] 该理论经过多次补充和发展，逐渐演变成德国"科学林业"的雏形。随后，这种将森林视为国家资产，以国家利益为目的对森林实行永续开发的管理方

关于晚清中日科技书籍交流和翻译的研究，参见沈国威《康有为及其〈日本书目志〉》，『或問』5 期、2003 年；王扬宗《1850 年代至 1910 年中国与日本之间科学书籍的交流述略》，『関西大学東西学術研究所紀要』33 辑、2000 年 3 月；马静《日本近代社会"实业"思想的形成与杂志〈实业之日本〉》，中国社会科学院近代史研究所编《中国社会科学院近代史研究所青年学术论坛（2010 年卷）》，社会科学文献出版社，2011，第 145～173 页；戴磊《晚清科技期刊与西方林学的引进——基于〈格致汇编〉〈农学报〉的考察》，《北京林业大学学报》（社会科学版）2020 年第 2 期；王鹏飞等《清末日文科学文献在中国的翻译与传播》，复旦大学出版社，2021；刘玉芹《晚清民国时期现代林学知识的译介、地方化和行动化》，《当代外语研究》2023 年第 1 期。

① 江山：《德国环境史研究》，中国社会科学出版社，2021，第 113～115 页；约阿希姆·拉德卡：《自然与权力：世界环境史》，王国豫、付天海译，河北大学出版社，2004，第 247 页。

式逐渐在欧洲传播，并在全球范围内产生影响。①

日本的传统林业在幕府时期已达到较高水平。各藩为了河道治理和充实财政，重视森林培育，尤其注重杉木的栽培。同时，村落之间发展出了以"入会权"为代表的公共山林共管及乡村自治模式。② 这一时期，各藩大名控制下的庄园森林一般被称为"御林"或"御山"，由村庄所有和管理的森林被称作"村持山"和"乡林"，其他的森林被称为"森"。③ 在当时的日文文献中，单字的"山"、"森"或"林"都可以指森林，但"林"和"業"等日本汉字并不合在一起形成词组。

19 世纪下半叶，岩仓使团首次将"科学林业"引进日本。1871 年，日本派出岩仓使团赴欧美考察，林业制度也是考察内容之一。考察期间，美国和欧洲的林业给使团成员留下了深刻印象。久米邦武等人对当时希腊、西班牙、法国和英国在工业革命后的森林保护十分感兴趣。④ 在柏林期间，时任大藏卿的大久保利通和木户孝允特地约见了日本留学生青木周藏和松野礀。松野礀正是日后被称为"日本林学奠基人"的留德林学家。青木周藏和松野礀向木户孝允和大久保利通等人强调了林学的重要性，得到使团成员的支持。⑤

大久保利通回国后，开始积极引进德国科学林业，但他所使用的词仍是"树艺"。1873 年 11 月 10 日，日本内务省成立，大久保出任内务卿。1874 年 1 月，内务省设地理寮，接管原属大藏省管辖的"山林、原野、沼泽、河海"等事宜并设山林课。⑥ 1875 年，大久保以内务省地理寮为中心，

① 19 世纪 20 年代，科学林业的经营理念传入法国。1824 年 12 月，南锡林业学院成立，哈尔蒂希的学生伯纳德·洛伦兹担任首任院长。1885 年，英国在印度库珀山皇家印度工程学院设立林业学院，主要培训管理印度森林的林业实习生。科学林业传入美国时间更晚。1898 年，申克（Carl Schenck）创办美国第一所森林专科学校比尔特莫森林学院，为伐木工和林场主教授为期一年的理论和实践课程。1900 年，Gifford Pinchot 赞助耶鲁大学成立森林学院，设立两年制硕士课程，专门培养美国林务局职员。参见查尔斯·沃特金斯《人与树：一部社会文化史》，王扬译，中国友谊出版公司，2017，第 187～198 页。

② 村民通过入会权可以拥有自由采集落叶、杂草、薪炭材等林产物的权利。详见松波秀實『明治林業史要』大日本山林会、1919、123 頁。

③ Koji Matsushita, "National Forest Management," in Yoshiya Iwai, ed., *Forestry and Forest Industry in Japan* (Vancouver: UBC Press, 2002), p. 85.

④ David Fedman, *Seeds of Control: Japan*, *Empire of Forestry in Colonial Korea*, p. 28.

⑤ 飯塚寛「松野礀と志賀泰山」『森林計画誌』32 号、1999 年 2 月、44 頁。

⑥ 朝倉治彦編『明治官制辞典』東京堂出版、1969、413～414 頁。

发布《内务省事业的目的》（又称《殖产兴业建议书》），推广以德法林业为模板的日本林政蓝图。大久保在文中提出，应效法德法林业的经营模式，“开辟鼓励树艺、牧畜、农工商的道路”，“保护山林，栽培树木”，“整备地方的监督”以及“开辟海运之路”。① 大久保还强调，应在内务省下设置森林经营的专门机构，因为“保护山林为国家经济之要旨”。② 1879 年，内务省成立专门的山林局。③

1881 年，新成立的农商务省接管山林局。在农商务卿西乡从道的支持下，拥有留德经历的松野礒和中村弥六等人开始在日本国内推广德国林学。他们参与创建了日本第一所专门林业学校——东京山林学校。此后，松野礒等还将德国科学林业创始人哈尔蒂希邀请至日本担任教习。④ 1882 年初，松野礒和山林局局长武井守正在“山林学共会”的基础上共同创办“大日本山林会”。该学会的创办宗旨是沟通官民和普及近代林学知识，会员包括林学研究人员、林业官员和广义上的日本精英，会长由皇室成员担任。自1882 年 1 月起，大日本山林会开始出版《大日本山林会报》，专门刊登当时日本的林业政策、林学研究及海外林业调查。专门的中央行政、学校和学会的建立标志着日本近代林业管理架构的设置完成。

随着大日本山林学会成员对德国林学著作的翻译和推广，明治新词“林业”开始出现。据笔者不完全统计，“林业”这一二字词最早见于 1882年《大日本山林会报》第 3 期《关于林业对国家经济的性质译述》一文，该文主要内容译自普鲁士林学家 Berinhardt Peter August 于 1869 年发表的《林业与山林保护论》第一章。⑤ 全文的核心观点是：森林有涵养水源、防

---

① 林業発達史調査会編『日本林業発達史』上巻、林野庁、1960、276~277 頁。
② 洪广冀、张家纶：《近代环境治理与地方知识——以台湾的殖民林业为例》，《台湾史研究》2020 年第 2 期，第 92 页。
③ 小林正「森林・林業施業法制概説—特に森林の自然保護に留意して—」『レファレンス』58 巻 2 号、2008 年 2 月、10 頁。
④ David Feman, *Seeds of Control: Japan*, *Empire of Forestry in Colonial Korea*, p. 35.
⑤ 德文名为 *Die Waldwirtschaft und der Waldschutz mit bessere Rücksicht auf die Waldschutzgesetzgebung in Preußen*（《森林经济和森林保护，以便更好地考虑普鲁士的森林保护立法》），日文译为《林业与山林保护论》，参见堀保「林業ノ國家ノ經濟ニ關スル性質論ノ譯述」『大日本山林會報』3 号、1882 年 3 月、143~148 頁；堀保「林業ノ國家ノ經濟ニ關スル性質論ノ譯述承前」『大日本山林會報』4 号、1882 年 4 月、258~264 頁。

风固沙和薪炭供给的功用，对国家公共安全意义重大，因此政府有义务强制保护森林。"林业"（りんぎょう）一词最早进入日文文献是作为欧洲经验的"国家经营森林"的知识，对应德语词 Waldwirtschaft。

在学习德国林业的过程中，日本林学家本多静六和奥田贞卫等将欧洲的"科学林业"与日本"殖产兴业"政策相结合，赋予明治新词"林业"更多解释。首先，日本林学家对"林业"有一套严苛的标准。在他们的认知中，"林业"是西方少数"文明国家"的先进事业。本多静六在其1895年出版的《林政学：国家与森林的关系》（前编）一书中写道，如今在"林业进步"方面走在前列的国家，只有"德国、法国、奥地利（瑞士）和北部的斯堪的那维亚诸国"；"比利时、荷兰、意大利、英国、西班牙和俄罗斯"等，则是位居其次的国家。在东亚，中国、朝鲜虽然有森林，也产出优良木材，但"至今仍没有开展进步的林业"。① 而日本方面，虽然明治政府进行了诸多改革，但"从世界林业的进步上看，可以说还没有完全开始林业"。② 林学家奥田贞卫也在《森林学》一书中批评日本林业仍"不脱所谓手艺之义"。③

其次，日本林学家认同"林业"的根本在于"永续"。奥田贞卫在书中写道："林业的意义在于保持永久，因此斫伐和更新都必须考虑保续。"④ 本多静六对"林业"的定义是"提高土地的生产力并使其永远持续下去"。他认为，一方面要"尽可能地遵循经济原则"，另一方面也要看到森林在金钱利益之外的"国土安全、气候调节等无形利益"。但无论是经济利益还是生态安全利益，林业必须保证盈利，因为"亏损的事业无法长期延续下去"。⑤

"林业永续性"的核心来自德国林业中的"森林设制学"原理。"设制学"是18世纪德国发展出的一套关于国家经营森林的经济学，它以数学化建模和估算为基础，包括"定价和市场需求""轮伐计划""规模经营"等内容。1895年，日本林学家志贺泰山出版《森林经理学》一书，开启了日

---

① 本多静六『林政学：国家と森林の関係』前编、9、13 頁。
② 本多静六著印『林政学：国家と森林の関係』後编、1894~1895、280 頁。
③ 奥田贞衞『森林学』博文館、1898、66 頁。
④ 奥田贞衞『森林学』124 頁。
⑤ 本多静六『林政学：国家と森林の関係』前编、1~2 頁。

本森林"永续作业"专业化进程。设制学的核心概念之一是"法正林"。[①]
法正林是一种理想的森林模型，包括从"初生之期至伐木之期"各个树龄
阶段树木的合理分布。"永续作业"就是以德国式法正林为模型，将每一块
林地上的树木简化为一张按树龄估算的"收获表"[②]，然后按照轮伐的速度
和树木再生的时间建模，计算出相应的伐木和造林量，以指导木材的长期
再生产。[③]这种按照模型量化统筹伐木造林的资本、技术和人力的生产模
式，即是"永续经营"。

在明治维新的语境下，"林业"被视为国家工业实力的基石。本多静六
等林学家尤其强调木材的工业价值。他们指出，明治维新后的"新业猝起"
开启了日本对"工业用材"的巨大需求。虽然石炭和铁器的出现冲击了木
材作为工业原料的地位，但随着铁路、桥梁、港口、船舰和电信等新型事
业的发展以及城市化程度的加深，对木材的需求重新增长，"凡百事业无一
不需于木者"。与幕府时期对"薪材"和"建材"的需求不同，维新后最
大的林木需求表现为"用材"，林木被制作成"筑窑用木、铁路用木、电杆
用木"等工业用材，供应日本国内生产并运销海外。同时，以木材为原料
的"火柴业、木棉业和木醋业"等也快速发展，带动了林业的复苏和转
型。[④]因此，日本林学家将"林业"视为文明开化、社会进步和工业化大发
展的基础和象征，并格外重视"用材林"。奥田贞卫还指出，"造林"要以
供应原木和工业原料为目的，"针叶树"是"林业上之主木"。[⑤]

"林业"也被塑造成国民经济和国际贸易的关键。奥田贞卫就指出，
"近世财政学的真理日益昭明，对森林的需求也日益增长……因此，林业成
为当今世界一大利权"。日本虽然森林面积广阔，却因为"林业不盛"，木
材和木材制品出口额"远逊于德意志、法兰西"。奥田据此认为，必须以设

[①]　法正林的德语为 normalbaum，英文为 normal forest，参见 Henry E. Lowood，"The Calculating Forester：Quantification，Cameral Science，and Emergence of Scientific Forestry Management in Germany，" in T. Frangsmyr，J. L. Heilbron，and R. E. Rider，eds.，*The Quantifying Spirit of the Eighteenth Century*（Berkeley：University of California Press，1990），pp. 315-342。

[②]　林学专业词语，在现代汉语中称为"材积表"。

[③]　志贺泰山编『森林経理学』前編、大日本山林会、1895、7~15 頁。

[④]　本多静六『林政学：国家と森林の関係』前編、25~29 頁。

[⑤]　奥田貞衛『森林学』11 頁。

制学来指导林业，林业才能进步。"林学越精进，世界对林学家的需求和尊重越多、越高，便发展为现在的林业经济。"① 本多静六也认同木材出口对日本外贸的意义，他认为，"林业实际上是国民经济中真正的产业"，而日本对中国和俄国西伯利亚的枕木、其他木材及加工林产品的出口将会"极大地繁荣（日本的）对外贸易"。②

由于林木生长的周期性长及采伐作业专业性较强，日本林学家主张国家更适合经营"林业"。例如，铃木审三认为，林业应以国家为主体实施规模化经营，小面积、个体化经营会因收入不均而导致"投机"和毁林。③ 本多静六也强调，"林业经营必须有充分的学术和经验知识"，国家有必要提供指导和监督。④ 明治维新后的林地私有化和大型产业开发，一度导致滥伐严重，也引发了林学家对森林保护的反复强调。奥田贞卫更具体地讨论了避免滥伐的对策，他写道，"政府的责任，首先是造好保安林；至于对经济有利的供用林……不让个人独占，而是分给市町村，这样就可以避免问题"，此谓"官民共利之良法"。⑤ 大部分林学家基本认同由政府经营"国有林"对国民经济和公共安全具有重要意义，也有学者意识到不应过分干预民有林。例如，本多静六建议"官方和民间的林业都应该制定适当的施业方案"以及缩小"官林面积"。⑥

日本林学家对林业和农业的关系也做了明确的界定，铃木审三、本多静六和奥田贞卫在各自的书里用专章讨论。他们认为，林木的生长多依赖"天然力"，不全依靠"劳力"生产，因此林业不属于工业，但林业也不是农业。铃木审三认为，林业和农业虽然有诸多相似之处，但在土性、资本和劳力方面存在关键性差异。例如，农业对土地的肥沃程度要求高，而林业则在"瘠区亦能生育，无须择土"，且能"变硗瘠为膏腴"等。⑦ 奥田贞卫认为，"林业事业比较简单，管理容易，需要的劳动力少，损失也比较

---

① 奥田贞衛『森林学』2、4、22 页。
② 本多静六『林政学：国家と森林の関係』後編、224、284~285 页。
③ 鈴木審三『林業篇』博文館、1893、6、79 页。
④ 本多静六『林政学：国家と森林の関係』後編、220~221 页。
⑤ 奥田贞衛『森林学』45 页。
⑥ 本多静六『林政学：国家と森林の関係』後編、282 页。
⑦ 鈴木審三『林業篇』86~87 页。

小，即使没有到伐期，伐木也不会失去价值，这些都是林业独有的优势。但是，林业的主产物木材，不如农作物容易搬运"。① 本多静六表示，林业主要以"木纤维及其变形物"为主产物，农业的主产物则更加丰富；在同一土地面积内，林业比农业能生产更多"有机物"；等等。②

明治初期，岩仓使团的欧洲考察开启了德国科学林业在日本的传播和发展。随着森林学校和专业行政的建立，日本的林学学科也逐渐专业化和系统化。1882 年，明治早期的林学先驱在翻译德语文献中的 waldwirtschaft 时，没有从日文中找寻既有词语（例如"树艺"）来对应，而是直接创造了明治新词"林業"。此后，在松野礀等人的主导下，第一所专门林业学校——东京山林学校成立，并开始接收和培训林学学生。截至 1910 年，日本国内共成立 47 所林业专门学校。③"林业"的内涵也随着林学发展和日本殖产兴业的政策推进不断深化。19 世纪末，本多静六、志贺泰山以及奥田贞卫等人的著作相继出版，这些林学教科书的面世标志着日本林学的科学化和本土化。④ 有别于早期《大日本山林会报》上的单篇林业文献翻译，本多静六等人不再拘泥于介绍欧洲林学，而是根据日本森林的具体情形著书立说。这一时期，他们视"林业"为文明开化和社会进步的标志，注重将日本工业化进程中森林的经济和工业价值发挥到最大化。在林学专业化与日本现代化转型的进程中，"林业"一词也发展出永续性、工业化和国家化等新意涵。

第二节　日本殖民扩张与"林业"话语扩展

19 世纪下半叶，日本推行的近代林业政策与它的帝国扩张同步进行。

---

① 奥田贞卫『森林学』288 页。

② 本多静六『林政学：国家と森林の関系』前编、198、211 页。

③ David Fedman, *Seeds of Control: Japan*, *Empire of Forestry in Colonial Korea*, p. 38.

④ 同一时期关注和讨论日本森林的学者除林学家外，还有日本民俗学专家柳田国男、生物学家南方熊楠，以及政治家牧野伸显等。但是，后面提到的这些人在写作中很少使用"林业"这个词，而是重在讨论"日本的森林茂盛景观"（对比周边国家的森林凋敝）、日本民族的优越性以及"爱林"思想。这些学者虽然有"广义的林业知识"，但在写作中基本不使用"林业"一词，所以笔者没有把他们放进讨论中。

自 19 世纪 70 年代起，明治政府开始拓殖北海道，并逐步将殖民范围扩展至中国台湾和朝鲜。明治时期，农商务省派出林业技师前往各地，对"帝国山林"展开细致的调查。林业调查也为日本的森林开采和工业发展提供了情报和资源支持。从北海道的北温带针叶林到台湾岛的亚热带常绿阔叶林，日本的殖民扩张为林业官员创造了管理温带和亚热带森林的不同经验，并带来了"林业"概念的"帝国化"。

明治政府在北海道的殖民开发即投射到"林业"词语的使用上。1888年，《大日本山林会报》刊出《北海道的林业》一文，集中讨论了北海道"林业"的经营主体问题。[①] 日本林学界一直有森林的"民营"与"官营"之争，并将这套话语运用于北海道的森林拓殖。有学者认为，"林业"是政府事业，北海道森林应该以"官林"的方式运营；有学者则反对，认为"林业"是生产事业，应该放任给人民，政府不应干涉。但文章作者表示，北海道"林业"是官营和私营并行的事业，理由是"林业"需要官营，因为森林有调节气候和改良土地的功能，只有政府才能设立"保护林"服务于公共利益；如果单纯将森林放任民有，森林很可能会变成农田乃至荒废。另外，林业产品的收获周期较长，管理者必须能够持续多年监督并保持其所有权完整，能够满足这个要求的只有政府。但同时作者也指出，应该允许私有林和共有林的存在，甚至可以将少部分荒地卖给民人，鼓励民众植树造林。

《北海道的林业》表面上在谈官营和民营的分配，实际上暗含了"林业"的殖民性问题。结合明治政府拓殖北海道的事实，不难看出"林业"一词实际包含了殖民者对被殖民者的暴力和强制。这一时期，明治政府对北海道森林"洗伐殆尽"，还由于过度砍伐而引发洪水肆虐。[②] 尽管文中反复提及政府"官营"可以保护森林，但事实上，明治政府的"官营林业"是将阿伊努原住民的森林强制收归"国有"，设官营木材厂大肆砍伐，这实为一种暴力性的殖民掠夺。同时，由于《北海道的林业》原载于《北海道劝业厅月报》，该文也可以被视为日本官方和学者有意构建的一种去殖民化

---

① 「北海道の林業」『大日本山林會報』75 号、1888 年 6 月、264~265、333 頁。
② 《振兴林业策》，《东方杂志》第 3 卷第 6 期，1906 年，第 98 页。

的"林业"话语。一方面，日本林学家鼓吹国有林的经济和生态效用，并以政府经营的必要性来合理化明治政府对北海道森林的"官营"；另一方面，他们巧妙地利用"官民划分"消解了原住民阿伊努人的主体性，否定了原住民的森林所有权，进而淡化了"林业"背后的强制和暴力色彩。

甲午战争后，日本夺占台湾，继续将"林业"概念移植至台湾。"林业永续性"的意涵在殖民统治区域进一步扩展，从"森林永续利用"发展为"永续为帝国供给林业资源"。日本介入台湾森林的方式同样是先推广"国有林"，将台湾本地居民的林地收归"国有"，然后以"打造法正林"的名义，引进日本企业砍伐台湾森林中的"次生林和杂木林"。① 在拓殖阿里山森林的计划中，日本林学家根据"森林永续利用"的理念进行规划——"先以每年20万尺的统一规模砍伐树木，80年后将最终能够完成对整座山的砍伐。当80年的砍伐周期结束时，第一年被砍伐地区的新森林应该已成长到可以采伐的良好水平"，可以继续砍伐。② 这一计划虽然体现了"森林永续利用"和"法正林"的理念，但在台湾推行林业永续，实际是将当地森林纳入日本"帝国化"资源供给的体系之中。这种做法暗含了对台湾本地居民的暴力和强制，也是对"林业永续性"理念的一种"帝国化"扭曲。

"林业"的"帝国化"在1903年日本"第五次内国劝业博览会"中得到进一步体现。1903年3月，第五次日本内国博览会在大阪举行，博览会设农业馆、林业馆和水产馆等10个陈列馆，专门展出"帝国臣民之采取、产出及制造"。③ 在《第五回内国劝业博览会审查报告》中，负责人长谷川正直总结认为，以往的林业展品分布在"农业、林业和园林艺术"等三个类别的九个项目中，该年是"林业"第一次作为一个"独立部门"在内国劝业博览会展出。他们收到了从大阪府、北海道到台湾等各地方的展品，数量从以往的1645件增长到11400件，是一次"成功的扩张"。长谷川认为，"林业"一直被世人"冷眼相看"，这次展览是首次在博览会中展示

---

① 洪广冀、张家纶：《近代环境治理与地方知识——以台湾的殖民林业为例》，《台湾史研究》2020年第2期，第99页。

② 「阿里山大森林の材積と其価値」『大日本山林會報』263号、1904年10月、51頁。

③ 1901年4月18日，日本农商务省公布《第五回内国劝业博览会规则》，《农学报》于1902年翻译刊出，参见《第五回内国劝业博览会规则》，《农学报》第182期，1902年，第2页。

"一直隐藏在殖产界背后的林业"。他因此倡导，林业也和其他产业一样，应遵循"最少成本，最大收益"的原则，加强"林产制造、木竹加工、产物利用"方面的创新和海外出口。他指出，"研究林业振兴方针，不仅是专业人士的责任，更是全体国民的责任"，[①] 进一步将"林业"的意义扩大化。

日俄战争爆发前后，"林业"一词的侧重又有所变化，日本官方和学者开始凸显其军事化色彩。1903 年 6 月，沙俄在圣彼得堡成立俄国远东木材公司，随后迁至朝鲜龙岩浦。这一举动被日本方面理解为沙俄以"林业"之名，行军事部署之实，是为"在鸭绿江建立政治根据地的长远事业"做准备，因此展开一系列对抗和交涉。[②] 最终，日俄森林交涉成为日俄战争爆发的导火线之一。随着日俄战争对木材的需求不断增加，"林业"与军事的联结也体现在 1904 年 5 月林学家川濑善太郎发表的《时局和林业》一文中。当时正值日本军队大获全胜，顺利登陆辽东。川濑善太郎提出，无论是战时修筑工事还是战后城市重建，都需要消耗大量的木材。以往日本政府和资本家多注重战时的贵金属储备，但其实木材才是供应军队最合适的物资。因此作者强调，"林业"的意义在于储备军需。对于军事目的来说，木材的储备比其他物资更加重要。[③]

日本在日俄战争中的胜利带来了东亚地缘和意识形态秩序方面的巨大变化。此后，日本林业学者普遍把"林业"和进步、国运联系在一起，一方面鼓吹日本的"东亚特殊性"，另一方面也给中朝打上"森林衰败，国运衰微"的标签。例如，1904 年 6 月，林学士河合铈太郎就撰文指出，森林经营关乎国运盛衰，森林也影响国民的精神机能。中、朝由于"森林消尽"，"人民意气消磨"；日本作为"东洋唯一进步国"，"林业"乃是"百年基业"，一定要做长远打算，经营"集约化的大林业"。[④] 1908 年，中日合办鸭绿江采木公司在安东正式成立。日本方面对清朝鸭绿江沿岸的伐木现状不甚满意，他们认为"清朝人对森林的管理是极度粗放的，也是极度

---

① 第五回内国劝业博覧会事務局編『第五回内国劝業博覧会審査報告』2 部巻 1、長谷川正直、1904、1～5 頁。
② 「新紙の林業観（鴨緑江畔の四会社）」『大日本山林會報』249 号、1903 年 8 月、69～70 頁。
③ 川瀬善太郎「時局と林業」『大日本山林會報』258 号、1904 年 5 月、2～9 頁。
④ 河合鉎太郎「大規模の林業計画」『大日本山林會報』259 号、1904 年 6 月、1～9 頁。

不规范的"，必须考虑"中日双方联合管理"。① 日本派驻长白山区的林学士纲岛政吉则评价中国人不擅长经营"林业"，中国工人有很多缺点。②

　　纵观整个明治维新时期，"工业化"是贯穿"林业"讨论始终的核心议题。本多静六曾专门讨论"林业革命"，认为"林业革命"必须通过"锯木器械"的普及和"木纤维利用"两者来实现。通过推广机械化和工业用材，许多新的林业事业和制度会相继出现，并且将延伸到林政的革新。③ 本多静六表示，随着"新式锯器械"和"蒸汽水力锯器械"的普及，利用"蒸汽压力"的制材工场将会兴起，"拼花细工"和"贴附细工"等事业也将兴盛。在国有林和御料林的区域内，日本政府将设立"林产品制造的示范工厂"。同时，由于新的机械化技术兴起和铁路的建设，传统的木匠"将会一时失业并最终转向其他行业"。今天的"伐木运材劳动力"的一部分将会成为"铁道劳动力"。

　　此外，每一期《大日本山林会报》都刊登有大量关于欧美森林工业的译文和海外调查报告。署名为"孤岛生"的作者对美国和加拿大"林业"的系列讨论即代表了日本官方和林学界对"林业机械化"的追求。在《美国林业丛谈：关于合众国的制材业》一文中，作者把"林业"的重心放在"制材业"上，注意到了美国"制材所"对于制材机器的运用和大规模木材工业品的高效产出。④ 在第二篇文章中，作者着重讨论了工业动力的问题，认为美国"林业"之所以蓬勃发展，主要得益于其水力动力的低廉价格，以及北美天然广布的河流水道。⑤ 1912 年，孤岛生注意到，加拿大的电信电话、电灯、电气铁道和蒸汽铁道等工业的发展，带动了加拿大本国的电线杆销量，也因此促进了"林业"的发展。⑥

　　明治维新时期，"林业"一词的出现及其所包含的永续性、工业化、国

---

① 「鴨緑江沿岸の森林経営」『大日本山林會報』295 号、1907 年 6 月、30~32 頁。
② 「鴨緑江森林の現況」『大日本山林會報』324 号、1909 年 11 月、30~31 頁。
③ 本多静六『林政学：国家と森林の関係』後編、281、283 頁。
④ 孤島生「米國林業叢談：合眾國の製材業に就て」『大日本山林會報』332 号、1910 年 7 月、28~29 頁。
⑤ 孤島生「米國林業叢談：水力に就て」『大日本山林會報』333 号、1910 年 8 月、8~9 頁。
⑥ 孤島生「加奈陀に於ける千九百十年の電柱使用量」『大日本山林會報』353 号、1912 年 4 月、29 頁。

家化、军事化和帝国化等意涵，反映了明治日本在快速工业化、国家化以及殖民扩张后对日语词汇体系的重构和投射。在明治维新以前，"林"和"业"各自独立使用，并不合在一起形成词组。明治维新以后，日本按照西方模式引进各种机械设备发展造船、铁路、电报和开矿，并对北海道和中国台湾等地实施殖民拓殖，日本社会开始广泛使用"林业""制材业"等新式二字和三字词。随着明治新词的诞生，现实中的日本"林业"转型为资本和技术密集型的制造部门，成为现代工业部门的一环。"林业"吸收政府资本和商业投资，然后产出铁路枕木、建材、坑木和其他工业制品，推动了明治日本的工业化和帝国扩张。在日本国家化和帝国化并行的过程中，"林业"一词的含义继续扩展，其本身含有的"永续性""工业化"含义在殖民话语中得到进一步强化。此外，殖民地的"林业"也代表了一种新的森林治理模式，既有 Morris-Suzuki 所说的"激进的现代科学理性"和平野克弥所说的"榨取性殖民主义"，[①] 也隐含了无法言说的对殖民地世居居民的暴力。

第三节　甲午战后中国人对"林业"的译介和引鉴

甲午战争以前，作为西学新知的科学林业知识已传入中国，以西方传教士为主体的译者群体对其有所介绍。例如，1889 年，《万国公报》刊登《治国要务论（二章）：论林木》一文，介绍了德法等国保护森林、禁止私伐以获得"种树之利"的历史，并回顾了中国古代的禁伐政策。文中出现了"植木之学""私材"等新词。[②] 然而，由于西方传教士译者对林学介绍较为片面和碎片，以及传教士的翻译习惯是从汉语中寻找中国人熟悉的词汇，[③] 当时暂未形成"林业"的汉字词语和概念。

---

① Tessa Morris-Suzuki, "The Nature of Empire Forest Ecology, Colonialism and Survival Politics in Japan's Imperial Order," *Japanese Studies*, 33.3 (2013), p.229; Katsuya Hirano, "The Politics of Colonial Translation: On the Narrative of the Ainu as a 'Vanishing Ethnicity'," *The Asia-Pacific Journal*, 7.3 (2009), https://apjjf.org/-Katsuya-Hirano/3013/article.html.

② 《治国要务论（二章）：论林木》，《万国公报》1889 年第 3 期，第 45~49 页。

③ 关于 19 世纪新教传教士的汉语习惯，参见庄钦永、周清海《十九世纪上半叶基督新教传教士在汉语词汇史上之地位——以郭实猎中文译著之旧语新词为例》，『或问』17 期、2009 年、9 页。

甲午战争以后，中日之间开始了大规模的词汇交流。1896 年，清政府派出第一批官派留日学生，中日间的词汇交流继续深入。1897 年 3 月，京师同文馆设"东文馆"，开始在国内教授日语。这一时期，日本在明治维新前期出现的各类新式词汇及新的学科正在成型，进入调整期。① 随着留学生和官方考察团的派遣和交流，成型中的明治日语新词逐渐被吸收入汉语体系。由于中文和日文汉字同形，一些日文新词常被原封不动地"翻译"至中文，这种以汉字形式呈现的中译日文即"日语借词"。陈力卫认为，日语借词的出现虽然便利了中日文之间的翻译，但表面上的便利其实牺牲了词义的"准确转移"。② 伴随日语借词的出现，正在成型和调整中的明治日语新词开始进入同形的汉语体系中。

"林业"一词即是清末从日本传入的明治新词，该词无古汉语出典（即在四库全书中查不到出典），属于日语借词。最早与林学相关的日语借词出现在英商在上海创办的《申报》上。据朱京伟考察，1870 年代，《申报》就开始使用部分二字日语借词，其中就有"林产"和"矿业"。③ 此后，华人创办的《时务报》和《译书汇编》也相继出现新的二字和三字日语借词，如"工业""手工业""商工业"等。④ 这些词语都是日本方面首先使用，随后被"搬运"到清末报纸上。⑤ 但以上报刊尚未搬运"林业"一词。自1896 年起，康有为开始编撰《日本书目志》。该书于 1897 年 5 月完稿，1898 年刊印。《日本书目志》记录了 19 世纪下半叶 7725 种日文原著和译书，分为 15 门 246 小类。⑥ 其中，卷 7"农业门"下"林木书"一章收录

---

① 朱京伟：《近代中日词汇交流的轨迹——清末报纸中的日语借词》，第 3~9 页。
② 沈国威认为，康有为提倡的"和文汉读法"其实是国人对日语的"错误想象"。参见沈国威《新语往还：中日近代语言交涉史》，第 286~287 页。
③ 朱京伟：《近代中日词汇交流的轨迹——清末报纸中的日语借词》，第 71 页。
④ 朱京伟：《近代中日词汇交流的轨迹——清末报纸中的日语借词》，第 229、471 页。
⑤ 黄兴涛认为，大量明治新词被照搬至汉字语言中，与早期来华日本汉学家的心态有关。日本译者"内心深处先行一步的文化优越感"，促成他们在汉译日文的过程中"照搬"日文汉字新词。同时，不懂或略懂日语的维新人士，如康有为和梁启超等，也"乐于尝试"新名词。参见黄兴涛《新名词的政治文化史——康有为与日本新名词关系之研究》，载黄兴涛主编《新史学》第 3 卷《文化史研究的再出发》，第 102 页。
⑥ 王鹏飞等：《清末日文科学文献在中国的翻译与传播》，第 156 页。

日本学者铃木审三于 1893 年出版的《林业篇》。① 至此，明治新词"林业"第一次进入汉语文化圈。

同一时期，罗振玉、蒋黼和徐树兰等人在上海成立农学会（最早叫务农会）② 并创刊《农学报》，进一步吸收和传播欧美与日本的农林知识。马相伯在《务农会条议》中强调了日文译书对中国的重要性。他写道："报中所译书，先就日本，取其同于我也。英、法、德、美，其种植粪溉与我迥异。异故难以取法，同则易以为功。"同时，马相伯列举了 24 本值得引进的日文农书，包括《造林学》和《林产物制造篇》。③《农学报》专设"东报选译"栏目，对日本的农林报刊进行选译，所译刊物包括《大日本山林会报》、《北海道农事周报》和《日本农会报》等 27 种。④

《农学报》对日本林学文献的译介开启了"林业"词语及其背后知识体系的传入。1898 年 2 月，受限于国内日语人才缺乏，罗振玉创办东文学社，聘请日本教习教授日语，沈纮⑤、樊炳清⑥、林壬和王国维等均为东文学社学员。东文学社的日语培训很快有了成效。自 1899 年起，包括沈纮、樊炳清在内的多名学员开始承担"东报选译"栏目的翻译工作，引进和翻译了一批日本林学文献。康有为在《日本书目志》"农学门"中收录的铃木审三的《林业篇》也第一次被翻译为中文。在此之前，日本译者古城贞吉曾为《时务报》译过《山林论》一文。但由于原文及译稿均未使用"林业"一

① 《日本书目志》卷 7《农业门·林木书》，台湾"中研院"近代史研究所"近代史料全文资料库"，https://mhdb. mh. sinica. edu. tw/mhtext/text. php？listNo = DC7E3A9C－4585－94C0－1722－CE6A454E60FB&search =%E6%9E%97%E6%9C%A8%E4%B9%A6，最后访问日期：2023 年 11 月 6 日。

② 相关研究可参见范铁权《近代中国科学社团研究》，人民出版社，2011，第 97 页；吕顺长《清末浙江与日本》，上海古籍出版社，2001，第 105 页；等等。

③ 《马湘〔相〕伯务农会条议》，《农学报》第 1 期，1897 年，转引自李尹蒂《晚清农学的兴起与困境》，第 89~90 页。

④ 李尹蒂：《晚清农学的兴起与困境》，第 87~88 页。

⑤ 沈纮，字昕伯，浙江桐乡人。1898 年，罗振玉创办东文学社传授日语，兼授科学知识，沈纮是该学社的学员，与王国维为同学。1904 年被两广总督岑春煊派往法国留学，1916 年殁于法国。参见吕超《清末日语翻译沈纮译介活动初探》，《浙江外国语学院学报》2013 年第 1 期，第 54 页。

⑥ 樊炳清，字少泉，一字杭父，祖籍浙江山阴。光绪中叶参加上海东文学社学习日语。参见罗继祖《王国维与樊炳清》，《史林》1989 年第 3 期，第 80 页。

词，且文章涉及林学内容较为零散，故不在本书讨论范围内。[①]

1899 年，沈纮翻译的铃木审三《林业篇》分多期刊发于《农学报》，后收入"农学丛书"第一集。在中译稿中，沈纮直接援用了明治新词"林业"，并首次译介了"林业"在日本所代表的科学林业知识。[②] 文章认为，"林业"服务于国家的生态和经济目的，因此森林被划分为"保护林"和"供用林"。国家对"保护林"实施强制禁伐，对"供用林"实行计划采伐和培育，以及规模化输出木材制品。此处沈纮将日语的"保存林"译为"保护林"。文章指出，首先，鉴于明治维新后日本森林滥伐严重，引发水旱灾害和疫病，国家必须对"养水源、止砂土、防御风潮和支障堆雪"的森林实施强制保护。[③] 其次，"林业"的主要产品是木材，但由于木材"量重"不易转运，木价腾贵，因此政府必须大力改善交通条件，才能"扩张贩路而计林业之日盛"。[④] 最后，为了永续经营森林，林业作业最核心的内容是"伐木轮转"，即遵循"本年伐第一区而栽第二区，次年伐第三区而栽第四区"的原则，以保证采伐量和造林量的平衡。如铃木所言，"不为百年计者不能事林业"。[⑤]

《林业篇》也专章讨论了林业的所有权问题，沈纮将"森林の所有"翻译为"官民辨"。根据沈纮的翻译，"林业"分国有和民有。政府设"国有森林"于山路崎岖、交通不便的深山老林之中，投入资本和劳力进行保护和培育，再以低价供应民众木材需求。这样，由政府经营的国有林不仅能够"扩充财源"和"安土利民"，还能"维持人民之经济"。因此，国有森林是"以国家全体利益为主，国民共庆，个人得失是微不足道的"。[⑥]

1900 年，樊炳清所译奥田贞卫《森林学》一书在《农学报》连载。

---

① 古城贞吉译《山林论》，《时务报》第 15 册，1896 年，第 25~27 页。
② 据吕超研究，沈纮并没有完整翻译日文版《林业篇》，他对文中重要的信息都予以翻译，但对原文第 19、22 页的某些语句省略翻译。吕超认为，沈纮整体译文流畅，意思表达准确，基本没有误译。参见吕超《清末中国对日本农学书籍的译介——以沈纮为例》，『東アジア文化交渉研究』7 卷、2014 年 3 月、388~389 页。
③ 铃木审三：《林业篇》，沈纮译，《农学报》第 82 期，1899 年，第 9 页。
④ 铃木审三：《林业篇（续）》，沈纮译，《农学报》第 84 期，1899 年，第 16 页。
⑤ 铃木审三：《林业篇（续）》，《农学报》第 85 期，1899 年，第 29 页；铃木审三：《林业篇（续）》，《农学报》1899 年第 84 期，第 17 页。
⑥ 铃木审三：《林业篇（续）》，《农学报》第 86 期，1899 年，第 42、43 页。

《森林学》是日本博文馆推出的"帝国百科全书"系列第 20 卷，在日本被用作"中学教科书和一般大专参考书"。① 该书系统整合了中村弥六、志贺泰山和本多静六等明治早期林学家的作品，分七章介绍了森林的沿革、性质、造育、定价、设制和木材供给等。樊炳清也直接沿用了"林业"一词，并引进"保安林"②"用材林""经济林""法正林"等一系列明治林学新词。樊炳清完整译介了"森林设制学"的原理，包括对"法正林"的调查、测量、定界、定价和设制。例如，"在法正状态的森林里，每年的斫伐面积与更新面积是相等的。如果不在法正状态，就不是这样。所以，要想达到法正状态，必须经过多次斫伐"；③"设制得宜，则森林振兴，否则遂不免荒废"。④ 同时，樊炳清翻译了"用材林"和"保安林"的各自用途，用材林"之进步随文明之进步而增"，⑤ 保安林"以国家之威力限制之采伐"。⑥ 在大量使用日语借词的基础上，樊炳清引进了日本各森林学科的名称和内容，例如，"管理学……须着眼于国有林以为立论之本"；"利用学"关注"伐木造材运材所需各种器械"；"林政学"是"以经济之思想而观察森林"，⑦以及原作者奥田强调的"以森林学校、林业试验场为目下之急务"。⑧

　　1901 年，林壬翻译了本多静六的《造林学各论》，第一次将后者的作品介绍到中国。本多静六的《造林学各论》是日本第一部系统阐述造林学原理的著作，该书在日本国内广泛传播。《造林学各论》介绍了 53 种日本本土树种的产地、生长、效用和造林法等内容，包括杉、桧、松、枞和槠等针叶树品种。在每一类树木的介绍中，作者都会专门讲解其用途。例如，

---

① 1903 年，留日学生范迪吉主持编译了"普通百科全书"100 册，由上海会文书店出版，其中也包括奥田贞卫的《森林学》。参见彭斐章主编《中外图书交流史》，湖南教育出版社，1998，第 235 页。

② 日文中的"保安林"词语也有变化，铃木审三在 1893 年《林业篇》中使用的日文汉字为"保存林"，沈纮译为"保护林"；奥田贞卫在 1898 年《森林学》中使用的日文汉字为"保安林"，樊炳清直接使用之。

③ 奥田贞卫：《森林学（续）》，樊炳清译，《农学报》第 126 期，1900 年，第 42 页。

④ 奥田贞卫：《森林学（续）》，《农学报》第 128 期，1901 年，第 79 页。

⑤ 奥田贞卫：《森林学（续）》，《农学报》第 125 期，1900 年，第 5 页。

⑥ 奥田贞卫：《森林学（续）》，《农学报》第 126 期，1900 年，第 24 页。

⑦ 奥田贞卫：《森林学（续）》，《农学报》第 129 期，1900 年，第 105~106 页。

⑧ 奥田贞卫：《森林学》，《农学报》第 125 期，1900 年，第 22 页。

桧树"变种虽多，然皆独用为园艺术，于林业上毫无关系"；[1] 赤松"林业上效用为极大，材木可谓各种用材及薪炭材，枝叶亦为薪材，世所重用"，以及落叶松"为建筑、家屋、船舰、桥梁、电柱及其他用材"。[2] 本多静六在书中强调，杉林是日本"林业上最重要之树种"。[3] 1903 年，樊炳清又翻译了本多静六的《学校造林法》一文，文章将"杉、扁柏、赤松、榉和落叶松"五类树种称为"日本林木之王"，因为"造屋者、造船者、造桥梁者、造汽车者、造用器者莫不以此诸材为最佳"。[4]

以上由农学报译者翻译的《林业篇》、《森林学》和《造林学各论》等内容，反映的是明治维新后日本工业化背景下的木材需求及以日本温带森林为现实背景的林业管理。明治维新后日本森林滥伐严重，林学家因此反复强调森林保护；"防御风潮和支障堆雪"提示该地森林处于温带及纬度更高的地区；对针叶林的重视体现了日本在殖产兴业政策下对工业原料的专门需求。伴随"林业"的译介和传入，日本学者所翻译和改造的日本化林学知识及明治林学新词也陆续渗透进汉语文化圈，这些新的概念和词汇被晚清士人快速吸收并发展演绎。

第四节　清末"林业"概念的本土化阐释

受中日汉字同形的影响，日文词"林业"很快被挪用至汉语。然而，日文语境下"林业"的"永续性"和"工业化"等内容并没有在汉语语境中被继承，清朝士人更多从"农林一体"的角度重新阐释"林业"。1900 年，罗振玉在《农学报》上发表《振兴林业策》，开始原创性地使用"林业"一词。罗振玉指出："中国农利虽启，而林业未兴。童山濯濯，所在有之。而考海关税册，外国材木进口者，岁有所增，此商途一大漏卮，亟当挽回者。"他认为当时的中国森林荒废，大量依赖外国进口木材，因此提倡本土造林。在种树问题上，罗振玉认为有三个难题：一是树木生长周期慢，

① 本多静六：《造林学各论》卷上，林壬译，《农学报》第 149 期，1901 年，第 39 页。
② 本多静六：《造林学各论》卷下，林壬译，《农学报》第 150 期，1901 年，第 35、27 页。
③ 本多静六：《造林学各论》卷上，《农学报》第 148 期，1901 年，第 4 页。
④ 本多静六：《学校造林法》，樊炳清译，《农报》第 240 期，1903 年，第 1 页。

二是供养佃农花费多，三是苗木容易被人盗伐和被牲畜破坏，这些问题都导致"林利"难收。罗振玉的解决办法是"百亩立之监，监以下役夫五，合六家为庐舍，从事看守，司培垦"，种植的品种为"榆、柳、茶、柏、桐、杉、栗"等。罗振玉的选种考虑是榆树和柳树可以做"薪材"，茶树和桐树可以"榨油"，杉树和栗树可以待其长成后"作材木用"。这样，田主第一年出资，第二年便能收利。①

罗振玉的"林业"阐释几乎没有受此前沈纮和樊炳清译稿的影响。以沈纮译稿《林业篇》为参照，罗文和沈文中的"林业"内涵至少呈现三点差异。首先，罗振玉倡导的"林业"是以家庭为单位来造林，因此注重短期收益，如"第一年出资，第二年获利"；相较之下，日文语境下的"林业"则更多以政府为主体来造林，讲求十年以上的长期效益，所谓"不为百年计者不能事林业"。其次，罗振玉在种树品种上优先考虑经济林，例如可提供薪材和榨油的柳树、茶树等品种，这与日文"林业"中讲求木材供应及用材林的考虑大相径庭。再次，罗振玉的"林业"只单方面论及种树，而日文中的"林业"还包含造林以外的保续作业、材木制作、海外出口以及国有林、民有林划分等一系列复杂的理论和实践。显然，日文"林业"一词背后的"永续"等理念也没有被罗振玉所吸收，而罗振玉所提倡的种植茶树、桐树也不能解决他所忧心的"商途漏卮"问题。

罗振玉关于"种植茶桐"的林业倡议反映了时人对林木价值的认知仍不出农业范畴。不同于日本推崇以国家为主体经营大面积用材林的做法，晚清朝野始终优先鼓励民众种植经济林。1896 年 9 月，御史华辉即向朝廷提出通过"广种植"和"兴水利"来解决国家"岁入不敷"和"民贫财匮"的问题。华辉认为，"果品材木，足以供生人之食用者，其利视五谷为尤丰"，而且"天下无论何土，必有相宜之树，无论何树，必有可收之利"。所以，他建议朝廷"定一劝民种植之法，民间有能于旧有树木外，种树至五万株或十万株以上者，官为酌给奖赏，以示鼓励。并请定一戕害树木之禁，有无故戕害树木一株者，贫民罚种两株，富民罚钱千文，以充公用"。除此之外，华辉还指出，种植树木可以与同样具有增加利源意义的兴修水

① 罗振玉：《振兴林业策》，《农学报》第 102 期，1900 年，第 121～123 页。

利相因为用、相济而成，因为"嘉树密林，既能引泉致雨，可免旱灾；而根蟠土中，叶盖地面，当大雨时行，高处泥沙不致随流而下。凡壅压田亩、淤塞河流之患亦可减轻。诚能以种植为经，以水利为纬，以水利为体，以种植为用，行之十年，而地利不日兴、民生不日富、国计不日丰者，未之有也"。① 从其奏折中其他地方引征西方国家的先例来看，华辉的这些想法确实受到了西方"保安林"学说的影响，但他所提倡的造林仍是为农田水利服务，可见与农业、民产相关的林业知识更容易被时人所接受。

甲午以后，部分维新人士已注意到林木的工业价值，但还未形成独立的林业概念。康有为等就指出，"种树之利，俄在西伯利部岁入数百万。渔人之计，美之沿海可得千余万。今材木之运，罐头之鱼，中国销流甚盛，宜有以抵拒之"。② 所谓俄人的"种树之利"，实际是当时沙皇派人修筑西伯利亚大铁路，因铁路枕木需求量巨大，从而引发当地林木价格上涨。康有为将铁路业带动的工业用材涨价笼统地理解为"种树之利"，显然不够准确，尤其西伯利亚的森林并非人为种植，而是自然形成的天然森林，但这表明时人已注意到纯木材的商业价值。1897 年，梁启超在讨论"农学研究"十大门类时，将"林材"与"树艺（麦、果、桑、茶等皆归此类）"区分开来，单列为一个类别。这表明他开始区分林木和非林木的森林产物。③ 1898 年，康有为在《日本书目志》"农业门"下设"林木书"一章。在按语中，他表达了对中国"一切造作，待之洋木"的担忧，认为"木料之粗，亦待海外数万里之转输，而精者勿论矣。此虞衡之罪也"，逐步将林木的价值从民产扩展到国际贸易和国家竞争的层面。④

尽管"林业"一词已进入汉语圈，但清朝士绅更常用的词语是"种

① 华辉：《请讲求务本至计以开利源折》，中国史学会主编《戊戌变法》（二），上海人民出版社，1957，第 300~301 页。

② 《上清帝第三书》（1895 年 5 月 29 日），姜义华、张荣华编校《康有为全集》第 2 集，中国人民大学出版社，2007，第 72 页。

③ 梁启超：《农学报序》，《农学报》第 1 期，1897 年，转引自李尹蒂《晚清农学的兴起与困境》，第 96 页。

④ 《日本书目志》卷 7《农业门·林木书》，台湾"中研院"近代史研究所"近代史料全文资料库"，https://mhdb.mh.sinica.edu.tw/mhtext/text.php? listNo = DC7E3A9C-4585-94C0-1722-CE6A454E60FB&search = %E6%9E%97%E6%9C%A8%E4%B9%A6，最后访问日期：2023 年 11 月 6 日。

树"。《皇朝经世文统编》收录了这一时期清朝士人的"种树"时文，颇能反映晚清士人对西方用材林、经济林和本土情境的多元嫁接和组合。第一部"皇朝经世文编"由魏源和贺长龄在1820年代编辑而成，后世不断续编和新编。1901年邵之棠所编《皇朝经世文统编》收有陈炽的《种树富民说》和《种木成材说》两篇。《种树富民说》以法国为例强调了"种树"的重要性。文章认为，法国过去因缺乏树木而陷入困境，后来通过广植树木而"举国大富"，其成功的原因是"以时入山林伐材木运售各国，岁获数千万金"，表明作者已注意到"材木"的外贸价值可作为国家利源。[①] 然而，当文章进一步探讨中国的种树问题时，却提倡种植"果木、桑茶之类"的经济林，与前文作者所赞美的法国以材木运售各国获利形成反差。在《种木成材说》一文中，作者专门讨论了中国的用材林问题。针对洋木进口，作者指出，必须大力种植本土材木，包括"北省之榆槐、南方之松杉"以及"梓、楩、楠、枫、檀、栝之属"，并首次强调种植材木比种植果木更加急迫。[②] 该文虽然没有使用"林业"一词，但对用材林和材木的认知比之前更进一步。

这一时期，清廷的实政改革重心在铁路、矿务和新军等方面，农林并不是重点。[③] 清朝官绅对林业与种树的理解大致呈现出三种思路：第一是为治理水患而强调植树造林；第二是将林业作为农业振兴的一部分，提倡种植桑茶果木等"有利之树"以增加民利；第三是随着铁路兴起，面对国际市场上洋木冲击以及俄人利用西伯利亚林木在铁路修筑上获利颇丰，朝野逐渐意识到林木的工商业价值，因此要求保障利权和加强树木种植。这一类林业认知也包含在"发展实业""振兴工商"的系列讨论和对本国"林业凋敝"的批评里。这三种思路同时并行，互相交叉，形成了林业本土化

① 陈炽：《种树富民说》，邵之棠编《皇朝经世文统编》卷26《地舆部十一·种植》，1901年刊本，台湾"中研院"近代史研究所"近代史料全文资料库"，https://mhdb. mh. sinica. edu. tw/mhtext/text. php? listNo = EDF47D3E-B7B9-D321-736A-9F27A1899F18，最后访问日期：2023年11月6日。

② 陈炽：《种木成材说》，邵之棠编《皇朝经世文统编》卷26《地舆部十一·种植》，台湾"中研院"近代史研究所"近代史料全文资料库"，https://mhdb. mh. sinica. edu. tw/mhtext/text. php? listNo=EDF47D3E-B7B9-D321-736A-9F27A1899F18，最后访问日期：2023年11月6日。

③ 李尹蒂：《晚清农学的兴起与困境》，第113页。

解释的基础，即鼓励"民间种树"。

相较之下，有留日背景的官绅显然更多使用"林业"一词，但其所指也不尽相同。例如，1902 年甘韩所编的《皇朝经世文新编续集》收录张謇《通海垦牧公司集股章程启》。张謇在赴日本调查后受到启发，决定成立公司经营实业。公司章程在规定兼办垦务与牧业时写道："其堤脚渠唇遍植桐柏，土性相宜，奇零之地兼树'林业'。"① 此处"林业"即指广义的木植和森林。《广益丛报》是留日学生朱必谦等在重庆创办的报纸，主要介绍西方科学知识和宣传新思想。1903 年，《广益丛报》刊出《林业发端》一文，提出不同于"种树"的林业解释。该文写道："日本林业，亦为生利之大端。中国无主之山林，各省皆有，任其废弃，殊属可惜。兹经奉天东边道袁观察大化创设大东木植公司，集股开办，已在北洋官报局印股票息折各二千分，每分合凤凰城平银 100 两。"② 该文从经营无主之山的角度，将官商合办的木植公司视为"林业发端"，把公司经营纳入林业的范畴。

1904 年 1 月，随着《奏定学堂章程》的正式颁行，"林业"作为农学之下的附属学科名词开始流行于全国。清朝的学制改革基本模仿了日本明治学制。当时，初等农业学堂实习科和中等农业学堂本科均设"林业科"，内容分八类：造林及森林保护、森林利用、森林测量及土木、测树术及林价算法、森林经理、气候、农学大意、实习。高等农业学堂本科设"森林学科"，科目 30 种，包括森林经理学、森林保护学、林政学、财政学和"数猎学"等。同年，京师大学堂颁布《奏定京师大学堂章程》，正式设农科大学。农科大学分为四门：农学门、农艺化学门、林学门、兽医学门。林学门被包含在广义的农科之下，结业要求是完成 31 门主课，以"农学大艺、畋猎术、养鱼论为随意科目"；而农学门的结业要求则是以"林学大意及养鱼论为随意科目"，可见受日本学制影响，林业在学科化的过程中逐渐

---

① 张謇：《通海垦牧公司集股章程启》，甘韩编《皇朝经世文新编续集》卷 7《农政上》，1902 年刊本，台湾"中研院"近代史研究所"近代史料全文资料库"，https://mhdb. mh. sinica. edu. tw/mhtext/text. php? listNo=19045DC6-B3CD-8142-C09E-CB10F549D3A5&search=%E3%80%80%E9%80%9A%E6%B5%B7%E5%A2%BE%E7%89%A7%E5%85%AC%E5%8F%B8%E9%9B%86%E8%82%A1%E7%AB%A0%E7%A8%8B%E5%95%9F，最后访问日期：2023 年 11 月 6 日。

② 《林业发端》，《广益丛报》1903 年第 2 期，第 3 页。

与农学分化，经济林相关内容不再纳入林科。①

　　与明治日语新词"林业"意涵更为接近的中文词"林业"解释见于1906年《东方杂志》"实业"栏目刊出的《振兴林业策》一文，该文提出了"以工业带动林业"的观点。作者在文中说，中国欲振兴林业，有五种方法。首先应划定国有林，然后广设森林学校，设立森林官员，再次是设定林区署，复次是设置保安林，最后是讲求工业。其中，第五条"讲求工业"中提到"工业不兴，则材木之用途不广，林业不能发达"，因此"必先兴工业而后战船之木材、铁路之枕木、使用之器具、制造之原料皆可供给，并可售卖他国，挽回利权"。②作者注意到了铁路业、军事工业等制造业发展对林业的推动作用，也意识到林业是对工业的供给，但还未意识到林业本身也是一种工业类型。

　　1906年，清朝设立农工商部，翌年各省设立劝业道，"林业"作为一种地方实业被广泛推广。在此背景下，地方上与林业相关的各类农林机构纷纷成立。以安徽省为例，在新政开办后的五年内，该省以"农林""树艺"名义成立的公司、试验场就达十余处，观其性质则多以官办或官商合办为主。1906年，安徽省设立垦牧树艺总局，下辖分局三处，由藩司总理其事，并且通饬各州县官员会同士绅清查荒地情况，分别官荒、民荒详报总局，再由分局委员查明亩数、水利和种植土壤等情况，绘具图说送总局查核，以备兴办"树艺"之用。而在地方官吏看来，"荒山、荒地、平原、湖荡向之废弃不治者，各因其物候所著、土性所宜，讲求种植字畜，若桑麻茶柏诸果木、毛羽鳞介诸物，参以新法，精益求精，将蕃衍日盛，利益不可胜算"。③除此以外，清政府还将"树艺"列入科举考试的内容，④加

---

① 璩鑫圭、唐良炎编《中国近代教育史资料汇编·学制演变》，上海教育出版社，1991，第449、457、458、467、375~377页。

② 《振兴林业策》，《东方杂志》第3卷第6期，1906年，第98~100页。

③ 冯煦主修，陈师礼总纂《皖政辑要》，黄山书社，2005，第793页。

④ 1904年科举考试的一道题目开篇即言明"树艺"的重要性："农学必推广树艺，而后地无遗利。宋真宗时，遣使得占城稻以种于福建，后又迁植内地。此种犹可考否？闽省桑麻何区最盛？树木何种最良？杂粮何物最多？试备述土产策"。而在应试者包千谷看来，"民生大利必归农，农学精则土产富而国运兴"，言语间仍以农业作为国家之根本。参见包应卿、包应森编校《包千谷诗文选》，中国戏剧出版社，2004，第341页。

之各地林业学堂的创办，都大大地促进了一种混合的近代林业知识在中国的传播。

然而，"林业"与边患的联结打破了种树生利的传统认知。日俄战争后，日本和沙俄在中国东北划分势力范围，就铁路、森林和领土问题展开交涉。清朝被迫签订条约，接受与日本共同经营鸭绿江右岸森林的结果。这一时期，"林业"一词广泛见诸报刊，例如"俄人把持黑龙江林业"①"鸭绿江左右岸林业之富饶"②等。俄日的领土侵略和利权攫取使"林业"具象化为一种中外实力差距。《申报》评论人就曾抱怨清朝商人无能，未能尽早开发东三省林业，以致"天然之利"握于"他人之手"。③ 1907 年 12 月，为应对日俄的利权攫夺和边疆危机，清朝正式设立吉林全省林业总局，掌管吉林省林木开发和售卖事宜。吉林全省林业总局的设立标志着"林业"一词完全进入清朝的行政和学术体系，也反映了本地官绅欲借振兴林业来富强国家、抵御外国经济侵略的倾向。

1908 年 9 月，清政府和日本外务省在安东共同设立中日合办鸭绿江采木公司。日本对于鸭绿江森林的经营和占有，促使清朝有识之士对林业的急迫性有了直观的认识。1909 年 4 月，清朝农工商部上呈《酌拟振兴林业办法折》，开始从政府管理的层面来讨论"林业"。该奏折认为"我国古无'林业'之称"，但"山虞林衡，载在《周礼》……各国大略同焉"。农工商部认为，现在世界各国重视"林业"，"不仅设官立局，又为特布森林法律，特设森林警察，防之至密而护之至周"。相比之下，清朝地方各省的农林学堂和树艺公司经营分散，缺乏统一规划。因此，农工商部建议，应一面"分咨出使各国大臣，调取各国森林专章"，一面"遴选熟习农务之员，就近派往日本考查造林之法"，最后汇总到农工商部，制定"森林专章"，以振兴林业。因为"若国家无整齐画一之章程，官府无切实营办之责任，而全恃民人自为之能力，则森林之成立必永永无期"。④ 农工商部对"林业"的认知已经较此前更进一步，意识到林业属于国家事业，需要整体规

---

① 《俄人把持黑龙江林业》，《申报》1906 年 4 月 1 日，第 2 版。
② 《鸭绿江左右岸林业之富饶》，《申报》1907 年 2 月 21 日，第 4 版。
③ 《论锡督密奏治理东省情形》，《申报》1909 年 5 月 17 日，第 3 版。
④ 《农工商部奏酌拟振兴林业办法折》，《政治官报》第 566 期，1909 年，第 5~6 页。

划，单纯依靠民间力量难以实现。

1910年，《湖北农会报》发布了一篇该报主笔徐天叙的文章《论中国急宜设置国有林》。作者在文中指出，"吾国'林业'方始萌芽，固当创办国有林，以为公有私有倡"。作者认为，"东三省之森林，名归政府所有，实则视之默然，听其生灭，未能收利"。现在"长白山、黑龙江、间岛等处之森林，久为日俄垂涎"，鸭绿江右岸之森林又被日本方面占有，因此作者呼吁，现在正是中国"建设铁道、整顿陆海军"之时，应尽快将东北天然原生林划为国有林，保留森林中可用于"铁道枕木、枪柄材、船舰材"的优质木材，"竭力整顿，以维持立国之要素"。① 尽管徐天叙已经认识到了国有林的意义以及木材资源对于铁路、造船和军工等民族工业的重要性，但除了要求"保留森林免于外人开发"外，作者仍未提出有关引进机械、设厂造材的"林业"办法。

与此同时，学成归国的海外留学生对"林业"概念的译介更加科学化，也相对去政治化。1907年，就读于东京帝国大学农学部林业专业的程鸿书（1844～1927）节选了本多静六《实用森林学》的部分内容，翻译成《森林效用论》，发表于《新译界》杂志。他引进了本多静六对"林业"的中性化解释，即"所谓林业者，育成森林以使直接、间接适于吾人需用之事"。② 更加系统化、专业化的"林业"认知见于民国时期的留学生著作。例如，1920年，留日学生林骙③在日本留学生创办的刊物《学艺》上发表《何谓林业》一文，将"林业"内涵分解为"森林农业、森林工业和森林商业"三个方面。其中，"森林农业"包括植林林业、苗圃林业和采木林业；"森林工业"分为木材加工业和林产制造业。对于木材贸易和林产制造品贸易，作者将其归为"森林商业"。在植林林业方面，作者认为"苗圃林业"的发展对植林林业至关重要，而"采木林业"则被视为木材利用的第一步。④ 林骙的解释虽然最为贴近日本林业概念和前沿学说，但主要局限于林学学术

① 徐天叙：《论中国急宜设置国有林》，《湖北农会报》1910年第10期，第1～8页。
② 程鸿书译《森林效用论》，《新译界》1907年第4期，第3页。
③ 林骙，又名林植夫，福建省闽侯县人，1906年前往日本求学，1910年加入中国同盟会。参见中国农业大学档案与校史馆"知名教授与校友林植夫"，https://archives.cau.edu.cn/art/2022/4/25/art_45688_855901.html，最后访问日期：2023年11月6日。
④ 林骙：《何谓林业》，《学艺》第2卷第9期，1920年，第8页。

领域，在社会上的传播和影响力较小。

总体而言，"不讲工业，多讲种植"是晚清知识人在讨论"林业"时的共性。大概由于中国传统国家治理对于治水的重视，晚清知识人明显对"造林治水"等相关概念更为接受。例如，1906 年的《振兴林业策》第四条就专门提到，由于每年黄河治理耗费甚巨，中国应该注重在黄河流域栽种树木，设置"保安林"以防风固沙。① 1907 年，农学毕业生赵荣章在《大公报》上发文号召，应在通往南方省份的京汉铁路旁、运河堤岸上、村庄道路旁及各类荒地上广泛栽种树木，因为林业的意义在于补充河政，配合治水。② 1909 年，《农工商部奏酌拟振兴林业办法折》也提及，近年来湖南"水患尤多"，是"森林之不足以保安"的表现，宜"讲求种植"。③ 因此，相较于"林业"中"木材工业"的理念，晚清士人对"保安林"等涉及种树的概念更有共鸣。由此可见，晚清士人更倾向于从传统思想资源出发来理解新式概念。

小　结

晚清以来，"林业"在中日文献之间的流动展示了东亚语境下特殊的跨语际实践。明治维新以前，日文汉字"林"和"业"各自独立使用，并不合在一起形成词组。明治维新以后，日本官方和知识界在翻译德国科学林业理论时创造出"林業"的二字新词，并在日本的工业化进程及殖民实践中将其进一步"内化"，最终形成了包含永续性、工业化、国家化、军事化和帝国化等意涵的明治日语新词"林業"。明治时期，"林业"成为日本殖产兴业的一项基本原则、日本与亚洲其他国家先进性对比的指标，以及殖民扩张和战时资源控制的结合点。"林业"概念的出现和变化反映了明治日本在快速工业化和殖民化后对日语词汇体系的重构。

晚清时期，随着日本化西学知识的不断传入，如何将日语中的科学词汇翻译为汉语成为一个重要问题。受中日汉字同形的影响，许多明治

① 《振兴林业策》，《东方杂志》第 3 卷第 6 期，1906 年，第 98~100 页。
② 《农学毕业生赵君荣章上某当道论农学书》，天津《大公报》1907 年 11 月 29 日，第 4 版。
③ 《农工商部奏酌拟振兴林业办法折》，《政治官报》第 566 期，1909 年，第 5~6 页。

新词被直接"搬运"至汉语语境中，形成汉语体系中的"日语借词"以及学科固定术语。林学就是其中一个典型领域。甲午之后，中日之间的词汇交流进一步深化。受中日文汉字同形的影响，"林业"作为一种日语借词进入晚清知识人救国图存和寻求富强的讨论中来。1898年，康有为《日本书目志》首次收录了日本学者铃木审三的《林业篇》，明治新词"林业"第一次进入汉语文化圈。1896年，罗振玉等人在上海成立农学会并创刊《农学报》，一面培养日语人才，一面翻译和引进日本农林知识。1899年，《农学报》刊登的第一篇日本林业译文即是沈纮翻译的铃木审三的《林业篇》。此后，随着日本林业文献的译介和传入，日本化林学知识及明治林学新词被晚清士人快速吸收并发展演绎。

受中日文汉字同形的影响，日文词"林业"很快被挪用至汉语，但汉语语境下"林业"概念的确立经历了一个长期的过程。晚清时期，由于中国整体工业化水平较低，未形成像明治日本那样对工业化用材的强大需求，因此，晚清士人在接触日语借词"林业"时，并未完全认同其原日语语境下所蕴含的永续性、国家化和工业化等理念。他们更多地从清朝的农业和治水等现实出发来理解"林业"，因此经常将"林业""树艺""种树"等概念混用。另外，"林业"作为清朝农学学科的名词，直到1904年清廷颁布《钦定学堂章程》才逐渐得以确立。但由于学科改制的推行时间较为短暂，学生数量有限，"林业"这一术语并没有完全在社会上流行起来。"林业"真正进入清朝的行政和学术体系是1907年12月清朝正式设立吉林全省林业总局。为了应对日本和沙俄对中国东北地区森林资源的争夺，清廷被迫在吉林成立专门的林业机构来管理东北森林，并处理中外林业交涉。在与日本殖民林业体系的反复接触和斗争中，具有一定现代林业意涵的"林业"概念逐渐在汉语中生成。

必须承认，晚清知识界在译介和理解"林业"时仍存在一定的片面性。例如，他们在日本殖民扩张的语境下对"林业"内涵的理解存在有意的疏离。孙实甫曾在《农学报》上发表文章赞美日本采用美国"火种耕地"新方法，将荒野的北海道开垦为良田美地，并期望中国农学会能效仿日本以开发中国的荒地。① 然而，受时代和视角的限制，这些作者只关注了北海道以火烧山的农业改造技术，而没有意识到该地在殖民拓殖过程中所遭受的暴力。晚清知识界对在殖民扩张话语下"林业"的殖民性、暴力化和军事化的"有意"忽略，也凸显了"林业"与中国实际情况相结合的价值，从另一方面反映了"林业"的"跨语际实践"。

晚清时期，来自欧洲和日本的林业思想和学术在朝野间引起了广泛的讨论。这些讨论虽然间接地推动了政府层面的森林开发，但频发的外患已经渗入中国的森林利用当中，这就使近代中国的林业认知变得相当复杂。清朝对"林业"接受和认知有一个变化过程，由最初的学习西学新知以抵制洋木进口和治理水患，到对日俄侵略东三省的愤慨，并最终转化为御辱强国的动力和话语。总体而言，清末中文语境下"林业"概念的确立，是西方林业知识传入、日本近代"林业"词语与制度的引介，以及中国士人对传统"种植"和"树艺"的重新阐释共同作用的结果。鉴于东北边患与"林业"概念进入中文行政和学术体系的特殊联系，本书第三章将专门探讨晚清东北外患、森林危机与中国民间伐木工的抵抗。

---

① 李尹蒂：《晚清农学的兴起与困境》，第89页。

第三章

晚清边疆危机与东北森林的利权纠葛

　　中国历史上的森林开发并不少见，江南、华北和贵州等地都发生过大规模的伐木垦荒。但唯有在东北，森林的消尽引发了其他地区不曾有过的环境政治和边境纠纷。17世纪以来，清廷和朝鲜都对鸭绿江边地森林厉行封禁，一是保护清朝"龙兴之地"及旗人生计，二是以未开发的林区作为缓冲地带，减少边界冲突。① 19世纪中期，战争和灾荒的压力迫使清廷开禁森林。移民的进入和森林的开发随之创造出新的边疆形态，进而改变了原有的秩序。以往的学界研究已经注意到农业垦荒、边境设治以及日俄掠夺对鸭绿江右岸形态及秩序的影响，但较少讨论林业开发对东北边疆的形塑。②

　　虽然新的制材技术在19世纪下半叶进入东北的森林产业中，却没有引发新旧工人的矛盾。一方面，由于鸭绿江、长白山一带崇山峻岭，受各种条件所限，基础设施修建困难，林业机械化水平总体偏低；另一方面，由

---

① Seonmin Kim, *Ginseng and Borderland: Territorial Boundaries and Political Relations Between Qing China and Chosǒn Korea, 1636-1912*, p. 17.

② 相关研究参见赵中孚《清代东三省北部的开发与汉化》，《"中央研究院"近代史研究所集刊》第15期下，1986年12月；王长富《东北近代林业经济史》；王长富《沙皇俄国掠夺中国东北林业史考》，吉林人民出版社，1986；张杰《清代鸭绿江流域的封禁与开发》，《中国边疆史地研究》1994年第4期；张传杰、孙静丽《日本对我国东北森林资源的掠夺》，《世界历史》1996年第6期；陶勉《清代鸭绿江右岸荒地开垦经过》，《中国边疆史地研究》1999年第1期；饶野《20世纪上半叶日本对鸭绿江右岸我国森林资源的掠夺》，《中国边疆史地研究》1997年第3期；王希亮《近代中国东北森林的殖民开发与生态空间变迁》，《历史研究》2017年第1期。

日俄带入的林业资本、技术和人员带有强烈的军事性和掠夺性，中方劳工的冲突更多是与日俄商人和士兵因漂流木而产生的。但无论如何，从清朝前期官方严禁流民"越界伐木"，到清后期官民共同参与森林开发，鸭绿江的林业发展极大地改变了中朝边境的自然和政治生态。本章以晚清鸭绿江右岸森林为例，考察边疆危机下的林业开发和水运管控，探讨有关漂流木的交涉与冲突如何引发中国伐木工人的民间抵抗，并改变旧有的边疆治理模式。

第一节　晚清外患与鸭绿江右岸伐木业的兴起

1860 年前后，随着俄国势力的渗透和华北饥荒问题带来的紧张局势，大量华北农民移居至鸭绿江流域，清朝对边地森林的管理重点从封禁转向征税。1874 年，清政府宣布开禁"东边外"森林，并成立相应民政机构。① 1875 年，清朝在大东沟设东沟木税总局，专司木税征收和管理木植砍伐。② 1877 年，清朝设分巡奉天东边兵备道（简称东边道），以"稽查木税，慎重海防"。③ 1878 年，清朝在安东设税捐总局，征收木税及其他杂货税。④ 长白山系"头道江"山林被设为通化县，归东边道管辖；长白山系"二道江"山林则先后设濛江垦务局和濛江州（今靖宇县），隶属吉林将军和分巡吉林西路兵备道。1880 年，光绪帝正式宣布实施"移民实边"政策，鼓励关内民众移垦东北。⑤ 在这样的背景下，民间对鸭绿江流域的垦荒拓殖和商业伐木一时兴趣大增，⑥ 大东沟亦因其所处的地理位置而成为当时东北的木材集中地和主要市场。⑦

---

① 朱诚如主编《辽宁通史》第 3 卷，辽宁民族出版社，2009，第 39 页。
② 王长富：《东北近代林业经济史》，第 44 页。
③ 民国《奉天通志》卷 44《大事志》。
④ 朱诚如主编《辽宁通史》第 3 卷，第 147 页。
⑤ 高强：《清末东北边患与移民实边问题研究》，陕西人民出版社，2009，第 62~77 页。
⑥ 为节省财政支出，清政府规定东北地区垦荒拓殖所需的费用由木税、苇塘税和粮货税三税充之，这在事实上进一步促进了当地人对森林的开发。参见王长富《东北近代林业经济史》，第 34~35 页。
⑦ 朴尚春：《鸭浑两江的森林资源与掠夺性采伐》，《鸭绿江流域历史资料汇编》下册，丹东市政协文史委员会，2007，第 538 页。

鸭绿江伐木业的发展产生了木把和料栈两种分工。第一种为伐木工组织。伐木工（和筏工）俗称"木把"，木把团体的领导者为"把头"。木把组织以把头为核心，组建伐木团队进山采木，木把按照各自专长分别执行伐木、运输、造材和漂流的特定任务。据记载，1845 年前后，山东移民最早开始在鸭绿江流域兼业伐木，他们主要在马市台、大孤山和鹿岛等地采伐，然后沿江下放木材，卖到獐岛（今辽宁省东港市獐岛村）。中方木把还经常至朝鲜北部慈城郡的森林中从事砍伐，朝鲜方面则少有人从事伐木。①第二种分工为料栈，也称货栈。料栈是采购和销售木材的中介机构，其职能包括为把头提供贷款、联络买卖双方以及提供原木存储服务。有的料栈还在后院设置客房，以接待来自外省的木材商人或者过境的木把。② 料栈多坐落于水运便利的鸭绿江入海口，如大孤山港、大东沟和安东。到 20 世纪初，鸭绿江森林每年可产出 200 万尺的木材，鸭绿江的木把和料栈成了中国最繁荣的木业群体和地点之一。③

把头和料栈之间是紧密的联盟和伙伴关系。料栈商人把资金借给木把头，把头率领工人入山伐木。把头所能招募的工人数量取决于料栈贷款的数额。例如，如果贷款数额为 10000 元，把头可招募 100 人左右的工人入山；如果贷款额为 5000 元，工人数量为 44~45 名。入山前，把头和料栈签订契约，约定第二年 7 月、8 月的将木材运至安东，由出资料栈以低价收买。④ 木材如期运到后，料栈商人从木材销售收入中将前期贷款、买卖的口钱和 40% 的"利子"收回，剩下的让渡给木把头。⑤ 有时林木在运输途中不幸被马贼抢走或被洪水冲走，料栈会"继续投入一万元资本，弥补前一年的损失，绝不犹豫"。⑥ 日本人在 1905 年的调查中记录道："资本家和劳动者长期保持着亲密的关系，在事业上经历了数十次磨难，没有丝毫怀疑或不愉快。"⑦

① 満洲安東縣鴨緑江採木公司編纂『鴨緑江林業誌』鴨緑江採木公司、1919、44 頁。
② 農商務省山林局著印『鴨緑江流域森林作業調査復命書』1905、137 頁。
③ 河合鈰太郎「大規模の林業計画」『大日本山林會報』259 号、1904 年 6 月、1~6 頁。
④ 農商務省山林局著印『満洲森林調査書』1906、30 頁。
⑤ 農商務省山林局『鴨緑江流域森林作業調査復命書』24 頁。
⑥ 農商務省山林局『満洲森林調査書』3 頁。
⑦ 農商務省山林局『鴨緑江流域森林作業調査復命書』25 頁。

伐木和运材属于季节性的工种，每年 9 月至次年 1 月是伐木时期。通常把头和料栈会事先签订合同，由料栈经理提供贷款，供把头组建木厂和购买物资，条件是把头保证在一定时间内将相应数量的木材以低价交付给货栈，作为贷款抵充。[1] 木把多为来自山东和山西的青壮年移民，他们在经过严格的身体（包括皮肤、牙齿和腿脚）检查后才被选中。[2] 在经验丰富的大把头的带领下，数十至数百名木把进山伐木。把头在进山时会预付 1/3 的薪水给工人，待木筏抵达大东沟或安东后，把头会支付工人剩余的薪水。木筏漂流始于次年 4 月。鸭绿江面从 4 月起开始融冰，这时习水的工人会驾驶编好的木筏沿鸭绿江漂流至大东沟。木筏从鸭绿江上游漂至下游集散地通常要两个月或更多的时间。由于每年 8 月后北风增强，8 月以后的木筏漂流较为危险。[3]

木把头依靠自身信用与料栈商人合作。早期的料栈组织资本较少，多在 1000~2000 元，员工数为 5~45 人（见表 3-1 和表 3-2）。规模小的料栈多依赖与木把组织的合作，与可靠的木把团队签订合同是获得稳定货源的保障，有的木把团体能够同时为多家料栈供货。货栈提供的贷款和契约又联结了木把的伐木生产和木材销售，促进了木把组织的活动。由于持续的战争和不安全的环境，当时的木材交易大多以现金支付，付款时间一般为交易后的第二天。只有大型货栈才能发行少量票据或接受延迟支付，例如总部位于大东沟的玉合升和长丰栈等。待木筏运抵后，货栈再将木材发往天津、烟台和上海等处的市场。[4]

表 3-1　大东沟料栈及经理人员（1902 年）

料栈名	经理姓名	员工人数
长丰栈	赵其亿	45
玉合升	乐耀荣	38
中和德	田福运	36

---

[1]　王长富：《东北近代林业经济史》，第 35~36 页。
[2]　吕斯：《鸭绿江上的木把》，《鸭绿江流域历史资料汇编》下册，第 648 页。
[3]　安东商業會議所著印『鴨绿江木材』1922、137 页。
[4]　農商務省山林局著印『清國林業及木材商況視察復命書』1905、220 页。

续表

料栈名	经理姓名	员工人数
同庆栈	战其昌	35
合盛栈	毛鸿明	16
吉顺栈	臧维桢	13
宝源栈	王立成	12
永成栈	孙志喜	10
泰顺栈	郑文焕	5
德茂栈	艾子恒	8
义德栈	刘凤祥	7
全顺栈	董国基	7
增盛栈	孙福云	6
万顺栈	潘福	8

资料来源：農商務省山林局『鴨緑江流域森林作業調査復命書』74頁。

表3-2　安东料栈及经理人员（1902年）

料栈名	经理姓名	员工人数
继祥栈	满子裕	19
广泰厚	郑盛五	21
福庆栈	邹守矩	15
永远栈	王榆魁	20
永兴福	王心亭	30
广元栈	郑希辅	6
东益昌	张荫堂	30
新丰栈	冷贯一	42
谦益增	姜云亭	11
宝盛栈	马德普	14
玉合栈	汤元音	25
兴盛栈	方韶九	42
长隆盛	段云彭	35
福隆祥	时可任	26
福盛祥	林修竹	23

续表

料栈名	经理姓名	员工人数
和顺栈	战寿彭	34
中兴栈	邹功久	30
中和栈	于华堂	49
丰裕栈	初文博	33
公义盛	曲树榛	22
义兴德	李德春	15
大兴长	陈柏山	26
义增合	李凤岗	6
福丰栈	王乃猷	13
玉成栈	滕钦德	10
德裕成	陈铨祺	10
玉合栈房	张粹亭	14
恒发东	韩秀升	15
元茂利	周宏开	7
谦德和	武乐天	22

资料来源：農商務省山林局『鴨緑江流域森林作業調査復命書』75 頁。

第二节　鸭绿江、浑江流域的木会与林木水运

鸭绿江多年平均年径流量约 300 亿 m^3。河道平均坡度 2.9%，流域面积为 61889km^2，其中中国一侧为 32466km^2。[1] 在古阿尔泰语系中，"鸭绿"意为"匆忙、快速的"。每到夏季，鸭绿江上游气候多变，水道滩险流急，暴雨或雪融经常导致河流水量突增，冲走堆积在岸边的木料或冲散在江中行驶的木筏。当木把编好的木筏被水流冲散或被人为抢夺导致散落江中，即变成漂流木，有时也称"杂字号"。[2]

鸭绿江作为中朝界河，其特点也造成了漂流木归属的纠纷。明与朝鲜

---

① 杨昭全、孙玉梅：《中朝边界史》，吉林文史出版社，1993，第 160 页。
② 内田良平著印『満韓開務鄙見』1906、128 頁。

以鸭绿江和图们江为界，鸭绿江面不具体划界。① 清与朝鲜仍以鸭绿江和图们江为界，虽然自康熙朝起中朝双方多次就长白山南、鸭绿江源头的陆地领土进行勘察和划界，但始终共享鸭绿江的水面，不以航道中心线为界线。② 即使在清朝签订《马关条约》、被迫承认朝鲜为自主之国后，双方仍默认不登陆对岸领土就不算越界。③ 在这种特殊的界河习惯下，当木筏在江面流送时，两岸的木把或居民都有权打捞、处置河江上的漂流木，形成了"鸭绿江漂木归打捞者所有"的惯例。④ 随着鸭绿江上游林木运输量的逐年增加，漂流木的归属逐渐成为鸭绿江水运纠纷的焦点。

东北马贼是掠夺和偷运鸭绿江木材的另一主要势力。当时知名的本地马贼包括孟继山和张占元等人。当漂流木被马贼截夺，上游的木把想要找回认领木材就异常困难。⑤ 据日人记载，在 1875 年东沟木税总局开设之前，鸭绿江木材"主权上虽然属于清政府，但实际上却由马贼完全控制"。这些马贼"善于驾云航空，神出鬼没，常使普通人无迹可寻。为抢夺木材，他们或用枪穿透筏主的胸腹，造成极大痛苦。因此，30 年前的清政府派兵讨伐此等马贼，才首次在政府主权之下进行（木材）征税"。日本人的调查认为，清朝在大东沟设立东沟木税总局的主要目的是打击马贼，收回木税征

---

① 杨昭全、孙玉梅：《中朝边界史》，第 145、146 页。

② 1677 年，康熙帝派内务大臣觉罗武穆纳等赴长白山调查三江源地区的中朝边界；1684 年，康熙帝派驻防协领勒楚等亲往长白山南麓调查测绘；1691 年，尚书图纳等人携带测绘资料前往吉林、宁古塔进行实地调查；1708 年，法国传教士前往东北地区测绘，但未进入长白山南麓；1711~1712 年，康熙帝派乌拉总管穆克登两次前往鸭绿江、图们江江源处查边和绘图，并立界碑。1885 年和 1887 年，中朝进行第一次和第二次共同勘界。甲午战争中国战败以及《马关条约》的签订，对中朝关系和边界有着深远影响。1897 年，在日本的要求下，朝鲜国王正式称帝。1899 年 9 月 11 日，中朝签订《中韩通商条约》，标志着中朝两国现代国家关系的建立，彻底结束了清初以来的宗藩关系。1903 年 7 月 13 日，中朝签订《中朝边界善后章程》，再次确认两国以图们江为界。参见杨昭全、孙玉梅《中朝边界史》，第 168~175、179~193、264~342、399、439~441 页。

③ 当代各国界河划界的"主航道中心线原则"是 19 世纪德国人弗里德里希·卡尔·冯·萨维尼（Friedrich Carl von Savigny）最早提出的，该原则认为应以界河的主航道中心线划分两国领土。主航道中心线原则在 20 世纪成为国际法上界河划界的一般原则。1908 年《海牙公约》第 10 条规定，在没有其他约定的前提下，界河的主航道中心线为界河两侧国家的边界。参见孔令杰编著《领土争端案研究》，社会科学文献出版社，2016，第 189 页。

④ 永井りさ「鴨緑江木把の暴動——中国東北から見た占領地軍政」日露戦争研究会編『日露戦争研究の新視点』成文社、2005、326 页。

⑤ 農商務省山林局『鴨緑江流域森林作業調査復命書』36 页。

收权。虽然关于马贼的传闻真伪难辨，日人也特别注明"仅录入以备随后查证"，但这类传闻从侧面证实了东北马贼势力的强大以及对木业的威胁。[①]

为了保护中国木把的人身安全和减少漂流木损失，清朝官方和民间相继沿鸭绿江右岸成立木植公司和材木公议会，专门维护木把和木筏的水运安全。1902年3月，东边道袁大化呈请清政府批准，以20万资本创设官民合营的东边木植公司（也称大东木植公司、东沟木植公司）。袁大化出示告示，称"军都部堂增（祺）体念木商伐木练排出江，每逢水涨冲散，辄有无知匪徒，趁势捞抢，以致苦累不场〔堪?〕，饬令在沿江一带择要设局妥为保护"。[②] 东边木植公司总部设于大东沟，沿鸭绿江各哨口分设沙河分局、马市台分局、浑江口分局、羊鱼头分局、富尔江口分局和帽儿山分局。每个分局派驻40~80名巡勇，以480人左右的总兵力沿岸保护。[③] 据日本调查者记录，东边木植公司巡警队成员均着黑衣，胸前绣有"东边木植公司巡勇"八个红字，衣袖上有白底黄线三条。[④] 时任东边木植巡勇营右哨哨长为王玉祥，日本调查者嘲讽"此人连自己的名字都不会写"。[⑤] 此外，民间木把也在鸭绿江、浑江沿岸哨口自主成立"材木公议会"，如浑江秋皮沟材木公议会，专门保护过往的木筏和救助遭受洪灾的木把。[⑥]

料栈木商以缴纳保护税费的方式向官方和民间的漂流木保护组织提供经费支持。这一时期，东边木植公司按木材市场价格的15%向木商征收保护税，并要求从上游流下的板材类木筏每筏多征钱一吊500文。木植公司征收"加增金"的理由是"木材小板、大板类和横梁类等在水灾时候容易流失，收集需要花费人力"。大东木植公司承诺，木筏主可以低价回赎由公司巡勇收集和保管的漂流木；无人认领的漂流木由公司自主经营。1903年，东沟木植公司共向木商征收保护税费22000两，[⑦] 浑江流域的材木公议会经

---

①　農商務省山林局『鴨緑江流域森林作業調査復命書』44、55頁。

②　「別紙三附属書 鳳凰城道臺袁大化의告示文」（1904年6月24日）『駐韓日本公使館記録20권』。

③　農商務省山林局『鴨緑江流域森林作業調査復命書』66頁。

④　『鳳凰城道臺袁大化ノ設立ニ係ル木植公司ニ關スル件』（1903年6月12日）『駐韓日本公使館記録20권』。

⑤　農商務省山林局『鴨緑江流域森林作業調査復命書』67頁。

⑥　農商務省山林局『満洲森林調査書』3頁。

⑦　農商務省山林局『鴨緑江流域森林作業調査復命書』67、68頁。

费也由木商筹集。

第三节　日俄的鸭绿江沿岸林业拓殖

19 世纪下半叶，沙俄在东北的森林采伐以军事目的为核心，其背后是沙俄对远东地区的军事扩张野心。早在 1895 年，俄商就在鸭绿江上游从事森林采伐，为海参崴的俄国驻军和远东舰队供应木材。[①] 1896 年 5 月，中俄签订《御敌相互援助条约》（即《中俄密约》）。双方约定，为便于运输军队，俄国获得经黑龙江、吉林地方修筑铁路的许可。9 月，中俄订立《合办东省铁路公司合同》。根据合同，"凡该公司建造、修理铁路所需料件，应免纳各项税厘"。[②] 1898 年 6 月，中东路动工兴建。[③] 东省铁路公司获准在铁路沿线开采木植、煤斤供铁路需用，砍伐费用"由总监工或其代办与地方官公同酌定，惟不得过地方时价"。[④] 当时，沙皇最关心的是通往太平洋的入海口和可以运送部队的远东铁路线，森林和木材只是修筑铁路的副产品。

甲午战争爆发后，鸭绿江森林因其特殊的地缘意义开始受到关注。1896 年，海参崴的俄国商人尤利·伊凡诺维奇·布林纳（Julii Ivanovich Briner）取得了在朝鲜境内鸭绿江和图们江上游为期五年的伐木和开矿特许权，这项特许权在俄国内部引发了争议。当时沙俄政府内部大致有维特（S. Witte）和别佐勃拉佐夫（M. Bezobrazov）两派。维特是财政大臣，把持中东路的修建和管理，坚持俄国势力应保持在吉林以北；别佐勃拉佐夫是西西伯利亚总督特殊助理，与沙皇私交甚密。这一派主张利用鸭绿江伐木特许权开发朝鲜北部森林，以对抗日本对朝鲜的经济和军事渗透。1900 年，别佐勃拉佐夫向沙皇提议成立东亚开发公司。然而，这项提议被维特否决。维特和陆军大臣库罗

---

① 韩庆峰、蒋立文：《20 世纪初沙俄在中国东北的木植经营》，《长春师范大学学报》2018 年第 3 期。

② 《中俄合办东省铁路公司合同》，李澍田、潘景隆、金慧珠主编《清代民国吉林档案史料选编·涉外经济贸易》（上），吉林文史出版社，1995，第 65 页。

③ 易丙兰：《奉系与东北铁路》，社会科学文献出版社，2018，第 20~21 页。

④ 《中俄续订东省铁路公司合同章程》，《清代民国吉林档案史料选编·涉外经济贸易》（上），第 40 页。

帕特金（A. N. Kuropatkin）等认为，俄国应该"保持特许权而不充分利用它"，这样日俄之间可以在朝鲜北部维持一个中立地带，避免双方发生摩擦。[①] 同时，日本方面也一直密切关注俄国在朝鲜境内的特许权，并试图在五年期满时取而代之。[②]

1900 年义和团事件后，沙俄派出军队进行鸭绿江木材的采伐和流筏。为了保证军需木材的供应，1901 年，俄商马德里托夫（Madritov，也写作马德洛夫）在通化组成"伐木制材商团"，并与朝鲜签订条约，获得龙岩浦的森林砍伐权。1902 年 12 月，俄商莫伊谢思基在通化成立辽东木植公司，继续利用俄军进行森林砍伐和流送，[③] 有时还强制扣押华商木筏和收集漂流木。[④] 俄国在森林中的军备建设标志着一个新阶段的开始。

1903 年，鸭绿江的林业拓殖成为日俄两国军备抗衡的场所。1903 年 6 月，沙皇在圣彼得堡召开会议，正式成立俄国远东木材公司。此时鸭绿江伐木特许权几经转手，已被沙皇以驻朝鲜领事马丘宁（N. G. Matiunin）的名义买下。远东木材公司实质是私人公司，公司经营业务不限于木材，还包括中国东北和朝鲜的矿物、渔业和毛皮等。随后，马德里托夫作为公司负责人，将公司总部迁至朝鲜龙岩浦。[⑤] 俄国远东木材公司除了在龙岩浦进行伐木作业外，还在安东铺设铁轨、电线、道路，并屯兵数百人。日方认为，这是以"森林事业"之名而行军事部署之实，是俄国为了"在鸭绿江建立政治根据地的长远事业"做准备。

为了遏制俄国借助林业开发的军事扩张，1903 年 7 月，日本推动在平壤成立中日合资义盛公司，以"保护中方木筏"为名，设分公司于安东。[⑥] 义盛公司由日本商人阿部准辅、桃井以一和四名中国商人共同创办，启动资金为 36000 两，在义州附近进行采伐。[⑦] 据考证，阿部准辅有深厚的日本

① 安德鲁·马洛泽莫夫：《俄国的远东政策（1881~1904 年)》，商务印书馆编译组译，商务印书馆，1977，第 93~199、238 页。
② 「鴨緑江上の筏業」『大日山林會報』241 号、1902 年 12 月、60~61 页。
③ 内田良平『満韓開務鄙見』9 页。
④ 萩野敏雄『朝鮮・満州・台湾林業発達史論』215 页。
⑤ 谢先进：《鸭绿江右岸之林业》，中华农学会，1931，第 242、260 页。
⑥ 义盛公司的前身是日韩合办公司。「新紙の林業観（鴨緑江畔の四会社）」『大日本山林會報』249 号、1903 年 8 月、69~70 页。
⑦ 農商務省山林局『鴨緑江流域森林作業調査復命書』38 页。

军方背景。可以推断，义盛公司设立背后有日本军方的授意和支持。这样，同样具备军方背景的辽东木植公司、远东木材公司与义盛公司就鸭绿江木材获取展开激烈竞争。当时，俄国的木材公司经常借助士兵强制捞取鸭绿江中的木筏，已经多次引发冲突；而安东和龙岩浦仅一江之隔，为了震慑对方，远东林业公司和义盛公司都强制扣留上游流下的木筏，不让对方有机可乘，一度导致各木把不敢从上游放排。[①] 库罗帕特金后来回忆说："俄罗斯木材实业公司所开展的活动确属商业性质，然而现役军官参与其中和他们所进行的具有军事意义的作业，使该企业必然具有军事政治性质。"[②]

1903 年夏季，俄国辽东木植公司动用军队暴力抢夺漂流木，导致严重流血冲突，史称鸭绿江上的"木材战争"。[③] 当时，鸭绿江发生罕见特大洪水，导致 40 万~50 万根漂流木被冲落江中。[④] 围绕这些漂流木的归属，俄国辽东木植公司和中日义盛公司发生了激烈对抗。辽东木植公司动用武力，炮击中日义盛公司下属的中国木把，导致中国木把伤亡惨重，引发地方恐慌。义盛公司随后倒闭，由日本志歧组接管。[⑤]"木材战争"也成为日俄战争的预演。此后，沙俄主导的东省铁路公司又先后于 1904 年和 1907 年同黑龙江省、吉林省签订砍伐木植的合同，在两省设立多处林场，展开了对东北森林更大规模的砍伐。

第四节　日本的鸭绿江流域林业计划

近代日本对于林业的开发有明确的要求，日本学者普遍把林业和进步、国运联系在一起。1904 年，林学士河合𬭩太郎撰文指出，森林经营是关乎国运盛衰的大事。他认为，英国和美国都是"林业有名的邦国"，而中国和朝鲜"森林消尽，人民意气消磨……森林荒败，国运衰微……森林影响国

---

① 王长富：《东北近代林业经济史》，第 80 页。
② 阿列克谢·尼古拉耶维奇·库罗帕特金：《远东总司令库罗帕特金回忆录：俄日战争总结》，傅文宝、李迎迎、王文倩译，陕西人民出版社，2017，第 105~106 页。
③ 永井りさ「鴨緑江木把の暴動—中国東北から見た占領地軍政」日露戦争研究会編『日露戦争研究の新視点』326 頁。
④ 大崎峰登『鴨緑江満韓国境事情』丸善、1910、222 頁。
⑤ 大崎峰登『鴨緑江満韓国境事情』223 頁。

民的精神机能"，因此，日本作为"东洋唯一进步国"，林业乃是"百年基业"，一定要做长远打算。他还指出，日本要经营"集约化的大林业"，需要大的海外市场。[①] 当时，为了消耗日本国内木材制造业过剩产能，以及为北海道木材开辟新的市场，日本农商务省山林局已派出专业人员到中国各地开展调查，考察森林资源、木材工业及市场。调查员提交的报告认定，鸭绿江木材工业的发展和中国市场的培育对日本有利可图。农商务省因此敦促三井和大仓等财阀前往中国东北地区设立分支，开展业务。

日俄战争结束后，日本内部就如何进行"满洲"的战后管理大致分为"乐观派"和"悲观派"两股力量。"乐观派"由日本陆军和外务省的少壮派精英组成，以陆军儿玉源太郎和外务省小村寿太郎为代表。"悲观派"势力则包括"老人团"的伊藤博文和山县有朋、日本国会和桂太郎内阁，他们是日本对外扩张的内部制衡因素。"悲观派"普遍认为，日本接收关东州和中东铁路南段将会面临军事上和经济上的双重困难，即沙俄的军事复仇和经济上铁路经营的支大于收。因此，他们要求日本在满洲问题上保持"中立"并跟随美国的"门户开放"政策，接受英美势力介入，共享满洲的利益。

为了回应质疑，日本陆军随即联合农商务省展开对"满洲"的调查，并编写了八卷本的《满洲产业调查资料》。农商务省林业技师石北舍作在报告中称，鸭绿江上游森林的平均木材生产量为 3511 木筏（7000 尺），如设公司经营，其利润将超过六成。[②]《满洲产业调查资料》以一种"科学调查"的方式，展现并建构了满洲"物产丰饶"的形象，驳回了"悲观派"对满洲军事和经济上的忧虑。在调查数据的支持下，日本高层的信心有所增强。日本方面拒绝了美国铁路商人哈里曼（Edward Henry Harriman）希望共同投资中东铁路的提议，正式单独接手了"关东州"和中东铁路南段。[③]

铁路和森林是当时日本陆军和外务省的主要利益所在。1905 年 9 月，日本在《中日会议东三省事宜》的"附约"中单独提出了对鸭绿江森林的经营要求。根据《朴茨茅斯条约》的规定，日本获得沙俄在东三省南部地

---

①　河合鈰太郎「大規模の林業計画」『大日本山林會報』259 号、1904 年 6 月、1~6 頁。

②　萩野敏雄『朝鮮・満州・台湾林業発達史論』214 頁。

③　Yoshihisa Tak Matsusaka, *The Making of Japan's Manchuria, 1904-1932*, pp. 43-53.

区的权益。同年 12 月 22 日，日本与清政府就鸭绿江的森林问题进行谈判，并签订《中日新订东三省条约》。《中日新订东三省条约》"附约"规定"中国政府允南满洲铁路所需各项材料，应豁免一切税捐、厘金"；"中国政府允许设一中日木植公司，在鸭绿江右岸采伐木植。至该地段广狭、年限多寡暨公司如何设立，并一切合办章程，应另订详细合同，总期中日股东利权均摊"。① 1906 年 7 月，日本驻中国公使林权助即以后一项约款为由，要求与清政府会商中日合办鸭绿江采木公司的章程草案，以便从速开办。经过派员调查，清政府原计划将鸭绿江一带从十八道沟到二十四道沟约方圆 500 里的森林地段划给采木公司经营，但日本坚持要"展长年限，并推广地段，意将浑江一带均包括在内"，谈判一时陷入僵局。② 一方面，清政府担心将浑江流域划给采木公司，会导致本地木把生计断绝，影响经济民生；另一方面则是日本为扩大公司利益，非要将浑江流域划入采伐地界。

最初双方之间均不愿通融，以致会谈拖延不决，不过最后仍是清政府做出了一定的让步，在《中日合办鸭绿江木植公司章程》（以下简称《公司章程》）第 5 条中议明"浑江之森林，仍归中国旧业木把采伐。所需款项应向公司借贷，其所采木材，除江浙铁路公司所需道木及沿江人民自用木料直向木把采买外，其余全归公司收买，公司应按市价发卖，不得任意垄断"。清政府从日本方面获得的利益则是，公司开办后，日本将日俄战争时期为砍掠当地木材而设置的木材厂"一概撤去"。③ 1908 年 5 月 14 日，奉天度支司、交涉司与日本驻安东领事冈部三郎正式拟定《中日合办鸭绿江森林合同》（简称《森林合同》）和《公司章程》，该公司的所有收入在除去消耗开支外，以余利的 5% 报效清政府。④

同时，《森林合同》和《公司章程》确认了新设的采木公司为鸭绿江上漂流木整理的主体负责人，以此减少中外木把间的木筏纷争。《森林合同》第 9 条写道："凡整顿漂流木之事，均由公司担任。"《公司章程》第 17 条

① 《中日新订东三省条约》，《清代民国吉林档案史料选编·涉外经济贸易》（上），第 63 页。
② 徐世昌等纂《东三省政略》卷 3《交涉·森林交涉篇三》，第 521 页。
③ 《中日合办鸭绿江木植公司章程》，载辽宁省国家税务局编《辽宁税收历史资料选编（1840~1948）》，辽宁人民出版社，2000，第 111 页。
④ 黄甲元编著《长白山区开发史稿》，第 245 页。

进一步规定，"凡整理漂流之木，由本公司任之；但其关于整理规则，须经理事长之协议、督办之认可。凡旧设之木会，至本公司成立，应由该管地方官晓谕，令其悉行解散"。① 虽然中日双方都明确认可采木公司为整理漂流木的主体，但没有就鸭绿江漂流木的整理范围划分进行讨论。许多具体且关键的整理条款都没有出现在《公司章程》里，例如鸭绿江两岸的漂流木是否都归采木公司整理，或者采木公司仅负责整理鸭绿江右岸的漂流木，以及日本于 1907 年 5 月在安东设立的朝鲜统监府营林厂②是否也参与漂木整理，等等。《公司章程》第 17 条的模糊处理也为日后中日、中朝木把之间漂流木纠纷埋下伏笔。

1908 年 9 月 25 日，中日合办鸭绿江采木公司正式营业。在中日商定条约的优惠待遇下，采木公司利用日本的技术，迅速改善了本地的林业制材条件。鸭绿江沿岸的制材工场最早运用于军事工业中，因为修筑防御工事需要专门的板材，所以制材业一开始具有强烈的军事性，例如 1903 年俄国在龙岩浦设的制材厂（后被日本大仓组接收）和 1905 年日本在安东设的军事木材厂。至 1906 年，鸭绿江下游有三家军事制材厂，分别是安东县和龙岩浦的大仓组，以及位于义州的大林组。日本人注意到，清朝人"能用木材做建筑材料的人少之又少"，而现有的三家制材所只服务于军用，无力承接私人生意，因此"未来必须组建一个大型锯木厂"。③

由于机械化的总体水平较低，以及中日鸭绿江森林谈判已经保障了中方木把的伐木机会和贷款需求，采木公司更多的是延续和整合已经存在的木把和料栈组织。采木公司在鸭绿江上游的通化县、帽儿山和长白县设了三个分局，为料栈和把头提供贷款并收购木材。中国木把以两种身份与采木公司合作——贷金把头和直营把头。贷金把头是"仿照料栈搭办木把之习惯"，主要存在于通化分局和帽儿山分局。分局先与把头签订合同，约定先由分局提供贷款和物资，资助木把团队入山伐木。年底时，木把将所伐

---

① 陈嵘：《中国森林史料》，第 65、67 页。

② 1907 年 5 月，日本设朝鲜统监府营林厂于安东。1908 年 10 月，日本军用木材厂撤销，营林厂总部从安东移驻新义州。

③ 「満州の森林附鴨緑江の森林と木材市場」『大日本山林會報』289 号、1906 年 12 月、29～34 頁。

木植以低于市场价的价格卖给分局，由分局以市场价格交易。如有盈利，分局在抵销贷款后将盈余还给把头；否则，把头及其团队将继续伐木，直至还清贷款本金和利息。1909年，通化分局赞助了132个把头；到1910年，赞助把头数量增加至140个。而帽儿山分局在1909年赞助了53个贷金把头，1910年数量不变。① 第二种"直营把头"模式是聘用把头进入帽儿山至二十四道沟的专属林场伐木。长白县分局正好位于采木公司直营林场内，因此该分局所合作的木把就是直营把头。除了伐木地点不同以外，其他程序与贷金把头相同。两种合作模式都有其优点和缺点。对于把头而言，从采木公司分局借来的贷款赋予他们掌控木把组织的权力，使个人财富积累成为可能，但当木价低迷时，出售木植所获得的收益往往不足以偿还他们所借的贷款。长期的把头债务一度成为贷金把头和鸭绿江公司面临的困难问题，因此采木公司在挑选把头的时候特别强调"勤勉诚实"。②

在日人主导的鸭绿江森林开发中，中国木把经常因为日人的偏见而受到恶意打压。日本林学士纲岛政吉长期在鸭绿江上游的日本营林厂和采木公司直营林场工作，他提供了如下观察。每到夏季，鸭绿江上游产木区会聚集大量的林业技师和工人，一般而言，有300多名日本人、200多位中国木把、1000多名朝鲜木把和300多位筏工。纲岛政吉注意到，木把的工资多寡是与其身份直接挂钩的。一般来说，日本工人收入最高，朝鲜工人收入最低。具体而言，日本木把一天的工资是60~80钱，稍有经验者一天可挣80钱~1元20钱；中国劳工一天能挣50~60钱，而朝鲜工人一天只有40~50钱。纲岛政吉把中国木把和朝鲜木把做了一个比较。他观察到，中国劳工有很多优点，他们早出晚归，技术精湛。即使在寒冬也披星戴月，终日无休。但是他也指出，中国木把存在一个弊端，即"行为不活跃"。而朝鲜工人与中国工人正相反，"早上去得晚，晚上走得早"，尽管如此，"他们行为活跃"。由于性格上与日本人有相似之处，日人更愿意雇用朝鲜工人。纲岛政吉还建议说，当中国木把和朝鲜木把同时被雇用时，"清人对朝

---

① 《奉天行省公署为鸭绿江采木公司呈送第四年度预算书请核事》（1912年11月21日），JC010-01-007823。

② 满洲安東縣鴨緑江採木公司編纂『鴨緑江林業誌』174頁。

鲜人有虚荣心"，可以利用这点使其"相互竞争"，进而坐收渔利。[1]

中日合办采木公司的相关规定看似对中国有利，清政府亦可坐收其利，但是从长远来看，这一公司的设立实际上对该地区的社会经济造成了难以估量的破坏。首先，该公司开办以后，对鸭绿江流域的森林"只伐不栽"，原有的天然森林遭到大量采伐，"巨木良材日渐减少"，直至砍伐殆尽；其次，附近乡民贪图便利，在"山坡沟掌尚有薄土"的情况下，"无不放火开垦成熟地"，导致当地出现大片童山秃岭，既有的生态平衡再难恢复；最后，由于清政府的监管缺位，该公司对森林的开发实际并不限于合同中所规定的鸭绿江区域。在合同签订后不久，该公司即通过向各料栈、把头借贷资金的方式，控制了浑江流域的森林砍伐。[2] 随着日本在东三省南部地区的力量逐渐稳固，该公司对森林的开发权利也日益增加，以至于几乎垄断了该地区所有的伐木业和制材业。

特别重要的是，在东北开禁未久的情况下，中国方面对当地森林的开发和利用多有不足，民间木商虽所在多有，但始终很难与外国资本形成有力的竞争，在缺乏政府有效支持的情况下，发展也十分缓慢，从而制约和影响了中国民族资本主义在林业方面的发展。

第五节　森林利权流失与木把群体的抵抗

如前所述，清代在东北从事木材采伐、制作、运输等职业的人被称为"木把"。木把不同于木商，他们大多数没有资金进行独立经营，而是在一个采伐团体的组织下，各自承担具体的采伐、造材、集运和放排等工作。不仅如此，各个采伐团体也不具备开发森林和材木转运的资本，[3] 需要从专门为木把入山提供资金和生活物资的料栈中贷款才能维系经营，其人数在几十人到数百人，在经验丰富的"山把头"指挥下开展各项工作，但相互

---

① 「鸭绿江森林の现况」『大日本山林会报』324 号、1909 年、30~31 頁。
② 《鸭绿江流域历史资料汇编》（下），第 519 页。
③ 当时有名的木商团体如中和德、同庆栈、玉合升、合盛栈等，均无巨额资本和固定资产，基本依靠自身信用从货栈贷款经营。参见王长富《东北近代林业经济史》，第 39 页。

之间并不存在严格的经济从属关系。① 清政府解除对东北的伐木禁令之初，木把砍伐森林只需要向地方政府申请领取"斧票"，每把斧子纳税一两即可，至于具体的砍伐数量则没有限制。② 这种松散的经济结构和组织形态，不仅无益于资本的积累和团体的凝聚，而且给当地的森林生态造成了严重的破坏，浑江、鸭绿江附近的茂林山脉更是因此在数年之间变为疏林地带。③

战前木筏抢夺

除了自身的缺陷外，民间木把的生产经营也受制于当时的客观条件。由于经济条件的落后，民间的木材运输基本假力水运，然而清季东北边疆不靖，时常有朝鲜人等潜入江中盗取木排，致使木材在转运途中总有流失。在官方缺位的情况下，中国木把为了捍卫利益，经常直接与朝鲜木把展开争夺。例如，1903 年，朝鲜外务部向清朝外务部报告了五起清人抢夺朝鲜人漂流木的案件，同时涉及"木商"和"马贼"。8 月 19 日，朝鲜外务部称，吉林临江县人"木头辈"啸聚百余名，"借托会城官炮"，欲抢夺鸭绿江咸镜道山水郡段的流木。后文特别解释"所谓木头辈，即贼匪余党也"。9 月 3 日，朝鲜外务部继续照会清外务部，报告"清国工义号商辈"在平安北道碧潼"盗取"碧潼分站下士崔雨木料，称"该辈仍将该三兵缚载其筏，顺流以下，并投诸水云云"。同时，据朝鲜江界镇卫队报告，在朝鲜慈下洞，有"会姓清人"抢夺木桴，且"就每桴索钱五百"，交涉后仍"伏江岸乱放铳炮"。9 月 17 日，朝鲜江界镇卫队再次报告，有清人王继山率领 30 余名同党，在满浦将朝鲜西京营建都监购买、沿鸭绿江流下的 500 余桴杂字号夺去。9 月 30 日，朝鲜平安道观察使报告，有"清国木商"会同"会上炮勇"在咸镜南道三水郡"勒捉农民 47 名，拯出鸭绿江漂木"，朝鲜农民被"猛加殴打，命在顷刻"。在五起案件中，朝鲜外务部所称"木头辈""工义号商辈""清国木商"很可能是中国木商雇用的伐木和运木工人，即木把。由于当时朝鲜兵时常越境进入清朝领土，在临江一带抢掠，

---

① 吕斯：《鸭绿江上的木把》，《鸭绿江流域历史资料汇编》（下），第 648 页。
② 王长富：《东北近代林业经济史》，第 35~36 页。
③ 《清代的区域开发》，载水利部、中国科学院、中国工程院编《中国水土流失防治与生态安全·东北黑土区卷》，科学出版社，2010，第 11~12 页。

很多入山木把都自备土枪以保护自身和运输安全，这些自配器械的木把团体可能单方面被朝鲜方面当作"马贼"。①

在此期间，也有一些官商合办的木植公司在东北地区设立，其中较为典型的是 1902 年开办的大东木植公司。大东木植公司由时任东边道道台的袁大化组织创建，实行股份制经营，共募集官民资本 20 万两，分为 2000 股，每股折合白银 100 两。②民间木把可以向其借贷资金，之后将砍伐木材收入的四成缴纳公司，剩余的归自己所有。③公司在大东沟设总局，下辖羊鱼头、富尔江、安东、中江台、马市台、浑江口、沙尖子、桓仁等 8 个分局，总局设巡勇 200 人，负责检查木排、监督木商、处理木材纠纷，同时代政府征收木税。这样，该公司的创立既在一定程度上增加了地方政府的收入，也有利于保护民间木商的发展，故而直隶总督袁世凯在 1903 年给朝廷的奏报中称："调补福建兴泉永道袁大化前在奉天东边道任内创办木植公司，保护华商，经画支持，艰难百出；复将应得余利报效赈需，以拯灾黎生命，实惠济民，洵属有裨大局。"④

然而好景不长，在袁大化调离之后，大东木植公司即因"办理不得其人"，屡次将"冲散杂字木植，攘为己有，不准原主认领"，⑤违反了它在此前拟定的章程，从而招来民间木把的嗟怨，自身的信誉大为降低。具有嘲讽意味的是，民间的木把基本也不再将木植公司视作纠纷的调解人。1904 年 9 月，因日商伊藤京重勾结朝鲜人带兵强占木商们存放在外岔沟处的木植，民间木把迅速集结四五百人，抓获肇事的朝鲜人 6 名，之后将其绑赴俄国军营，"意欲假势扰韩"。⑥这似乎意味着，在民间的木把看来，中国官方不仅在经济上难以保障他们的经营发展，而且在涉及政治层面的民事纠纷问题上也不能给出合理公正的裁决。

---

① 구범진（丘凡真）「9 세기盛京東邊外山場의管理와 朝·清公同會哨」『史林』32 号、2009 年2 月。

② 《林业发端》，《大陆》1903 年第 5 期，第 11 页。

③ 丹东市地方志办公室编《丹东市志》（6），辽宁科学技术出版社，1996，第 191 页。

④ 魏震等：《南满洲旅行日记》，《近代史资料》总 45 号，第 96 页。

⑤ 魏震等：《南满洲旅行日记》，《近代史资料》总 45 号，第 96 页。

⑥ 《商务外交公牍》，转引自集安县地方志编纂委员会编《集安县志》，中国标准出版社，1987，第 486 页。

与此同时，日俄两国在东北的争夺也给民间木商带来了不少麻烦。1906 年，木商鼎泰、源德等号向天津海关道禀称，该商号在天津开设有年，"向运各种木植"，但在日俄交战以后，东北的松木不能顺利运抵天津，"因向日本购运道木，以代松木之用"。[①] 但是其商船行至半途时被俄国军舰以"接济日军"为名击沉，商号血本无归。日本则借战争之机在安东设立鸭绿江锯木工场，逼迫民间木把将所砍木植的 1/4 售予该厂，"名曰抽分，其价值听该厂而定，约只市上二五之价或半价不等"。中日合办的鸭绿江采木公司成立以后，抽分之举虽被取消，但该公司却将木把大部分的未售木植买断，"其价约少市价一成或一成半不等"。[②] 在此情形的影响下，民间木把的日常经营举步维艰，乃至渐次停止营业；仍然营业者，其木材出产量也很少，并在不同程度上沦为外国采木公司的附庸。日俄两国在不同方面对中国民间木商的挤迫，对当时中国在日俄战争中的中立地位而言，不啻为一种巨大的讽刺。

战时木把械斗

1904 年 2 月，日俄战争爆发，鸭绿江的木材水运秩序发生重要变化。5 月 2 日，日本设安东军政署，强制征用中国木把暂存于安东的木材，用于建设港口和日本居留地。5 月 11 日，日本陆军成立战地陆军建筑部第三建筑班，开始修筑防御工事。[③] 为了保证军需木材供应，1905 年 3 月，日本陆军兵站监从第三建筑班中编成"流木队"，进入鸭绿江上游进行木材作业。这一时期，日俄交战导致上游木把不敢沿江放排，安东的木材交易几乎完全中止。日本调查者观察到，东边木植公司的职员"无事可做，他们只会昏昏沉沉地睡觉和吸烟"。[④]

由于日军对鸭绿江水运实施战时管控，以往中朝木把和居民间的漂流木纠纷暂告一段落，随之而来的是中国木把与日本军方的直接对抗。日本

① 《袁世凯为木商购运道木船只被俄军舰击沉事札津商会》，载天津市档案馆编《袁世凯天津档案史料选编》，天津古籍出版社，1990，第 212~213 页。
② 汪敬虞编《中国近代工业史资料》第二辑上，科学出版社，1957，第 317 页。
③ 永井りさ「鴨緑江木把の暴動—中国東北から見た占領地軍政」日露戦争研究会編『日露戦争研究の新視点』326~329 頁。
④ 農商務省山林局『鴨緑江流域森林作業調査復命書』68 頁。

流木队在进入鸭绿江上游和浑江流域后，经常雇用中国或朝鲜工人，指使他们截取本地木把漂流而下的木材。本地木把因此常常集合数百上千人与日本流木队展开械斗。例如，1905 年 6 月，日本流木队在辑安县羊鱼头放排时遭到约 300 名中国木把围攻，15 人下落不明，受流木队雇用的中国工人也"遁逃"或因"恐惧"拒绝再为日人工作。7 月上旬，流木队在鸭绿江支流凉水泉子（今吉林省集安市凉水朝鲜族乡）附近整理漂流木排时，再次遭到 300 多名中国木把袭击，流木队分队长 1 人和多名中国工人受伤，与流木队合作的中国木把头身亡。同月，数百名中国木把在沙尖子（今辽宁省桓仁满族自治县沙尖子镇）附近集结，"立旗援枪"，阻挠流木队队员放排。① 日本兵站监随后派出"满洲义军"镇压中国木把。

日本流木队尽管得到了"满洲义军"的支援，但要想把木材按期运至安东，仍需要借助中国木把的流筏作业。在武力镇压后，日方不得不对中国木把进行安抚，请求其配合。1905 年 8 月，由于中方木把坚持"拒绝流木"和阻碍日人流筏，眼看浑江河水不断下降，流筏越发困难，陆军大尉堀米代三郎被迫到通化与中方木把谈判。为了满足木把要求，堀米大尉承诺，提高日军收买木材的价格（如将每根长八尺、直径一尺五寸以上的红松角材的收买价由每根 1 元改为每根 2 元），为木把提供借款和食物供给，并派兵帮助木把重新组装木筏。在获得了部分利益保障后，中国木把最终配合流送了被"满洲义军"和流木队强占的 8000 多根木材中的 2000 根。②

1904 年 5 月 2 日，日本在安东设置军政署，以军用的名义强制征收鸭绿江两岸的木材。1905 年 8 月，日本外务省和军部发布《两江放下木材处办条例》和《放下木材章程》，全面接管鸭绿江和浑江的木材水运。11 月，日本军用木材厂设立，继续沿用这一章程。按照章程，中国人倘无日本军政署发给的许可证，即被视为非法经营，将依军法没收所砍木植。中国民间的木把在无法忍受日本苛政的情况下，常常集合数千人与日军展开战斗，导致这一时期鸭绿江附近地区围绕木植砍伐而引起的中日外交事件频发，情势濒于失控。而时任辑安县知事的吴光国发布的一篇白话解劝稿则颇能

① 菅野直樹「日露戦争時の戦地陸軍建築部」『防衛研究所紀要』20 巻 2 号、2018 年 3 月、52、54 頁。
② 内田良平『満韓開務鄙見』42~49 頁。

表露中国官方的心态，他说：

> 尔等砍木头的人，原来是上古时代留名的工艺人。《左传》上载说，山有木，工则度之。子夏云，百工居肆以成其市。孟子曰，斧斤以时入山林，则材木不可胜用矣。替你们想起来，士农工商中，派着一行文明的称呼，也能与举人翰林做官的，一样赞美，这不是极体面的人么！为什么不做文明的思想，与古时候名人争一口气？因什么一点儿小事，便要打架饶舌？如今你们，因日本军官兵号木军用，聚众六七百人，便要械斗，这是粗鲁的运动。自己想想，对得起那称呼么？你们往后，一举一动，总要留点名分。替朝廷想一想，我一生吃喝穿戴，那儿来的钱？砍的木头不是国家江山出的么！吃的、喝的、穿的、戴的，不是国家的余利么！不说报效罢了，你要闹起事来，不是国家的事么！你们跑了，国家能不管么！总要劝说大伙儿，千万不要粗鲁滋事。守分听命，忍耐着，思自强，学文明，多识字，人人劝学，人人知耻，可就没有人欺了，可就无人说我野蛮了。那时候我们称雄世界，到哪儿没有人敬服？……尔等不想想，我本官为你们受劳苦，为你们任艰险，因什么如此？因什么保护？一系尔等皆系良民，为国家纳税；一系时势艰难，恐你们吃亏，苦而无告，难以谋生。本官不怕死，不爱钱。经纬商民，私心已尽，惟尔等顾全大局，我之劳苦，不算什么。常以我爱尔等之心爱我，再不可为地方滋事，不可惹出国家奇祸，这就是良民，这就是良民吓！不求你们报答，只求你们安分。良心吓，守份吓！你们受屈的事情，我能替你们争理吓！且听着，且候着，你们真要闹事吓，这就财命没有了。①

吴光国的上述解劝内容至少可以分为三个层面：其一，木把作为工艺人，应该像士大夫一样讲究文明的思想；其二，木把的生活来源是国家给予的，凡事应该考虑国家的利益；其三，作为地方官员，自己是会为木把们考虑

---

① 《辑安县知事吴光国临时白话解劝稿》（1906年5月2日），转引自中国人民政治协商会议吉林省集安市委员会文史资料委员会编《集安抗日斗争史料·文史资料选》第14辑，集安市政协文史资料委员会，2008，第57~58页。"县知事"，原文如此。

的，希望他们能够遵纪守法，做本分的良民。不过，吴光国虽然相当期待木把们理解他的良苦用心，但是他的叙述方式又很难为木把们所理解。这至少从一个侧面揭示了当时中国官方和民间在木植问题上的思考维度实际上相对疏离，从而呈现出一种无组织的状态。其一个后果是木把在经过一段时间的自我调适之后，最终转为日本或俄国的经济附庸。

采木公司管理期间的漂流木纠纷

为了化解漂流木纠纷带来的冲突，1908 年 9 月，新成立的鸭绿江采木公司对漂流木实行了集中管理。采木公司规定，所有鸭绿江右岸冲散或丢失的漂流木及木筏全部由公司统一收集，再由木把照价回赎。① 但是采木公司设定的回赎价格较高，同时规定如果在一定期限内没有回赎，公司有权出售漂流木。② 民国学者谢先进评论认为，由采木公司管理漂流木的做法等同于把 "主权让渡于采木公司"。③ 由于采木公司实际被日本人掌控，回赎价格又偏高，中国木把对此怨声载道，并多次发起抗议。

然而，由于鸭绿江干流太长，采木公司并不能保证收集每一处的漂流木，围绕漂木的中日纠纷仍时常发生。据朝鲜《统监府文书》的 "漂流木纷争" 记录，在采木公司成立后，以 "清人暴民" "暴行" 为名的漂流木交涉案数量并未减少，反而继续增加，这也从另一个方面反映出中国木把对维护自身权益、夺回被朝鲜人盗取或因洪水漂至朝鲜一侧的漂流木非常主动且直接。如前所述，朝鲜统监府营林厂于 1908 年 10 月迁至新义州，开始负责管辖鸭绿江沿岸朝鲜一侧的森林。作为日本代理人，朝鲜木把经常打捞属于中国木把的漂流木。他们在破坏木料上的印记后，将木材交给营林厂，要求中国木把以高价赎买。④ 面对朝鲜人屡次盗取漂流木的情况，中国木把的处理办法是直接驾船驶入朝鲜境内，强行夺回木材。例如，在 1909 年 8 月 18 日的一起中朝漂流木纠纷中，朝鲜人崔奉信在鸭绿江下游自行捞取了被洪水冲散的中方漂流木，并将部分木材交给营林厂。中国木把

① 谢先进：《鸭绿江右岸之林业》，第 7 页。
② 满洲安东县鸭绿江采木公司编纂『鸭绿江林業誌』96~177 頁。
③ 谢先进：《鸭绿江右岸之林业》，第 8 页。
④ 王长富：《东北近代林业经济史》，第 401~402 页。

发现后，直接组织 16 名木把乘船进入朝境，强行夺回木材。在营林厂支援赶到前，中国木把又乘船快速撤回中国境内，没有留下把柄。[①] 此外，中国木把在漂流木纠纷中也经常使用武器震慑盗木朝鲜人。在 1909 年 8 月 15 日"韩人金昌水漂流木案"中，当中国木把发现朝鲜人金昌水在鸭绿江肆意捞取中方漂流木时，中国木把直接朝金昌水开枪，击中其右臂，造成穿透伤。朝鲜楚山宪兵分遣所在接到通报后，立刻调派宪兵 1 名和辅助员 2 名前往现场支援。但最终日朝方面调查认为，此"暴力事件"确为中国木把的"报复"，但也是金昌水"自取"的结果。[②] 枪击事件最后不了了之。

中日双方对《事务章程》第 17 条的不同理解也引发了中国木把与朝鲜营林厂之间关于漂流木的冲突。根据之前的协议，鸭绿江采木公司对漂流木实行集中管理。在具体执行中，鸭绿江右岸冲散或丢失的漂流木由采木公司统一收集，交木把照价回赎；鸭绿江左岸漂流木的收集则是中日双方各执一词。[③] 1909 年 6 月 11 日，据朝鲜营林厂厂长时尾善三郎的报告，6 名受雇于营林厂负责漂流木整理的日本筏夫，在中江镇附近被百余名中国木把射击并抢夺木材，其中"五人被捆绑到山中，生死不明"。[④] 统监府在接到报告后，一面照会清朝驻朝鲜领事，一面指派朝鲜江界警察署和中江镇宪兵分遣所进行调查。[⑤] 营林厂厂长称，由营林厂自行处理鸭绿江左岸漂流木是 1908 年 3 月 20 日与采木公司协商的，他们派出日本筏夫是正常进行工作。但如前所述，1908 年 5 月签订《事务章程》时并没有提及鸭绿江左侧的漂流木如何处理，只是模糊提及漂流木由"公司任之"。6 月 13 日，朝鲜宪兵报告，临江县的中国木把因为不满采木公司的赎买价格以及对日本筏夫有"误会"而将日本筏夫绑架。6 月 14 日，经东边道尹、临江县知县和采木公司职员交涉后，日本筏夫被放归。[⑥] 在后续交涉中，日本驻安东领

---

① ［清國人暴行에관한件］（1909 年 8 月 21 日）『統監府文書 10 권』。

② ［金昌水漂流木拾集中清國人發砲로負傷件］（機密義發第 111 號）『統監府文書 10 권』。

③ 例如，统监府营林厂厂长称整理鸭绿江左岸漂流木是 1908 年 3 月 20 日与采木公司协商的。［8 中江鎮附近二於テ清國人暴行ノ件］（1909 年 6 月 12 日）『統監府文書 10 권』。

④ ［清國人暴行事件報告］（1909 年 6 月 11 日）『統監府文書 10 권』。

⑤ ［被拉筏夫調査에관한指示］（1909 年 6 月 11 日）；［4 清國人暴行事件調査次一柳事務官에게出張指示］（1909 年 6 月 11 日）『統監府文書 10 권』。

⑥ ［中江鎮附近清國人暴行事件에대한報告］（1909 年 6 月 14 日）『統監府文書 10 권』。

事冈部三郎指责中方没有按照第 17 条约定取缔旧有木把组织，中方则拒绝认可鸭绿江左岸漂流木归营林厂整理。①

1909 年 8 月 26 日，日本驻安东领事冈部三郎与奉天东边道道台钱嵘、鸭绿江采木公司中国理事长胡宗瀛终于商定鸭绿江"华岸"与"朝岸"分界整理办法。双方同意，过去的"漂流木临时协议"已不再适用，现阶段应"制定根本性的协议"。为了"破除几十年来的私相掠夺之风"，新的漂流木整理规则应为"将漂流木归还合法原主"。具体办法为先将漂至下游的木料"全部集中到安东和新义州附近"，然后制定专门流程将木料归还给原主。华岸由采木公司整理，朝岸归营林厂整理。② 但是，"上游地区（漂木）不再归还"。日本领事冈部三郎在电报中提到，目前朝鲜营林厂中江镇出张所（朝鲜中江镇位于临江县对面）已收集了一批上游的漂流木，其所有者为中国木把。按照约定，临江县位于鸭绿江上游，可以不必归还。但考虑到临江木把经常械斗的情形，营林厂决定先将漂流木交给临江县知县，由地方官员送到位于下游新义州的营林厂总部，再由营林厂总部根据赎买流程归还给木料的"正当拥有者"。③

这一时期，鸭绿江的洪水仍是一个严重问题，其时常引发大量木材漂流，给采木公司造成巨大损失。根据鸭绿江采木公司"营业课第三年度决算说明书"的记载，从 1910 年 10 月至 1911 年 6 月底，鸭绿江共发生三次洪水，导致采木公司木材流失和收益受损。三次漂流木情况分别是：

> 上年 10 月 23 日，河已成冰，不料天气复暖，风狂水涨，上流冰块随流鼓荡……江岸木排被冰块撞断，铁缆漂散 20 余张。
>
> 今春 3 月 21 日，狂风暴雨同时并作，江水陡涨数尺，漂散木材约 2000 连。
>
> 今夏 6 月 22 日，洪水陡涨，比宣统元年水势大。安埠尽成泽国，贮木场水深丈余，整踝木材随流。
>
> 本年三遇水灾，漂散木材约 6000 连，找回 4000 连，合计流失

① 「鴨綠江漂流木整理ニ關シ東邊道臺ト商議ノ件」（1909 年 8 月 25 日）『統監府文書 10 권』。
② 「採木公司與營林廠協定本年整理漂流木辦法」（1909 年 8 月 26 日）『統監府文書 10 권』。
③ 「鴨綠江漂流木에 대한 協商件」（1909 年 8 月 27 日）『統監府文書 10 권』。

2387 连 659 根，系建造庙宇、修筑公园公益之举，实不可少。

根据记载，每一次涨水都会导致木排流失，平均一次洪水就会带来约 800 连木材的损失，可见鸭绿江的漂流木问题"实处意料之外，非人力所能抗"。[1]

漂流木局的成立

清末民初，漂流木问题继续成为中日冲突的源头，并逐渐内化为一种劳资纠纷，加剧了木把与料栈的分离。为了解决外交困境，争取更多主动权，1909 年，奉天东边道成立了专门处理漂流木的官方机构——漂流木局，以取代此前采木公司对漂流木的管理。漂流木局受兴凤道道尹监督，设 6 名董事会成员以及多名文员和财务主管。料栈商人李玉堂担任第一任局长。为了以合理的价格收集和赎卖漂流木，东边道道尹委托富有的料栈商人全权经理负责，先统一按日方要求价格垫付漂流木回赎价，再以较低的价格卖给木把。官方成立漂流木局的本意是减少中国木把与日方的直接接触。按照奉天东路观察使朱淑薪的解释，料栈商人拥有可靠资金来源，只有他们才能预支足够现金，从朝鲜营林厂赎回中方漂流木。因此，必须依靠料栈商人来建立漂流木局。他还认为，漂流木局是日方与中国木把之间的中间人，可以减少双方摩擦并降低漂流木的赎买价格。然而，朱淑薪没有考虑周全的一件事是，几乎没有木把参与到漂流木局中来。

漂流木局的董事会缺少木把代表，很快引发了不满，木把因此不信任漂流木局对木把权益的保护，相反，他们谴责漂流木局的中介行为是"剥削"。1912 年，鸭绿江和浑江木把代表辛酉山向奉天临时省议会提出申诉。在请愿书中，他反复强调木把和货栈在劳动分工方面的分离。他说："木把、料栈各营各业，界限分明。木把伐木谋生，料栈代木把卖木取用。"因此他认为，"全由料栈组织、并无木把在内"的漂流木局只是料栈公会，而不是木把公会。

辛酉山接着列举了漂流木局多项不合理收费，表示漂流木局的职能完全是"侵占而不是保护"。这些收费分别是：第一，凡被漂流木局收集的冲

---

① 谢先进：《鸭绿江右岸之林业》，第 7 页。

失木植，木把的赎回价格是每根原木 0.25 元；第二，在木排到达安东时，漂流木局要求凡木排价值达到 100 两时，每排木筏应再收取 1 两作为"局费"；第三，漂流木局还将每张木筏分为五部分，向每个部分额外收取 0.4 元作为"学款"。根据辛酉山的说法，从 1909 年到 1912 年，漂流木局总共获利超过 40 万两白银，但从未透露其详细收支情况。辛酉山认为，朱淑薪一味偏袒木局，木局不仅逃避了国家税收，而且还深度利用了在沿鸭绿江和浑江工作的木把。

1912 年末，鸭绿江和浑江木把代表辛酉山、宫海亭等人向奉天临时省议会提出申诉，要求成立单由木把组成的"鸭浑两江保护木业事务所"。辛酉山等坚持认为，只有由木把组织的事务所才能充分体现木把的利益，木把应该自己负责漂流木回赎，而不应该再受料栈的利用。另一位木把代表宫海亭甚至使用了当时流行的"专制"等词语来论证他们的要求。他说：

> 从前在满清时代，木把受压力于专制政府之下，遂有官办杂字号，迁流而为漂流局，剥削脂膏不遗余力。今民国鼎新，《临时约法》内载人民有保有财产及营业、集会、结社之自由，则凡所有前清无当于理之法律章程，皆在应行派出之列，代表等方庆得伸公理。[1]

宫海亭表示，《临时约法》赋予了木把群体自由结社的权利。只有由木把自主结成"鸭浑两江保护木业事务所"，才能真正保护木把利益，漂流木局代表的是货栈商人的利益。

双方一度僵持不下。最终，在朱淑薪的调解下，1913 年奉天兴凤道取消漂流木局，正式成立"鸭浑两江公立木业总会"。木业总会同时包含木把和料栈两个群体的代表，正会长仍为李玉堂，宫海亭担任木业总会下设支会的干事。[2] 木把们虽然参与了公立木会，但没有掌握任何实权。此外，由于木把们每年入山伐木达半年之久，基本无法参与木会的具体管理，其运行实际上仍由料栈商人把持。至 1916 年，仍不断有木把代表在安东地方厅

---

① 《木把代表宫海亭、于景维请议书》（1913 年 2 月），JC010-01-012158。
② 《奉天东路观察使呈第 5 号》（1916 年 6 月 22 日），JC010-01-007865。

呈控李玉堂办理漂木"侵吞浮冒，抗不算账"，要求"追缴款项"。①

由漂流木纠纷引发的料栈、木把各自立会风波反映出了更深层次的问题。料栈商人和木把曾在1900年代紧密合作，共同为鸭绿江伐木业的繁荣做出贡献。木把和料栈商之间的贫富差距虽然存在，但当时并未成为一个问题。然而，随着日本对鸭绿江木材业务的深入渗透，本地官员在与日本的谈判中越来越依赖于料栈不断增长的财富，因此，料栈经理的地位大多得到提高，而木把的收益常常被压低。木把群体和料栈管理者之间的旧有联系不再得到承认，二者间的分歧反而被强调。随着民国时期木材商人协会和行会越发壮大，木把公会和料栈公会之间的分离成为一种趋势。

小 结

清末中国受内忧外患的不断侵扰，在社会、经济等多个层面呈现出严重的问题。清朝的统治者试图利用"中体西用"的思路来解决这一系列问题，进而维系国家以往的运作常轨，其思考的潜在着眼点就是依靠西方的实用学说及知识治疗中国社会的实在顽疾，近代中国相关林业的诸多知识即在这种思想的场域中逐渐形成。比较而言，这种关于林业知识的讨论促进了国人对本国森林认知观念的转变，有利于朝野之间保护森林利权的自觉意识的渐次养成。不少有识之士为此从林业的角度寻求国家富强的出路，在一定程度上推进了中国森林开发的科学化和现代化。

但是，由于外国势力的入侵，清末中国的森林开发已经很难保证自身的独立地位，这种情形在边疆地区表现得尤其明显。咸同以降，俄国和日本的力量在中国东北的森林开发中逐渐占据了优势地位，他们的拓殖行为不仅给中国的森林资源造成严重破坏，也极大地挤占了当地居民的生存空间，屡次引发中外之间围绕木植事件的争斗，导致东北民间很难自主发展近代森林产业。

从中央与地方的角度来看，清廷原本寄望于民间的移民垦殖可以充填东北的边疆防务，巩固中央王朝对边地的控驭，因此全面开放了关内向该

---

① 《木把代表高希德等726人同呈》（1916年6月22日），JC010-01-007865。

地区的移民。从这种意义上来说，清政府并未考虑到东北森林的开发层面，"移民实边"的政策在稍稍延宕日俄入侵的同时，也导致民间对东北森林的大量无秩序开发。而且，略带诡论意味的是，因为清朝中央政府对东北边疆管理的近似自由放任，民间木把在多次遭到利益侵害后，不得不选择与日俄在中国东北的森林开发组织上进行某种妥协，甚至假借他们的名义来逃避中国方面的税收。① 在这种情况下，"移民实边"也就虚有其表。

鸭绿江森林的商业化也逐渐改变了森林业中的劳资关系。1875年，清政府在安东设立了木税局，曾经严控出入的森林边地变成官方认可的伐木区。伐木业的兴盛吸引了大批移民，并出现了木把和料栈两个群体的分工。初期，木把与料栈是密切合作和联盟的关系。由于料栈普遍规模小、资金少，大量的小中型料栈依赖木把群体提供稳定的货源。然而到了后期，在官方和国外势力大规模的资本与技术投入后，伐木工人与料栈经理之间的收入和地位开始呈现逐步分化的趋势。日本对鸭绿江林业的控制也增加了清朝地方官员的交涉压力，而外交困境又加深了木把和货栈间的劳资纠纷。

日朝士兵和中国木把之间经常因漂流木问题爆发冲突。早在日俄战争时期，日军就在鸭绿江沿岸以"军事需要"的名义打捞和强占中国木把所有的漂流木，引发一系列冲突。1905年，日本军政署在安东成立军事木材厂，在浑河口（浑江汇入鸭绿江的河口）、羊鱼头、帽儿山、头道沟和朝鲜义州设立了五个军事检查站，要求中国木把以高价购买日人发布的准票和护照，否则日方将没收从鸭绿江上游漂流至安东的所有木筏。对此，中方木把多次抗议，并与日方发生械斗。② 此外，日本控制下的朝鲜士兵和木把也以在鸭绿江上盗窃漂流木而臭名昭著。1910年，日朝签署《日韩合并条约》，朝鲜正式成为日本殖民地。作为日本代理人，朝鲜士兵经常打捞属于中国木把的漂流木，破坏木料上的标记，然后以高价出售给他人以牟取暴利，或者要求中国木把以高价赎买。随着中国工人反复遭遇漂流木的扣留和丢失，中国木把的反抗情绪不断上升。③

---

① 樊宝敏：《中国林业思想与政策史（1644~2008年）》，第88页。
② 王云峰：《木都安东七十年》，载中国人民政治协商会议辽宁省委员会文史资料委员会编《辽宁文史资料选辑》第26辑，辽宁文史出版社，1989，第152页。
③ 王长富：《东北近代林业经济史》，第401~402页。

　　作为漂流木纠纷的主要受害者，木把群体的生存策略随着中外局势和边疆政策的变化而改变。在日俄战争前，木把的流筏作业依赖木商的资金支持和官方的巡勇保护。在日俄战争后，木把逐渐认识到官方机构和组织的萎缩与无力，后者难以在经济和政治上为他们提供保护。因此，木把群体不再依赖官方组织维护自己的权益，而是注意借助他国势力来保障群体权益，或以"百人械斗"的方式与外部势力正面冲突。1908年中日合办的鸭绿江采木公司成立以后，漂流木的纠纷并未就此减少。中国木把面对营林厂朝鲜人屡次盗取漂流木，采取了直接有效的"暴力抢回"措施，引发日朝高层的担忧。1912年以后，漂流木回赎的交涉与冲突逐渐成为中国边疆治理的内部议题，交涉中的中方木把开始有了自治的需求。木把们要求成立独立的"木把公会"，以维护漂流木的回赎权益，这也成为地方官员面临的新挑战。本书第四章内容将从森林中的民间抵抗转向官方林业局的成立及其森林国有化的尝试。

第四章

清末新政与东北森林国有化的尝试

中国素来有重视山林的思想。春秋时期的管仲便认为"山林、菹泽、草莱"是百姓日常生计的根本。春秋以后，历代统治者也制定了不少保护山林的政令和法规，以维护他们各自王朝的统治秩序。[①] 清朝前期，清廷更是将东北的森林视为塑造自身权威和价值取向的重要手段，并借以维系满人的特殊地位和文化象征。[②] 然则，随着晚清内忧外患的加深，东北的森林也开始受到各方面的觊觎和挑战。嘉道之后，清廷对东北地区森林的封禁政策逐渐走向瓦解。

清末，随着各项新政措施的展开，地方上行政机构的改革亦接踵而至。鉴于东北地区森林利权流失严重，更是为自身积累持续统治的政治资本，清政府有意识地加强了对东北森林的开发和监管，其中比较重要的内容就是多个近代林业机构的设置和一系列相关林业政策的实施。一方面，伴随着西方林学知识在中国的传播，包括一部分高层统治者在内的中国人已经逐渐改变了他们对于森林的认知；另一方面，日俄等国对东北森林资源的侵夺也使清政府开始转变其在东北的森林经营模式，以因应当时的各种变局。

[①] 参见罗桂环、舒俭民编著《中国历史时期的人口变迁与环境保护》，冶金工业出版社，1995，第144~151页；张钧成《中国林业传统引论》，中国林业出版社，1992，第84~100页。

[②] 关于清代东北森林的文化意义，参见孟泽思《清代森林与土地管理》，第48页。另见 Jonathan Schlesinger, *A World Trimmed with Fur: Wild Things, Pristine Places, and the Natural Fringes of Qing Rule*, pp. 121−130; David A. Bello, *Across Forests, Steppe and Mountain: Environment, Identity and Empire in Qing China's Borderlands*, pp. 63−115。

1907 年 10 月 17 日开始运作的吉林全省林业总局是该地区设立较早的官方林业机构之一，该局除负责调查和经办吉林全省的林业事务外，还兼管着吉林省森林的采伐、加工、销售和市场开发等商业事宜，因此在清末东北的森林开发历史上有着相当重要的地位。而且，由于清末东北地区所处的特殊环境，吉林全省林业总局并不能通盘解决该省森林开发中遭遇的所有问题，很多时候需要与该省（甚至别省）的其他新旧机关配合展开工作，因之增加了林业问题的复杂性和曲折性。本章拟以吉林全省林业总局的创办、发展和关闭作为研究中心，具体考察在清末东北森林国有化的尝试过程中存在的诸多问题，以及官方扮演的角色和所达到的实际成效。

第一节　清末朝野的林业认知与吉林省山林

清朝的统治者为了保护其龙兴之地的风水，对东北的森林采取了以封禁为主的管理政策。清政府自 1668 年开始颁布关于东北地区的禁令，令山海关、喜峰口等处守边官员禁止流民出口。1677 年，清廷又在东北地区实行"凡人民之移植，田土之垦辟，人参、东珠之采取，皆悬为严禁"的"四禁"政策，[①] 在森林的采伐方面，基本由政府经办的官方伐木场占主导，经营内容则主要是在浑河、太子河等地采办皇木。[②] 受这一政策的影响，东北地区的大部分森林在近代以前未经较大规模的采伐和开发。[③]

晚清以前，吉林省山林实行封禁，由打牲乌拉衙门和吉林果子楼各自划区管理。打牲乌拉衙门（1657~1911）是清廷在吉林境内设置的专为皇室采集贡品的机构，其所辖四合霍伦贡山位于吉林省舒兰、五常、额穆三县境内，多产红松大木、东珠、松子、貂皮、人参等特产。果子楼隶属于吉林将军衙门户司，负责汇集吉林省西、伯都讷和阿拉楚喀各围场贡品，

---

① 徐世昌等纂《东三省政略》卷 1《边务·延吉篇七》，李澍田等点校，吉林文史出版社，1989，第 59 页。

② 即便如此，在清朝的皇木采办中，东北也并不是主要的供应区。对此可参见袁婵、李飞《明清皇木采办及其影响》，收入尹伟伦、严耕主编《中国林业与生态史研究》，中国经济出版社，2012，第 123~133 页。

③ 这一时期清政府对东北的封禁并不是绝对有效的，民间的森林开发依然存在。

再统一送交京城。① 清前期为保证贡品供应，除划界封禁外，还修建了运输贡品的驿路。以吉林城为中心，共有西线、北线、东线三条驿路。东线宁古塔—吉林乌拉一线始建于 1677 年，共设 11 个驿站，包括乌拉站、江密峰站、额赫穆站、拉法站、退抟站、意气松站、鄂摩和站、塔拉站、必尔罕站、沙兰站和宁古塔站。② 其中额赫穆、拉法和退抟三站管理老爷岭和张广才岭大部分森林。

随着东北地区周边局势的变化，清政府对东北的封禁面临严峻考验。首先，来自俄国的威胁使清政府亟思在东北边境"慎固封守，以为思患豫防之计"，但是其中最重要的三姓、宁古塔、珲春等处，却因为吉林将军驻防相距甚远而难以兼顾。③ 其次，由于东三省的八旗兵在镇压太平天国期间大量南调，该地区的守备力量受到明显的削弱，与之毗邻的朝鲜等国移民则乘机大量涌入，给当地造成了管理上的困扰。④ 最后，中原地区在历遭兵燹后，八旗的旗田基本已被破坏和典卖殆尽，而京旗的移垦则毫无成效，京师附近的旗人生计成为一大问题。⑤ 基于上述原因，咸丰年间，吉林省内部分贡山开始放垦，不少移民进入吉林省垦殖土地，间有零星的木材商人组织人手到该地从事木材砍伐，但未被丈放的贡山仍旧继续承担采集松塔、松子等贡品的差役。1904 年，清廷免减贡品，本地旗署对山林的控制日益松散。由于缺乏有效的管理，开禁后的张广才岭一度沦为盗贼巢穴。在内外交困的情况下，用新的眼光和知识来管理吉林省森林已经箭在弦上了。

此时，由于时局的转折和西方林业知识的传入，中国人对森林的观念产生了显著的变化，传统知识视野下作为农作物附属的森林和近代以来被认定为实业的林业混合在一起，进入不少中国士人的改革视野。清末朝野间将森林作为一种产业来看待，首先是源于当时中国士人为国家谋取利源的现实考虑。孙中山在 1890 年写给郑藻如的一封信中即说："今天下农桑

① 赵珍认为果子楼设立时间为 1682～1693 年间。参见赵珍《晚清吉林果子楼的贡品管理》，《故宫博物院院刊》2012 年第 3 期。
② 李澍田主编《吉林志书·造送会典馆清册》，吉林文史出版社，1988，第 185 页。
③ 《清德宗实录》卷 129，光绪七年四月丁酉。
④ 关于这一时期朝鲜移民的研究，参见赵兴元《图们江北朝鲜移民问题研究》，吉林文史出版社，2004，第 23～37 页。
⑤ 刘选民：《清代东三省移民与开垦》，《史学年报》第 2 卷第 5 期，1938 年，第 79 页。

之不振，鸦片之为害，亦已甚矣！远者无论矣，试观吾邑东南一带之山，秃然不毛，本可植果以收利，蓄木以为薪，而无人兴之。农民只知斩伐，而不知种植，此安得其不胜用耶？蚕桑则向无闻焉，询之老农，每谓土地薄，间见园中偶植一桑，未尝不滂勃而生，想亦无人为之倡者，而遂因之不讲〔广〕耳。不然，地之生物岂有异哉？纵无彼土之盛，亦可以人事培之。道在鼓励农民，如泰西兴农之会，为之先导。此实事之欲试者一。"①这明白道出了孙中山意欲发展林木业为国增利的想法。甲午战争以后，在国变日亟的情况下，康有为等也在著名的《上清帝第三书》中指出，"外国讲求树畜，城邑聚落皆有农学会，察土质，辨物宜。入会则自百谷、花木、果蔬、牛羊牧畜，皆比其优劣，而旌其异等"，中国地大物博，正应该奋起仿效，以收其利源；而且"种树之利，俄在西伯利部岁入数百万。渔人之计，美之沿海可得千余万。今材木之运、罐头之鱼，中国销流甚盛，宜有以抵拒之"。②这表明，"种树"可以为国家增加利源已经成为当时不少应试举子的共识。

林业知识的广泛传播也丰富了当时士人对强国御侮问题的认识。一位山西农林学堂的学生就在其毕业考试的答卷中说："从来国家之富强，视国民之经济为消长，故欲富国必先富民，富民之政虽多，非先振兴林业不可。何则？林业者，社会之利源、国民之根本，无论古今中外未有不需木材之邦国人民也。我国林业荒废，莫甚于今日。试观于野，童童濯濯，土膏既枯，泉流胥涸，欲求一拱把之木而不可得。则凡建筑房屋、修整铁路、架设电线、构造轮船，以至民间器具之用、百工制造之需，不得不仰给于外邦，此富源所以不开，利权所以外溢也。"③其对中国林业荒废情形的形容虽不无过当，但显然表明了作者欲借振兴林业来富强国家、抵御外国经济侵略的倾向。

这一时期中国士大夫关于林木种植的思想虽然明显受到了西方的影响，但其考虑的根本出路仍然不出中国社会以士农为主的传统。当时讲求"广

---

① 《致郑藻如书》，广东省社会科学院历史研究室、中国社会科学院近代史研究所中华民国史教研室、中山大学历史系中山研究室合编《孙中山全集》第1卷，中华书局，2006，第1~2页。

② 《上清帝第三书》（1895年5月29日），姜义华、张荣华编校《康有为全集》第2集，第72页。

③ 《振兴林业策》，《东方杂志》第3卷第6期，1906年，第96~97页。

树艺，兴畜牧，究新法，浚利源"① 的罗振玉，便认为"理国之经，先富后教；治生之道，不仕则农"，② 这也是他一度由经学转向农学的重要原因。经过这样的考虑后，1896 年，罗振玉与蒋黼、徐树兰等人在上海发起了农学会，系统研究东西方的农林书籍，从而促进了农林事业在士大夫阶层的传播。有趣的是，罗振玉在悉心研究之后，发现中国的农林事业之所以落后于欧美，并不在于土地、气候和人口等自然因素居于劣势，而是因为"不立农学启发之，不设专官以维持劝励"，③ 言下之意颇提倡官方主导下的农林事业。

朝野上下推广农林事业的呼吁最终促进了清政府在政策层面的变革。1901 年，两江总督刘坤一和湖广总督张之洞向意欲实施新政的清廷建议，"凡谷、果、桑、棉、林木、畜牧等事，择其与本地相宜者，种之养之，向来不得法者改易之，贫民无力者助之"，种养得法的则由官方给予奖励。并且还提出"如种树，先榆、柳、果树，后松、杉"的见解，④ 体现了获利优先的改革思路。刘坤一和张之洞的建议随后被清政府所采纳，并设立农商部责成其事，这就意味着中国传统社会中以自给自足为主的农林经济开始受到政府的强势干预，其经营的性质、规模和目的都产生了相应的变化。

在举国上下大力提倡树艺强国的语境下，东三省的情形又有小的不同。首先，东三省在晚清以前被朝廷划作封禁之地，一般民众少有涉足，当地森林的保存状况相对比较好，与其他地区多存在"童山濯濯"的现象有所不同，因此并未引起林业倡议者的广泛注意。其次，东三省的森林开发主要以砍伐为主，与提倡以种养为主的林业思想有着一定的差距，且因当地开禁不久，许多人对该地的林业形势也没有一个清晰的了解。在这种情况下，反而是借助不平等条约渗透入中国东北的沙俄和日本占据了该地区森林开发和利用的先机。1880 年，清政府根据吴大澂等人的建议，在东北地

---

① 罗振玉：《农务会略章》，见朱有瓛主编《中国近代学制史料》第 1 辑下，华东师范大学出版社，1986，第 915 页。

② 罗振玉：《农事私议序》，《罗雪堂先生全集》续编四，大通书局有限公司，1989，第 1695 页。

③ 罗振玉：《农官私议》，《农事私议》卷上，转引自王永厚《农业文明史话》，中国农业科学技术出版社，2006，第 244 页。

④ 《遵旨筹议变法谨拟采用西法十一条折》（光绪二十七年六月初五日），赵德鑫主编《张之洞全集》第 4 册，武汉出版社，2008，第 29 页。

区实行"移民实边"政策，[①] 将东北对关内汉人全面开放，以此强化对该地区的控制力。另外，清政府出于增加财政收入的需要，于1874年解除了对鸭绿江等地区的伐木禁令，鼓励民间伐木事业，并在大东沟设立木税局，专司木税征收和木植砍伐的管理。在这样的背景下，民间对东北的垦荒拓殖和森林开发一时充满热情，大东沟亦因其所处的地理位置而成为当时奉天的木材集中地和主要市场。[②]

与奉天不同，吉林"原不与汉地相连"，[③] 长期的封禁和地理位置的偏远使吉林得以保留大量的天然林，其森林开发的力度和速度远低于与汉地接壤并深受关内影响的奉天。在吉林省天然林的语境中，树艺的思想有了新的阐释。1906年，《满洲日报》发表《论吉林木植》一文，对吉林省森林在"贡品"之外的功用做了一番梳理。文章开篇表示，"吉林省崇山峻岭，森林所在尤多，其最著名者，则由如赛齐窝稽、那穆窝稽、张广才大岭、赵大脊大岭、花松甸子、凤凰山等处，产木甚多，任至一处，干霄蔽日"。接着，作者依次列举了18类吉林省木植及其树艺，比如，赤白松可作"箱匣棹几"和"棺"，粗榆可作"车轴"和"辋"，水冬瓜可作"砚"，果松、杉松可"为梁栋、作墙壁、为棺、为椽"等（见表4-1），并指出吉林应"急设森林学堂，各随其材，以伸其用，乘此铁路大通运往各地，其获利自有无穷"。[④] 文章中对木植及其应用的分类既反映了吉林省天然林的特殊性，又折射出天然林的存在对时人认知森林的影响。在吉林省天然林的语境下，森林的价值在于产木，而木植的价值又大于其他森林副产品。因此，开发森林应从木植本身着手。这也意味着森林和木植在时人的理解中有逐渐等同的趋势。此外，作者还特别提到，"吉林木植，稍加爱护以储其源，精求工作以大其用，得其法而行之，有不家给人足者？独是理归于民，而所以导致者上也。民有求利之意，而无与利之才，惟上有利民之心，斯可行利民之政"，暗示吉林省森林的开发光有民间参与还不够，必须有"上"，即国家力量的介入，才能实现利民之政。

---

① 参见高强《清末东北边患与移民实边问题研究》，第62～77页。
② 朴尚春：《鸭浑两江的森林资源与掠夺性采伐》，《鸭绿江流域历史资料汇编》（下），第538页。
③ 南满州铁道株式会社『满洲旧慣調查報告書：前篇ノ内 皇產』264页。
④ 《论吉林木植》，《满洲日报》1906年1月11日，第5版。

表4-1　《论吉林木植》中的木植分类和应用

吉林省林木种类	应用
赤白松	可以为箱匣棹几，而亦可以为棺
核它楸	其皮可以束物
黄花松	不雕而雕之栋梁
桦木	皮可以为弓，干可为箭杆，老鹳眼可为枪柄
粗榆	车轴、辋
黄榆	车辕
青刚柳	车辅
色木	油坊榨机一切木屑等具用之最宜
柠筋子	油坊榨机一切木屑等具用之最宜
水冬瓜	砚
爆马子	棺
椴木	其皮可以沤麻，家榆可作车头铺道路
果松	可为梁栋、作墙壁、为棺、为椽
杉松	可为梁栋、作墙壁、为棺、为椽
暖木	杖
油松	棺
杏梨	香料
柞树	其叶可饲蚕，结子名橡，可以备荒，可以养猪

资料来源：《论吉林木植》，《满洲日报》1906年1月11日，第5版。

第二节　吉林全省林业总局与官山森林的国有化

吉林省森林以长白山支脉张广才岭、老爷岭以及哈尔滨一带为茂盛。吉林境内森林分为长白山和小白山两系。1912年吉林全省农务总会统计，"吉林府界内共有天产森林二十四处，五常府十一处，宾州府七十五处，依兰府十四处，密山府十处，宁安府十七处，额穆县七处，舒兰县十二处，方正县十八处"。①

---

① 《吉林农务总会为拟遵章整顿林业事宜的移文及劝业道的复函》（1912年8月1日），吉林省档案馆藏吉林全省农务总会档案，J018-03-0018。以下档案号以J开头者，馆藏地同此，不另注。

清朝前期，中央政府为规范东北地区的伐木行为，已经开始在吉林实行木税制度，但最初开设的征税地点很少，年入税银仅有几百两。[①] 至 1747 年时，宁古塔将军移驻吉林，吉林厅设立之后才正式设专官征收木税。[②] 1878 年，吉林将军铭安奏设烟酒木税总局，吉林木税又脱离吉林厅，改由吉林烟酒木税总局征收。总局在伊通河、岔路河、双阳河、法特哈门四处设立分局，局内员司由吉林将军委员随时选派，并无固定人员，木税税额定为银 3700 两。[③] 此后，该局烟酒税额虽历经变动，但木税税额大致保持不变，这就表明木税征收在当时吉林省的烟酒木税制度中并不占主要地位。然而随着东北森林砍伐的增加，木税的实际收入在地方财税中所占的比重有了很大提升，于是便凸显了制度与实际之间的矛盾。

对此，时为齐齐哈尔副都统程德全幕僚的徐鼐霖体会深刻，他在替程德全拟给署理吉林将军富顺的信中说："查庚子以前，吉江各设税局，商民实苦，重征即乱。后江省停止，而哈局、新甸、三姓各局，各顾考成，尽力搜征。加以宾州厅、长寿县又出而沿江查收，商民更无所适从，外人亦从而饶舌，于政体大有关碍。"这反映出庚子年以后吉林、黑龙江两地的木税征收已经紊乱，地方衙署在以往的木税征收之外更自行其是，加征摊派，商民苦不堪言。因而，他建议署理吉林将军富顺协同统计吉林、黑龙江两省的木税征收数额，"除局费外，一吉一江，各分其半，更觉厘然一清。至于山货皮张各税，亦着经征委员两省一律通报"，[④] 从而通过简并征收的方式来增加两省省府的财权。

然而，徐鼐霖的简税办法主要针对地方木税的征收紊乱问题，其效果只是在稍收地方财权的基础上暂时缓解吉林和黑龙江省府的财政问题，并不能从根本上解决两省在森林开发方面所面临的现实困难。如前所述，这种策略针对的主要是本国商民，基本不涉及外国商人。漠河金厂督理刘道焌即在给程德全的信中说，"观音山沿江一带大木被俄人砍伐无余，年来由

---

① 刘志凡等编著《吉林省志》卷 30《财政志》，吉林人民出版社，1993，第 106 页。

② 南满洲铁道株式会社编《吉林省之林业》，汤尔和译，商务印书馆，1930，第 67 页。

③ 孟东风、潘景隆等整理《吉林新志·吉林公署政书》，吉林文史出版社，1991，第 87 页。

④ 《致富润之留守论江关税务》，载夏润生等编注《徐鼐霖集》，吉林文史出版社，1989，第 172 页。本节涉及的程德全书信公函多数出自其幕僚徐鼐霖执笔，但应得到程的肯定，且官方交涉以幕主署名，本书为还原当时官方往还的语境，部分叙述中将程德全作为书信作者。

近及远，入山渐深。而对江俄境，森林茂美，大木丛集，彼反置不伐，仍复络绎过界伐我之木"，但清朝地方官吏对此亦无可奈何。针对刘道煊"抑或向彼酌商，俄境沿江之木，亦准华民过界砍伐，如数纳税，借资抵制"的建议，程德全在给东三省总督徐世昌的信中明白道出其在执行上的困难："至论俄境沿江之木，拟向彼商明，亦准华民砍伐，尤觉势难作到。边事日棘，强邻几反客为主，若能令华民过界砍伐俄木，何如令俄民不越界砍伐我之木，所谓言之易而行之难。且该道所见江左林木阴翳者，想指观音山对面而言，然沿江二千余里，此外江左并无树木，该道往来一周，于情形尚未尽悉。第为保我利权起见，其宗旨则确切不易。"而程德全则认为，"为今之计，惟我实行森林警察，暂就瑷珲已行之二十一条，严订警章，不少假借。按定税则，加意稽察"，留待日后"改设道员，划清疆界，或再立约"，才可以挽回利权。① 不难看出，刘道煊与程德全的主张实际体现了两种不同的解决之道，前者依靠商民自主，后者仰赖官方的监督，具体到当时而言，恐怕均有其一部分的作用。但程德全对刘道煊的驳对则反映出通过设立官方机构来挽救森林利权已经成为东北地方官吏的一种现实考量。

与此同时，森林业可以为官司衙署提供利益也逐渐成为朝廷和地方官员的共识，亟须添设新式官方机构来加以规范引导，进而抽取利润，弥补亏空。1903 年 6 月，毗邻吉林省白城的扎萨克图蒙荒行局即向盛京将军呈请，与华昌源执事人张廷奎开设官商合办的木植公司，以解决该地区缺少木植可购的问题，"本银官一商二，初在一万五千两，不取官息，不责报效，获利按本勾劈，三年各归各本"。② 具体经营方面则由该商人经理，分赴吉林新城和黑龙江西大岭公王各旗之北山采买木植，"或由松花江运至新城，再截成材料装船，由洮尔河上运，或由北山顺洮尔河散放，皆集于双流镇城东河口，由卑局派一专员勾稽木价，督查销售，冬令则以车装运"。在该局员司看来，这样做"则材木不可胜用，既以杜外人之觊觎，开吾民之风气，且有木则建衙署不致为难，即有运木之利，而建修衙署亦不烦另费。三年之后清帐归本，如果获利能敷修署之用，固属甚佳，倘稍有不足，

---

① 《致徐菊人督部论越界伐木等事》，载夏润生等编注《徐萧霖集》，第 331 页。
② 《谕饬商人张廷奎拟定合办木植章程暨订立合同等情由》，载张文喜等整理《蒙荒案卷》，吉林文史出版社，1990，第 174 页。

亦动用公款无多。万一事有意外，彻底计算，即未能获利，似亦不至亏本"。① 其中所谓"敷修署之用"和"动用公款无多"既明白说出该局倡议官商合办木植公司的动机，也反映出该局运作过程中经费支绌的状况。

随着新政的推行，中央对东三省的关注度也有所提高。1905 年，商部尚书载振等人上书朝廷，奏请振兴东三省商务。载振等人认为，"东三省地大物博，土产富饶，只以从前民智未开，以致实业不兴，商务遂行阻滞"，但他们详细调查后发现，东三省在农业、矿业、盐政、林业、渔业等多方面均有丰厚利益，"其余一切地利所生、人工所制者，倘能逐项设立公司，由地方官广为提倡，实力经营，数年之后，不难渐臻富庶"。② 这番呈请得到认可，清廷转而谕令商部和外务部会同北洋大臣袁世凯与盛京将军赵尔巽，统筹实业振兴办法，由此揭开了东三省开办实业的新局面。

在这一背景下，1906 年 11 月，吉林分省试用道文禄等人首先向吉林将军衙门禀称兴办林业的重要性，他们指出，在日俄交并"倚势欺凌"的情况下，"不第木商受害，实业者不可枚举，即国课亦因之减收。且吉省已开商埠，将来各国官商云集，木植销路必旺，若非早立限制，恐利源不清，将来利益难保"。③ 继文禄等人提倡设立林业公司后，1907 年 9 月，吉林省交涉总局总理宋春鳌又向吉林将军禀请设立林业总局，宋春鳌在其禀文中说：

> 窃维吉林省地处边陲，扶舆磅礴之气，发之于物，故轮囷之材触处皆是，实为环球所仅见。查吉省东南之长白山，绵亘二千余里，至东南之三姓，茂林峻岭，地广人稀。每于夏秋之交，胡匪藏聚，缉捕维艰。虽有本地木帮砍伐木植，然皆资力薄脆，既困于山路之崎岖，复困于江流之涸竭，更困于胡匪之扰乱，往往纵斧入山，经年不返，故

---

① 《呈为官商合办木植请示祗遵由》，载张文喜等整理《蒙荒案卷》，第 173 页。
② 《商部尚书载振等奏为振兴东三省商务请饬妥筹推广通商办法事》（光绪三十一年八月十七日），中国第一历史档案馆藏军机处录副奏折，03-7132-016，转引自郝英明等《清末东三省林业的管理及近代林业的萌芽》，《北京林业大学学报》2011 年第 3 期，第 11 页。
③ 《民政部为分省试用道文禄等禀请拟在吉林设立林业公司事给吉林将军的咨文》（光绪三十二年十月十二日），吉林行省文案处档案，J066-05-0050。

真正殷实之资本家，罕有为此。其业此者，皆久充把头，山径狎熟，呼朋啸侣，贷米入山，以博什一之利，此林业所以不振也。前数年俄人在省之东北沿铁路一带，经营木植，获利极厚，现商埠将开，各国人士纷至沓来，借游历为名，实系查访利益。吉林最大产业无过于木植一宗，徒以吉省薄弱不振之木商，受强硬外人之觊觎，公家若不亟筹善策，及时抵制，不但坐失美利，而边围之患更不知何所底止。现经职道调查，拟先从吉林府属之土山、五常厅属之四合川两处入手，设立林业总、分局，广招木帮入山，趁时兴工，搭盖窝棚，砍伐丛木，开通道路，陆续运售，如此则渐推渐广。不第利源可保，盗亦难藏，而所出山川地土仍宜随时查看，如有矿苗可采，则禀报开之；平川沃壤之地，则招佃垦之。将来人烟辏集，设官分治一气呵成，未始非兴利除害之善策也。①

由上述内容可知，宋春鳌阐述的官办林业总局的必要性大致包含以下三点：吉林的森林是一项丰厚的利源，但本地木商资本薄弱，基于客观条件的限制难以进行充分的开发；外国势力对吉林省森林觊觎已久，如果不由官方筹谋善策加以抵制，边患将无休无止；吉林山深林密，为胡匪提供了藏聚的处所，增加了官方缉捕的困难，严重影响地方的治安。除此之外，宋春鳌还指出了林业总局开办后的一些潜在利益，即当时地方政府同样关注的开矿和垦荒，皆可以在林业总局工作的基础上因地制宜地展开，如此则确实可以说是地方上兴利除害的善策了。

吉林行省公署很快就于 10 月 6 日批准了宋春鳌的禀文，并委任他为林业总局的总办，"承充所有创设总分各局事宜"，嘱其"妥当破除情面，慎选妥员呈候酌委，毋得稍染旧习，滥竽充数"，同时还分札永衡官帖局照发宋氏所请的开局经费"官本中钱二百万吊"。吉林行省公署批复特别强调："查从前吉林每兴一事，每营一局，往往任用私人，坐任中饱，毕致虚糜巨款，成效毫无。现当改遵行省之际，正实事求是之际，该道务须妥选在局

---

① 《总理吉林交涉总局兼办吉长铁路事宜花翎二品衔记名海关道宋春鳌谨禀》（光绪三十三年八月十七日），吉林将军衙门档案，J001-33-3165。

各员，洁己奉公，力图实效，本部院大臣有功必赏，有过必罚。"[1] 10 月 17 日，吉林全省林业总局正式启用关防，由吉林分省补用知府张鹏承充林业总局局长一职，下设土山、四合川两个分局，相应移文省内各处查知。四合川分局设于五常厅老东山一带，在干沟子、罗锅桥、珠尔山等八处设立分卡，收取山分，其后又增设五处木厂售卖木植，以钟寿任委办；土山分局设于蛟河，下设蛟河锯厂，以孙淮清为委员。[2] 至此，林业局各项事务陆续开展起来。（见图 4-1）

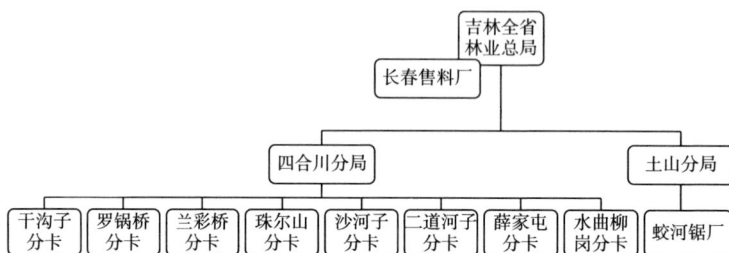

图 4-1　吉林全省林业总局机构设置

第三节　森林国有化视野下的吉林林木
采运、运输与销售

吉林全省林业总局虽然在行省公署的支持下迅速开局，但是它的运作却并非一帆风顺，且在开局伊始就遇到了诸多麻烦。略带讽刺意味的是，该局遇到的首要困难就是宋春鳌在前述禀文中说的本地木商经办林业所不具备的资金问题。先是，宋春鳌在呈交给吉林行省公署的全省林业简明章程中开列出总局所需的人员情形，其中除总办外，需要"另设提调一员，文案一员，总稽核一员，稽查一员，正副收支各一员，庶务一员，管库一员，管厂一员，总食料库、总木植厂各设收发官二员，差遣无定额，其余

---

① 《吉林省批记名海关道宋春鳌奉议创办林业章程开折请示》（光绪三十三年八月二十九日），吉林将军衙门档案，J001-33-3165。

② 《吉林全省林业总局为告启用关防给省内各机关的移文》（光绪三十三年九月十一日），吉林全省林业总局档案，J015-01-0002。

司书、门役等人，试办数月后酌量情形再定人数"。① 但是吉林行省公署在回文中称："吉省经济困难，虽一切端在据〔撙〕节，折开稽查员可以裁减，开办伊始事务较简，额设收支一员足可任使，不必再录副委员名目。此外亦须酌量裁并，免致糜费。"② 针对宋春鳌禀称的"吉省胡匪占山结寨，非有重兵弹压，则分局孤寄贼中，情形岌岌可危。现在先立土山、四合川两局，拟请拨兵三营分扎张广才岭及土山、四合川等处，务使声息相通，庶资镇摄"，③ 省宪也较为消极地回复称："现有防营俱已分布各路驻扎，究竟能否抽调，应候饬由全省营务处察酌情形详议，到日再行饬遵。"④

祸不单行。原本经省宪允准札发的 200 万吊办局经费，在下达到永衡官帖局时也遇到了麻烦。永衡官帖局在给吉林省的禀文中写道：

> 宪札以据林业公司请，由职局拨发官本中钱二百万吊，另即如数随时筹拨，仍将核发日期具报查核等因，札饬到局，职局自应遵札办理。惟官帖局近来出借暨垫放款目繁多，积本已亏，银元付帖向乏来源，谨开具垫占数目，敬请宪台鉴阅。窃自开办起至三十二年底结帐止，共积存成本钱一百三十六万四千八百六十吊零四百三十六文，前曾奉文借拨铁路公司钱一百万吊，又银六万两，按市价约合钱二十四万七千余吊；又借拨本外城商埠公司共钱十五万二千二百六十六吊有零，又借拨营务处枪价银二十六万零四百余两，按市价约合钱一百零七万余吊；又借拨官书局银三万两，按市价约合钱十二万三千余吊；又借拨自治会钱五万吊，共计借拨钱二百六十四万六千余吊。除以积存成本尽数占用外，尚亏空钱一百三十余万吊以上，提用银钱并无以何时归还，亦未示以照章纳利。职局正在焦思无策，现又准自治会移称禀

---

① 《谨将复议创办全省林业简明章程开单恭呈宪鉴》（光绪三十三年八月二十三日），吉林将军衙门档案，J001-33-3165。

② 《吉林省批记名海关道宋春鳌奉议创办林业章程开折请示》（光绪三十三年八月二十九日），吉林将军衙门档案，J001-33-3165。

③ 《谨将复议创办全省林业简明章程开单恭呈宪鉴》（光绪三十三年八月二十三日），吉林将军衙门档案，J001-33-3165。

④ 《吉林省批记名海关道宋春鳌奉议创办林业章程开折请示》（光绪三十三年八月二十九日），吉林将军衙门档案，J001-33-3165。

准续领钱五万吊，因未奉到宪札，又奉文拨付官书局银三千两，尚未准该局具领前来，均未照付。今林业公司虽为吉省切要之事，断难延缓，惟查职局内容，现存银元钱计七百余万吊，而外间行使官帖实有二千八百余万之多，近来银元加利，前商会以帖换取银元数十万，而各署、各营、各学堂日以大宗官帖来取银元，且有强索十成之时。至肩挑贸易贫苦乡民取帖在数千以下者，无不照章应付，刻无宁晷，自顾不遑，何暇兼顾。况林业公司用款为数尤巨，再四思维，惟有据实直陈，可否另筹别款，抑暂由职局稍为借拨，以济急需，应饬该公司速为归还之处，禀请宪台鉴核施行。①

力行变革而财不敷用确实是清末新政在地方上普遍存在的现象，永衡官帖局言明的上述情形不仅有着代表性，更具有长期性，这也为吉林全省林业总局这类新式官办机构的未来埋下了隐患。经过一番周折之后，永衡官帖局终于答应先拨中钱 50 万吊给林业总局"以资经始"，② 吉林全省林业总局才得以顺利运行。

同年，吉林全省林业总局发布《创办全省林业简明章程》，对官民木把、山分照费、森林分区和护养之法进行了重新规划。根据章程，吉林省木把被分为官、商两类，官办木把入山砍木所需食物款项均由林业总局筹垫，但其具体花费则在将来从他们的工资中扣除。木把入山后由把头管理，把头由总工头管理，工头和把头归林业分局委员节制，所伐木植统一运至林业总局贮木场点交。商办木把入山砍木，则须先将"拟砍方里四至处所、木工人数"等向林业总局汇报，缴纳执照费，待领取执照后才可以前往拟定地点伐木。如果有商办木把想要投充官办，则需要殷实商号提供保证书，经总局核对后决定是否准用。③

山林照费方面，由于吉林全省林业总局与烟酒木税局存在功能重叠的

---

① 《永衡官帖局谨禀》（光绪三十三年十月二十五日），吉林将军衙门档案，J001-33-1413。

② 《永衡官帖局为申报事》（光绪三十三年十月十一日），吉林将军衙门档案，J001-33-1413。

③ 《为出示创办全省林业章程并一切办法仰商民人等其各凛遵由》（光绪三十三年十月十八日），吉林全省林业总局档案，J015-02-0001。

情形，二者需要重新商明各自的职权。① 烟酒木税局所收税款款项作为充抵吉林行省官衙等处的饷需（烟酒木税总额共 31700 两，其中办公津贴 8000 两，内拨将军银 4000 两、副都统银 2000 两、吉林府知府银 1000 两、珲春副都统银 1000 两②），属于碍难取消之项，林业总局意欲增加收入，也只有重征新税一途。果然，1907 年 11 月，吉林全省林业总局在公布创办全省林业章程的告示中宣布："本总局创办全省林业，先在四合川、土山两处设立分局，业经派员前往，兹奉督宪札发章程五纲十八节，札饬遵照。所有未尽事宜，除由本总局随时禀办外，合将所发章程先行出示晓谕，为此示仰全省商民人等、各把头知悉，嗣后尔等入山砍运木料，宜遵照新章，随缴山分路费，就近在各局缴纳其应完税捐各项。俟木料运出，仍由该商等自报于酒木税局报捐，各不相涉。该商等不得误会推托，致干未便。其各凛遵，切切，特示。"③ 这就意味着，吉林省从事木植业的商民又要负担更多一层的赋税。如此一来，吉林省在林业方面的新政是否会给一般民众带来实惠，尚是未知之数，但新增赋税的压力已然成为既定的事实了。

吉林省森林在清朝历经旗署采贡、荒务局放荒和中东路公司砍伐等多重作业，经营秩序混乱。吉林全省林业总局成立后，接管了原本杂乱无章的森林，将吉林省森林重新划分为禁山、官山和民山三种类型，纳入统一管理。第一，禁山林区仍禁止砍伐。禁山指尚未放荒的产贡山场，其范围以拉法站和意气松站东北为界，包括"由燕尾沟迤北小白石砬山起，向东至张广财岭连派分水岭止"的大片林区，前已由荒地委员盛文瀚设立封堆。④ 由于时隔较久，林业总局在开办分局时再次派人前往分局所在各处禁山测绘立界，勘定禁山界址，以示区别，⑤ 禁山区域仍归退抟站旗人管理。

---

① 《为将现定林业章程抄录移复烟酒木税由》（光绪三十三年十月十八日），吉林全省林业总局档案，J015-02-0001。

② 《东三省总督徐世昌吉林巡抚朱家宝奏划拨烟酒税并木植税款动存数目折》，《政治官报》第335 期，1907 年，第 152 页。

③ 《为出示创办全省林业章程并一切办法仰商民人等其各凛遵由》（光绪三十三年十月十八日），吉林全省林业总局档案，J015-02-0001。

④ 《林业总局为查明退抟站木把头岳凤祥在禁山私砍红松查办的呈文及吉林行省的批文》（光绪三十三年六月初五日），吉林将军衙门档案，J001-33-3369。

⑤ 《吉林全省林业总局为派员到四合川等处所有禁山疆界测绘立界的札文》（光绪三十四年正月初九日），吉林全省林业总局档案，J015-02-0004。

第二，官山林区划自原来禁山以外的无主林区，入官后不再准许任意砍伐。林业总局设立八处分卡抽收山分，规定凡砍伐官木，按"大过梁、改木每根收中钱一吊，椽檩每根收中钱一百文，桦子每根收中钱五十文，木板每寸收中钱八十文"缴纳山分。嗣后，考虑到"本省产木种类繁多，花色不一，如同一过梁尺寸有长短之殊，木质有良楛之异，质料既别，而价值亦多寡不同"，林业总局又重订抽收山分的细节，具体到木材和木料的实际尺寸。[①] 对于从前与俄人缔结条约所划定的中东路沿线专用林区（铁路周围25里以内），局长张鹏表示，铁路沿线已砍伐过半，要求"凡铁路二十五华里以外者，无论官山民山，概不准再发执照"，以杜绝"俄人侵越之谋"和"华商蒙混之弊"。[②] 第三，民山林区准许业主自行砍伐，但所砍林木要照章收税；如果业主没有能力砍伐，要在1908年的前六个月内禀报给林业总局，由林业总局选派官办木把前往砍伐，最终在所得利润中提取三成交还业主。同时，无论官山民山，采伐未成材木植10株以上者，"贫民罚令在山充当木工三月，富民按照大树计值勒缴"。[③] 就管理方式而言，林业总局承认未放荒的产贡禁山界限，设法维护旗人生计来源，同时将放荒后的无序山林划清官民，统一征税。这种做法在一定程度上防止了以往官商的滥砍滥伐行为，但木把无论官办、商办，都将承受新的负担。

表 4-2 《吉林全省林业总局重订抽收各项山分细数章程》的
木植分类及所缴山分

木植类型	尺寸	山分
松木改木	1 丈 5 尺	每根收中钱 1 吊
松木过梁	2 丈 5 尺	每根收中钱 1 吊
松木二过梁	同上	每根收中钱 800 文
杂木过梁	同上	每根收中钱 200 文

---

① 《吉林行省为林业总局呈将重订抽收各项山分细数的批文》（光绪三十四年十二月初一日），吉林将军衙门档案，J001-33-4593。
② 《吉林行省为林业局长张守鹏前赴哈尔滨、天津调查林业设局运销的札文》（光绪三十四年四月初八日），吉林将军衙门档案，J001-34-5479。
③ 《为出示创办全省林业章程并一切办法仰商民人等其各凛遵由》（光绪三十三年十月十八日），吉林全省林业总局档案，J015-02-0001。

续表

木植类型	尺寸	山分
松木平橛子	7 尺 5 寸	每根收中钱 1 吊
松木长条	2 丈 5 尺	每根收中钱 600 文
松木二柁	1 丈 2 尺	每根收中钱 400 文
松木柱脚	同上	每根收中钱 200 文
松木檩子	同上	每根收中钱 120 文
松木鸠	同上	每根收中钱 80 文
杂木鸠	无尺寸	每根收中钱 40 文
松木大椽	1 丈 5 尺	每根收中钱 60 文
松木二椽	同上	每根收中钱 40 文
松木三椽	同上	每根收中钱 20 文
杂木椽子	无尺寸	每根收中钱 20 文
松木塔板	1 丈 2 尺	每根收中钱 100 文
松木柁板	2 丈 5 尺	每根收中钱 200 文
松木改木板	1 丈 5 尺	每根收中钱 200 文
松木吞板	7 尺 5 寸	每根收中钱 80 文
松木标板	同上	每根收中钱 60 文
赤白松料子板	无尺寸	每付 4 吊
抱马子料子板	同上	每付 2 吊
松木料子板	同上	每付 1 吊
松木料子板	同上	每根收中钱 800 文
松木油箱板	同上	每根收中钱 120 文
松木柜套板	5 尺 2 寸	每根收中钱 200 文
车头	无尺寸	每根收中钱 30 文
车辕子	同上	每根收中钱 200 文
车杂隔子	同上	每根收中钱 80 文
油柞梃	同上	每根收中钱 2 吊
木桦子	同上	每根收中钱 50 文

资料来源:《吉林行省为林业总局呈将重订抽收各项山分细数的批文》(光绪三十四年十二月初一日),吉林将军衙门档案,J001-33-4593。

1908 年 2 月,林业总局总理宋春鳌因经手"吉长铁路公司款项料物糅杂繁重",需亲自前往点验,难以再行兼顾林业总局的差事,于是呈请将林业总局事宜统归吉林省劝业道督率，具体工作则由局长张鹏一手经理，"以一事权而重职务"，并在稍后获得吉林省宪的批准。① 随后，林业总局的关防移送劝业道接管。这项决定对当时的林业总局而言，其实是消极的。虽然林业总局此时制定了正式的办事规则，经营运作也渐入常轨，但由于它不能自由地调用关防，而劝业道督理全省实业又事务繁多，林业总局很难再由官方途径获得专款专用的权限。因此，在运行一段时间之后，它的资金薄弱问题就明显地暴露出来。由于对市场预估有误，吉林省埠木材又行销有限，筹运出口更受制于交通和技术，林业总局的官砍木植面临严重的滞销问题。

近代华北地区的木材中转以天津为主要集散地，吉林木植的质量虽为津商所公认，但天津市场长期被奉天鸭绿江木植占据，吉木难以竞争。而上海及江浙木商限于习惯，也对吉林木植少有问津。1907 年 6 月，吉林全省林业总局委员毛昌嗣前往上海调查江浙两省的木材贸易情形，称"吉省森林翁郁，所产之木既多且良，惟方隅所限，本省既无人运往销售，南省木商习于所便，更无人来此问津"。② 为拓展利源，1908 年 2 月林业总局局长张鹏主管各项工作后，开始尝试在珲春办理木植出口，以期扩大吉林木植在北方市场的销路。他的方案是，派人在珲春采买木植后出口，由红旗河、图们江入日本海，运销天津以及江浙沪。然而这一尝试受到多重挫折，"始则雇轮失期，未克运出，继则装载之时，又值兼旬风雨"，结果 1908 年6 月吉林木植从珲春运出，到达天津时已经是一年后（1909 年 6 月），运费高昂导致生意亏本。且又因从图们江入海涉及与朝俄交涉，程序繁杂，只得作罢。张鹏观察到，庚子事变后天津港进口木材已大多购自日美，运往天津的东北木材不断减少，因此只能加强在东三省内部拓宽吉木销路。③ 当时吉木的消费市场主要分布于哈尔滨、呼兰以及长春，四合川分局在哈埠设木厂，将存木销往哈尔滨和呼兰；土山分局则将木植运往长春设厂销售，

---

① 《吉林行省为林业总局总理宋春鳌呈将总局关防移送劝业道接管的札批文》（光绪三十四年正月三十日），吉林将军衙门档案，J001-34-0201。

② 《吉林全省林业总局为派员调查南方省份木商事的札文》（光绪三十三年十一月十三日），吉林全省林业总局档案，J015-01-0002。

③ 《吉林行省为林业总局详报自开办起收支存抵各款及现存木料钱数恳请奏销的批》（宣统元年十二月初七日），吉林将军衙门档案，J001-35-1714。

部分木植也通过红旗河口向外发出。考虑到"以本省所产复尽数售诸本省，既涉与民争利之嫌"，1909 年 3 月，张鹏向劝业道提出申请，请求指定林业总局为吉林省官方建筑工程唯一木料供应方，"凡属官工，无论自行建筑或为商人包修，一切木料均向卑局按照行市平价购买，利源不至外溢"，这样既能拓展官木销路，也为民间木材交易留下空间，得到劝业道批准。①

吉林省林业总局经营的木植种类多样。按品种分，主要有果松（又名红松）、杉松、黄花松和杂木；按用途分，有建材类（包括椽、檩、过梁、改木、墩子、柱脚）、电杆类和锯木类。根据 1908 年林业总局"收售木植细数清册"可知，林业局的官木主要供应吉林和奉天两省的本地官方建筑工程，买方包括华兴公司、文庙工程处、奉天银元局、谘议局、长春陆军第三镇、官窑、电灯公司，以及私人张姓工匠、刘景明、奎升、颜松春等。1908 年，吉林全省林业总局共售出电线杆 3645 根、锯木 6696 根和建材1445 根（电线杆和建材的销售情况见表 4-3）。

表 4-3　1908 年吉林全省林业总局出售木植情况

单位：根

买方	售出木材品种类型	数量
华兴公司	果松旧大梁	448
	果松旧二过梁	448
	果松旧大改木	7
	果松旧小改木	4
	果松长条	164
	杉松大过梁	2
	杉松二过梁	16
张姓工匠	果松新大梁	15
	果松顶上新二过梁	47
	果松新二过梁	3
	三丈果松二过梁	18
刘景明	果松新小改木	1

① 《吉林劝业道为以后一切官工所需木料由林业总局购用事宜的详文及行省札文》（宣统元年二月二十八日），吉林省劝业道档案，J010-02-0213。

续表

买方	售出木材品种类型	数量
奎升	果松二过梁	1
	果松长条	4
江南锯木厂	果松长条	25
颜松春	果松旧大梁	1
文庙工程处	五丈二尺果松大木	11
	四丈三尺果松大木	21
	果松新大梁	17
	果松新二过梁	192
奉天银元局	二丈九尺长黄花松电杆	900
谘议局	二丈九尺长黄花松电杆	12
长春陆军第三镇	二丈九尺长黄花松电杆	4
	二丈二尺长黄花松电杆	1618
官窑	二丈二尺长黄花松电杆	6
电灯公司	二丈九尺长黄花松电杆	1105

资料来源：《林业总局为收购商木并送价值数目清册的详申及吉林行省的批》（光绪三十四年十二月十七日），吉林将军衙门档案，J001-34-2644。

　　基于经济上的压力，木把与林业总局办事员之间的矛盾时有发生，但吉林省府和林业总局在事件的处理上并不是一味偏向官方，这一点从他们对一起罗生门式的官民纠纷的处理可窥一斑。1908 年 1 月前后，林业总局接到投诉称，该局土山分局查厂员邓鸿钧在查勘山场时所带的差弁赵仁到处怂恿木把头预备公款，私下敛钱，邓氏不仅不加制止，反而饬令各把头为官办木把代派赏钱，并承担其办事期间的伙食费用 300 余吊。然据邓鸿钧在吉林提法司的供述，他在查勘山场时的饮食花销已由土山分局委员孙淮清派人代备，并面告为其一人使用，"其余勇役人等，概由把头供应"。事后，他在向孙淮清报告调查情形时也把饮食的状况逐一告知，但并未收到任何反馈。至于把头开列的具体花销，他认为"多浮冒不实"，而对其差弁赵仁要求把头代出木把赏钱则实不知情。这一供述在赵仁的口中得到部分证实，但他并不承认自己曾向把头们敛钱需索。①

---

① 《署吉林提法使司提法使详明土山分局查厂员邓鸿钧等下乡骚扰一案督员讯明分别拟结书册》（光绪三十四年四月初二日），吉林将军衙门档案，J001-33-0281。

124

从法理上说，当案犯各执一词而又缺乏具体人证、物证之时，案件不应就此定谳。但是，林业总局顾全自身声誉，在其给提法司的呈请中指出，该员"今行若此，实属不知自爱，有玷全局名誉，决难稍示姑容"，并请求将孙淮清连带治以失察之罪。① 这就导致案件的判决完全转向了惩处邓鸿钧等人的方向。1908 年 5 月，吉林提法使以邓鸿钧"听任把头供应食用"和对"巡弁赵仁私令把头代赏钱文毫无觉察"为由，判令将其驱逐回籍，不准在吉林逗留；赵仁虽被认为没有怂恿把头预备公款，但仍被以"私令把头代赏钱文，并不禀知委员"的理由，治以"借端招摇"之罪，"拟杖八十，折罚工作四十日"，原已剥夺的巡弁之职不再恢复。② 后因赵仁情愿照章罚银十两，又取消其原定处罚，罚银拨归习艺所作为办公经费。③

在上述案件中，木把和把头始终都未作为当事人接受讯问，而是由被告所属的林业总局出首了其职员的罪责，这体现了此案的特殊之处。事实上，在本案之中，木把和把头与林业总局职员之间的矛盾才是纠纷的关键所在，林业总局为向外界显示其清白，反倒成了被告的对手方，其中情由自然引人思考。基于林业总局经费短缺的事实，邓鸿钧供述中所谓分局委员孙淮清告知其勇役人等"概由把头供应"，恐怕也并不只是一面之词。当年 1 月，林业总局即以"四合川、土山等处设局砍木，现当冬令吃紧之际"为由，再度向官帖局借款 100 万吊，表明林业总局在用款方面确实存在左支右绌的问题。然而，经过此案的判决，相关"责任人"受到了惩处，木把与林业总局之间的经济矛盾暂时被掩盖下来。此后，在山分款项的支持下，林业总局的经营一度颇具声色，甚至还可以从中拨出一定的钱款接济本省的其他实业。

第四节　吉林全省林业总局的问题与倒闭

在吉林全省林业总局的经营逐渐步入正轨后，一系列问题便随之而来。

---

① 《吉林全省林业总局为土山分局查厂员在乡骚扰追查撤委事的移文》（光绪三十四年正月二十三日），吉林全省林业总局档案，J015-01-0023。

② 《署吉林提法使司提法使详明土山分局查厂员邓鸿钧等下乡骚扰一案督员讯明分别拟结书册》（光绪三十四年四月初二日），吉林将军衙门档案，J001-33-0281。

③ 《署吉林提法使司提法使为申复事》（光绪三十四年正月二十四日），吉林全省林业总局档案，J015-01-0023。

首先是林业总局获得的利润引起了一些人的觊觎。1907 年 12 月，赋闲在家的补用守备兵部差官宋连升向吉林省禀称，他曾经前署理吉林将军达馨山委派探查南山一带矿务，"就道遍处勘验侦查数月，耗费不赀，始觅得南山煤矿一处，借钱佃办，招工开作，虽则出煤畅旺，怎耐集股甚难"，最终财力枯竭，"迄今三载债累数千"。紧接着，他又提出，"职久在南山游览，深悉各处地利，查有江西照大鸡、阿拉烘两处木植畅茂，皆系长材"，而根据附近居民的说法，照大鸡"每逢夏令，盗匪隐集林中，时出抢劫之案，官队剿捕尤难，居民恒遭其害"，因此"伊等甘作把头，将该处森林伐尽，变价归官，以免窝聚盗匪"，自己更愿意身负其责，"暂租旅舍设局"，等待款项充裕之后再酌修局卡。[①] 但是，林业总局显然不愿意一个负债累累的人经办局事，因而总理宋春鳌以"同宗规避嫌疑"为由拒绝了他的请求，吉林省对此亦不置可否，只是札谕林业总局查勘照大鸡、阿拉烘两处林业情形，"随时具报"，[②] 便再无下文。

林业总局面临的第二大问题仍然是木材运销困难。除了运输条件恶劣外，所砍木材滞销还有一层主观上的原因，即该局初办，雇用的木把在砍伐木植方面多有生疏，导致官营木植的成本提升，其市价不仅高于外商的木植，甚至还要高于同省的商营木植，这就更加深了其销售的危机。然而，在这种情况下，林业总局为照顾官本，减轻其木植积存的压力，又大量买进商木，"统计购妥棵松、杉松大过梁、改木、墩子、长条、椽檩、柱脚、电杆各种大小木植一万九千七百四十五根，此外尚有板片二百数十块，共用吉钱二十八万四千五百六十八吊三百八十文"，并且自认为，"以尺寸大小、材料良楛平均核计，较之自行砍运，尚觉核算，而于各木把不但毫无所损，且得借苏其困，官民两便，莫善于斯。明春木价如能稍涨，则余利之获可操左券"。[③] 然而木植行情未必会朝着官方的预期发展，林业总局在罔顾市场行情的前提下大量买进木植，难免作茧自缚。

林业总局面临的困难之三，是夏季洪水冲失木植以及围绕赎回漂流木

---

① 《卑职宋连升谨禀》（光绪三十三年十一月初八日），吉林将军衙门档案，J001-33-3144。

② 《札谕林业总局》（光绪三十三年十一月十三日），吉林将军衙门档案，J001-33-3144。

③ 《林业总局详为遵饬收购商木并用过价值数目缘由》（光绪三十四年十二月二十三日），吉林将军衙门档案，J001-34-2644。

的旗民纠葛。内河河运是吉林木植运输的主要方式，而河流洪灾或冻结则是吉木运输的主要障碍。1907~1911年，每年夏季都会暴发洪水，冲失木排，造成木把间的纠纷和交涉。新政开始以后，旗民被迫自谋生计，因此而失业的比比皆是，其中不少人便借故霸占林业总局的漂流木排，并锯成新板进行掩饰，"各屯民锯断藏匿者、霸占不交者有之，种种把持，不能枚举"，甚至在林业总局护兵查获后亦不惜暴力相抗。碍于他们的旗籍身份，林业总局在多数情况下也无可奈何。1908年6月，林业总局遭遇成立后的第一次松花江洪水。大水冲失了林业总局所存木植55900根、板片21000块。大量木植顺水漂流后积于田地之中，被旗民纳为己有。在找寻赎买漂流木的过程中，林业总局官员多次与旗人和民人发生冲突，如1908年6月乌拉协镶蓝旗人王双喜，为霸占木植手持木棍殴伤林业总局护兵。[1] 民人霸占官木，一经报官送审，民人必须包赔木价；而旗人则碍于身份必须交由旗务处处理，旗务处和乌拉翼（协）领衙门则往往偏袒旗人。林业总局虽然通过赎买共找回木植28700根、板片6400块，花费171400余吊钱，但其总亏损达到997607吊884文。[2]

　　1909年7月，松花江流域暴雨成灾，江水陡涨，林业总局在江边积存的木植皆被冲失，隶属于林业总局的火锯厂、官窑厂的房屋、器具等也被洪水损毁。根据官方事后统计，总、分三局共"冲毁大号木植两万七千二百余根，核计木本及火锯厂房屋、器具等项，查照购造原价，共合吉钱七十万零七千零四十八五千零四文"，该局创办的官窑厂也因雨水浸灌而坍塌，"值钱七万四千三百零七千二百二十一文"，[3] 林业总局因此元气大伤。此后不久，木价腾贵，林业总局反而处于无木可售的境地。而当林业总局派人寻回木植的时候，"其尺寸较大、材料良美者大都为沿江居民及有势力

① 《吉林全省林业总局为旗民霸占木植砍伤把头等情的详文》（宣统元年六月三十日），吉林全省林业总局档案，J015-02-0028。
② 《吉林行省为林业总局详报自开办起收支存抵各款及现存木植钱数恳请奏销的批》（宣统元年十二月初七日），吉林将军衙门档案，J001-35-1714。
③ 《清朝续文献通考》卷382《实业五》，郑毅主编《东北农业经济史料集成》（二），吉林文史出版社，2005，第307页。

之家选择锯卖"，该局收回的多数为次等木植。[①] 与此同时，冲失木植所在区域的乌拉协领又向全省旗务处起诉林业总局，称沿途因洪水流离失所的"灾民"正需要借出售木植"稍济衣食"，如果任由林业总局派员收回，则"民有啼饥号寒之苦"，因而请求准予免缴。[②] 林业总局只好按照木价进行抽赎，但在木植赎回之后又兼"天寒地冻停工，购料者稀少"，木价再次回落，林业总局从此一蹶不振。

1911 年 9 月，在清王朝行将颠覆的前夕，无力维持经营的林业总局向吉林省申请撤局停支。时任护理局长的蔡祖年在其呈文中说：

> 窃查本局总分局厂余存木料扫数点交商人汇销，业经取具合同保帖，先后呈报在案。其各处未结案件前经分别移催，不日当可拟结。此外一切款目亦经逐渐清理，均有端绪，自应克日收束，以免虚存局面，坐耗公款。现定于本月二十日为撤局停支之期，先将关防缴送劝业道署，其有未完事件即归并道署办理。土山分局铃记早经缴存总局，兹一并呈缴。至驻哈四合川分局已于闰六月十五日裁撤截支，呈报有案，原领铃记尚未据缴到局，前已函饬赶速缴送，一俟送到再行缴呈。除将林业总局木质关防一颗、土山分局铃记一颗先派文案司事章首渔送交劝业道署收存外，所有拟定撤局停支暨呈缴关防答呈各缘由，理合备文，呈请宪台鉴核。[③]

至此，这一在开局之初曾被寄予厚望的林业机构最终结束了其经营的历程。

小　结

纵观吉林全省林业总局始末情形，其创办的初衷在于充分利用本省丰

---

①　《林业总局为册报自光绪三十三年九月开办起至本年十月底止收支存抵各款并估计现存木料钱数恳请奏销事由》（宣统二年十二月初三日），吉林将军衙门档案，J001-35-1714。

②　《劝业道移乌拉所详林业局查找木植借端扰民请出示免查一案奉批应毋庸议由》（宣统二年十二月二十四日），吉林全省旗务处档案，J049-05-0226。

③　《吉林林业总局为报撤局停支日期的呈文及吉林行省批文》（宣统三年七月二十一日），吉林将军衙门档案，J001-37-0174。

富的森林资源，来发展中国自己的森林事业，亦是对此前中国林业缺乏官方监管而遭受日俄侵凌的一种回应。但是林业总局在实践的层面上缺乏专业的管理人才，又延续了以往的木植砍伐方式，并且与民争利，导致民间对其心存怨怼，影响了其实际行政效率。从资金的角度来看，林业总局主要靠官款的支持才艰难地立稳脚跟，其经营的思路也基本没有脱却官方的考量，在操办不力的情况下仍然大事铺张，削弱了自身抗御风险的能力，从而在一场突如其来的水灾影响下步入没落。

另一方面，吉林全省林业总局从开办到关闭的过程又具有当时中国实业的一些普遍特点。一位山西林业学堂毕业的学生在受林业总局委托调查延吉厅森林时就说，"我国现在财政支绌，林政之人员亦缺，若将延吉之森林一齐开办，需款必巨，用人必多，人钱两缺之虞在所难免"，因而建议将延吉厅森林分为数区，择一试办，等办有成效之后再加以扩充，"以图全功"。① 但是，在日俄相继染指、肆意侵伐之下，留给中国发展自己民族林业的空间又所余无多了。民国初年，魏声和在乘舟泛行混同江时就观察到，江上行驶的俄轮"无一非以爨薪代石炭，而取给吾土"，致使"沿岸森林垂垂尽矣"；而行至俄境，"则林木蔚然，四山浓绿，不但天然林特施保护，且造林区亦正发达"，他因此发出"诚恐我北满自古留遗之良产，不及数年，欲寻所谓'窝集'之胜，概渺难再见"的喟叹。②

需要指出的是，东北地区在林业开发方面的技术劣势直至民国时期也没有得到很好改善。根据新华社的报道，大兴安岭林区直至 1956 年 8 月才首次使用动力锯伐木，在此之前，伐木工人最初使用"笨重的大条锯采伐，又费劲，效率又低；以后开始用轻便的弯把子锯采伐，但仍然是手工业"。③由此可见，东北森林开发的落后局面不是清末一时的问题；至于在林业上更上一层的生态保护，则又是值得当政者长远思虑的事情了。

清季东北森林的开发和利用在近代中国林业发展的历程中占据着相当

---

① 《呈委赴延吉厅一带调查森林员、山西林学毕业生李维楫为条陈事》（宣统元年正月十八日），吉林将军衙门档案，J001-35-2080。
② 魏声和：《鸡林旧闻录》，参见李澍田主编《吉林地志·鸡林旧闻录·吉林乡土志》，第 38 页。
③ 《大兴安岭林区首次使用动力锯伐木》，《新华社新闻稿》第 2276 期，1956 年 8 月 30 日，第 22~23 页。

重要的地位，其中形成的许多思想观念和行为准则都深刻影响了此后中国林业的发展趋向。这一时期东北森林的开发和利用也是清季中国诸多社会矛盾的焦点之一，中国与列强、中央与地方、国家与社会、满与汉之间关系的纵横交错，最终影响了东北林业的现实发展。虽然在一系列偶然和必然的原因之下，吉林全省林业总局的运行停止了，但从新政的角度来看，吉林全省林业总局的创办和运行并不完全是失败的。它设定的规则和经办的事情仍继续影响民国时期的林业发展，成为一个新的开端。

从吉林全省林业总局的案例中我们不难发现，从林业知识到机构的转型是一个不可逆的过程。林业作为传统知识视野中农业的附属，开始在近代成为经济和政治上的重大问题。尤其在东北，在一个近一半土地面积都为林地的空间里，清朝留下的制度遗产（如围场、贡山、果子楼等）都被林业总局这样一种新的国家机构所接收，在交接的过程中，存在新旧制度下不同依附人群对生存空间和物质资源的争夺和纠葛。吉林全省林业总局的发展过程，充分展现了清末新政在地方上各种矛盾的交汇和复杂面向。

清末新政开始后，出于维护自身利益和增加财政收入的需要，清政府先后于 1907 年和 1908 年与沙俄重新修订了吉林省和黑龙江省的伐木合同，将以往丧失的森林主权"或争回什之八九"。[①] 从吉林全省林业总局的筹办过程来看，它的创建亦带有与洋人争夺利源的思想，这不仅表明清政府已经有意识地采取多种手段来制衡沙俄等国对中国林业权益的侵害，也体现了近代民族主义思想在林业领域的影响。不过事实证明，吉林省的林业政策和发展构绘在具体实践中并不理想，起码没有能够实现政府最初设想的效果。其中的原因有很多，但关键因素恐怕仍然在于清季中国东北的特殊时代环境。在当时错综复杂的地缘状况下，如何通过平衡各方力量来维持林业总局的正常运作，原本已是一件难事，更遑论尽最大的可能去获得经济效益！颇为遗憾的是，当时无论中央还是地方的掌权人对此都没有一个比较清醒的认知，或者已是为形势所迫而不愿去知了。

从清末东北甚至是吉林一省的社会经济发展状况来看，吉林省的森林开发和利用并没有占据特别重要的位置，很多时候林业总局的计划推行还

---

① 徐世昌等纂《东三省政略》卷 3《交涉·森林交涉篇二十七》，第 533 页。

需要借助其他多个部门的相互配合。部门之间的公文往来、交涉争执等，都在一定程度上延缓甚至延误了其林业发展计划，造成了一些潜在的损失。然而，由于林业总局的半官办性质，这些损失很少被计算在正常的经营范围之内，积微成著以后便再也难以有效地挽回。

与此同时，吉林全省林业总局的运作过程还暴露了满汉矛盾在当时当地的一些具体情况。清末新政以前，东北地区的旗人原由东三省设在各地的驻防供养，即便如此，仍有不少旗人因"生齿滋繁，衣食难窘"；新政开始后，清政府下令旗人自谋生计，针对东北地区旗人的过渡办法是，在其驻防原有马厂、庄田各产业的基础上，"妥拟章程，分划区域，计口授地，责令耕种"。这种措施看似明智，亦不乏化除满汉畛域的用心，却忽视了当地的实际情况。吉林省调查旗务处即在实地调查中发现了一些问题，其在上呈的禀文中说：

> 伏查各省驻防马厂、庄田，当以边省为最多。分驻之始，率皆竞尚武功，暗于农事。马厂则视为牧场，庄田则造成佃产。迨将马厂招垦，则新田蓄亩无非民力，普存旗族则坐耗饷糈，昧于远虑。诚如谕旨所谓，承平既久，习为游惰，不事四民之业者也。况此项田地，承佃者已非一世。岁月既深，竟同永业。一旦夺之归旗，则数万户之佃民必致穷无所归，以羊易牛，相形见绌。想朝廷一视同仁，必不忍偏重一隅也。抑且极塞穷边，时虞伏莽铤而走险，顾虑滋多。至如本无马厂、庄田暨不敷安插之省，准于农隙时各以时价购地。其裁停之饷，用备振兴实业、筑庐置具等需，益见子惠元元，毫无歧视之至意。惟是边疆苦寒之地，尚有余荒，纵不尽蓄畜，而寓垦于兵，犹易着手。至吴、楚、秦、齐、皖、豫、闽、浙、蜀、粤之间，早成人满之患。溢为华侨者，实繁有徒；流徙贸迁者，所在皆是。况近年地价已数倍于往昔，九府帑藏正奇绌于今日，忽为旗人购地，则时价必将骤增。倘严禁居奇，则与以时价分购之旨相违；如任其腾踊，则饬部筹拨之款莫济。且以各省旗籍约计之，当不下数万户。除老弱不胜力役，暨拨习实业者减半计算外，尚有数百万人。纵分岁授田，犹不免却行求前之虑。况小民生计，率以稼穑为性命，偶有典售，亦皆不得已也。兹闻为旗

> 购地之举，必将奔走张皇，重念身家，诡计百出。或变售为典，俾无觉察，或倒题年月，使难究诘。民情如此，官将奈何。揆其衷曲，并非容心抗拒也，亦非特存畛域也，人之常情有如是耳。①

上呈者还特别指出，倘若不能很好地解决旗人生计问题，令"小民无从怨言，满汉和谐"，则不但"吾民之界限未除"，还会使"外间风潮转烈，实为中国隆替之一大关键"。观察此后清末民初满汉关系的发展，这番言辞可以说是不无道理。因为旗人特权的取消，导致许多旗人随之减少或失去生计来源，他们被迫四处谋求活路。具体到清末东北森林的开发和利用问题上，就有不少旗人为了自身生计而与吉林全省林业总局争夺木植利益。1911 年，旗民在水灾之际向吉林全省林业总局勒取收回原本属于该局的木植变价的钱银，更使本已经营支绌的林业总局在资金问题上雪上加霜，最终陷入停业破产的境地。

纵观清末东北森林的开发和利用，清朝的主导者在政策的制定和实施层面已经逐步脱离了清朝前期形成的"封禁"和"围猎"轨道，不断向着现代林业的道路进行转变。与此同时，随着对东北森林的开发和利用，沙俄和日本的势力也得以更多地介入中国东北的地方实业，相应而起的各种力量直接改变了东北在传统时期的政治和社会秩序，由此也揭开了民国时期东北森林开发的新局面。本书第五章将探讨北洋政府推动东三省森林国有化的尝试。那一时期，"国有林"成为新一轮东北林业改革的关键词。

---

① 《吉林省调查旗务处关于奉旨变通旗制另筹旗人生计据情陈请代奏的禀文》（光绪三十三年九月二十日），参见潘景隆、张璇如主编《吉林旗务》，天津古籍出版社，1990，第 2、3 页。

第五章

东三省林务局与民初东北国有林的经营

第一次工业革命后，森林等自然资源的国有化逐渐成为近代国家政治和经济发展中的一个热点议题。一方面，自然资源的国有化是西方列强实现资本主义发展的有力手段，他们通过剥夺原住民的土地和资源权益所建立的自然资源国有制，[①] 极大地增强了各自向全球扩张的能力；另一方面，自然资源的国有化也关系到近代国家国民身份和国家认同的建构，[②] 在很大程度上改变了近代国家的政治、经济和社会结构。美国、日本等国在一些地区推行的天然森林国有化进程即体现了这些问题。[③]

就中国而言，晚清以降频繁发生的内忧外患，更是使森林国有化被赋予了相当重要的内涵和意义。不过，目前学界有关近代中国国有森林历史的研究大多集中在晚清国有土地的丈放和南京国民政府时期的国有林制度，对民初国有林制度的发端和实践则探讨较少。[④] 因此，本章将尝试考察北洋

---

① 美国的国家森林就占用了印第安部落曾经用于季节性狩猎和采集的土地。参见 Theodore Catton, *American Indians and National Forests*（Arizona：University of Arizona Press，2017）。

② 国家对公地和国有森林的分配和管理是环境治理的重要环节，也是一个多族群国家合法性的基础。环境治理在国家建构中承担了重要的形塑角色，超越资源、自然与环境保护运动。参见侯深《变动的环境 变动的国家——美国作为一个环治国家的演化》，《华中师范大学学报》（人文社会科学版）2020 年第 2 期。

③ 关于 19~20 世纪日本在其殖民地北海道、中国台湾和朝鲜建立"国有林"制度的历史，参见小関隆祺「北海道林業の発展過程」『北海道大學農學部演習林研究報告』22 卷 1 号、1962 年 11 月；荻野敏雄『朝鮮・満洲・台灣林業發達史論』；David Fedman, *Seeds of Control: Japan's Empire of Forestry in Colonial Korea*；等等。

④ 有关晚清及民国时期东北土地改革和森林殖民开发的代表性研究，参见王长富《东北近代林业经济史》；孟泽思《清代森林与土地管理》；Christopher Mills Isett，"Village Regulation of

---

政府时期中国东三省国有林国家所有权的生成和纠葛，来探讨近代中国在推行森林国有化过程中的诸多问题。这样或可以推进人们对当时中国人环境治理和经济发展思想的更深认识，也有助于增加对近代中国东北边疆森林秩序的理解。

第一节　"森林国有"论与中央国有化的努力

在清代，东北的天然森林被称作"艮维窝集"。[①] 作为满人的发祥重地、清朝抗击外敌的军事屏障，以及旗人子弟练武之地，东北的天然林区一向受到清廷重视。[②] 清末民初，面对内忧外患，中国朝野开始意识到"森林国有"的重要性。1906年，《东方杂志》"实业"栏目刊出《振兴林业策》一文。该文认为，国有林是"君民共有之林，面积宜大，则资本、人工即随之而大，管理役员亦因之而多"。清朝应取法美国、日本和德国，以"国有"的方式加强对森林的管控。首先，要依据"国家之状况"，划定"国有林面积之多寡"；然后广设森林学校，设立森林官员，设定林区署，设置保安林，并讲求工业，这样才能发挥国有林在财政、富民和生态方面的效益。[③]

1909年4月，农工商部上奏《酌拟振兴林业办法折》。该奏折从"供用林"和"保安林"两个类别来理解国有林、公有林等众多森林新名目。农工商部认为，允许国家和人民采伐的森林是"供用林"，严禁采伐的森林是"保安林"。世界各国为了管理供用林和保安林，"不仅设官立局，又为特布森林法律，特设森林警察，防之至密而护之至周"。相比之下，清朝地方各省的农林学堂和树艺公司经营分散，缺乏统一规划。因此，农工商部建议，应一面"分咨出使各国大臣，调取各国森林专章"，一面"遴选熟习农务之员，就近派往日本考查造林之法"，最后汇总到农工商部，制定"森

Property and the Social Basis for the Transformation of Qing Manchuria," *Late Imperial China*, 1 (2004), pp. 124-186；王希亮《近代中国东北森林的殖民开发与生态空间变迁》，《历史研究》2017年第1期；林文凯《晚清奉天省土地改革与日本关东州土地调查：统治理性与调查学知识之比较》，《"中央研究院"近代史研究所集刊》第114期，2021年12月；等等。

①　何秋涛：《艮维窝集考》，《朔方备乘》卷21《考第十五》，第22页。
②　孟泽思：《清代森林与土地管理》，第48页。
③　《振兴林业策》，《东方杂志》第3卷第6期，1906年，第98～100页。

林专章"，以振兴林业。因为，"若国家无整齐画一之章程，官府无切实营办之责任，而全恃民人自为之能力，则森林之成立必永永无期"。[①] 农工商部的奏折虽然没有专门讨论国有林，但已从"供用"和"保安"的方面理解了国有林的功用，并要求国家统筹和官府参与。

1910 年 10 月，徐天叙在《湖北农会报》发表《论中国急宜设置国有林》一文，直接倡议在东北推行国有林。徐天叙表示，世界各国都注重国有林，因为国有林能够"恢扩财政"和"保安国土"，但这两个目标"非人民智识之所能周，抑非人民势力之所能及"。徐天叙认为，中国东北的森林，"名归政府所有，实则视之默然，听其生灭，未能收利"；而今"长白山、黑龙江、间岛等处之森林，久为日俄垂涎"，鸭绿江右岸之森林又被日本方面占有。因此他主张，中国应尽快在东三省创办国有林，以保障中国天然森林之富源。[②]

尽管当时的有识之士已竭力倡导"森林国有"，但由于清朝很快灭亡，东北森林国有化问题未能被及时解决。1912 年 4 月，北洋政府成立农林部，继续处理这一问题。[③] 对于民国成立后的东北林政，东北官员也抱有极大的期待。在当年一份提交至吉林临时省议会的"开发各属之官山和前清之贡山"议案中，一位官员写道："现值共和告成，国体大定，又特设农林一部，系应仿照东西各国明定林业专章，规划轮伐区域……借以固我边围，保我利权。"在议案结尾，该官员又补充道："俟农林部拟定《山林法》颁行后，再行分别国有林、公有林、风景林、保安林以及民间之私有林、社寺林，另定采伐护养各项详细章程。"[④] 不难看出，东北地方官员对"国有林"等新式林业词语已十分熟稔，并期待将其运用于东北的森林治理。

对于清末民初的中央和东三省地方政府而言，推行国有林对应对东北边疆局势无疑具有积极意义。首先，东三省天然森林资源丰富，可以有效涵养水源和防卫风沙，起到保安林生态保护的效果，与"童山濯濯"的腹

---

① 《农工商部奏酌拟振兴林业办法折》，《政治官报》第 566 期，1909 年，第 5~6 页。
② 徐天叙：《论中国急宜设置国有林》，《湖北农会报》1910 年第 10 期，第 4 页。
③ 《农林部厅司分科暂行章程》，天津《大公报》1912 年 9 月 11 日，第 5 版。
④ 《提议筹办吉省林业案》（1912 年 6 月 19 日），吉林全省农务总会档案，J018-03-0018。

地省份形成对比；① 其次，根据日本的经验，发放国有林给民众可以极大地增加财政收入；② 最后，在东北推行国有林，可以保证良材大木优先供应本国工业，有利于民族资本主义的发展。

此外，东北森林的国有化还与当地的国防安全和边疆秩序息息相关。周自齐就注意到，东三省"地广人稀，居民大半客籍，迁徙无常，山林所在，向无业主。国家既未暇兼顾，地方官但知征税款，不加取缔，以致华洋各商任意滥伐，毁弃滋多，野火延烧，动逾百里，甚至勾串外人影占盗卖，往往以个人交涉酿成国际问题"。同时，"日之南满、安奉铁路，俄之西伯利亚、中东、海滨省各铁路及松花、黑龙两江轮舶之用材、燃料取给于我者，岁又不知凡几，愈砍愈少，濯濯立待"。③ 这些问题的产生在一定程度上正是因为东三省森林的国有化程度较低和国家监管的长期缺位，故而周自齐极力主张将东三省的天然森林划归国有。

北洋政府首先在吉林省试点了国有林计划。鉴于吉林省"官山最多，森林最盛"，又"地近强邻，尤应提前经理"。1912 年 11 月，农林部山林司司长胡宗瀛在吉林省城筹设农林部驻吉林林务局，后增设农林部驻哈尔滨林务分局，余大鹏任驻哈尔滨林务分局委员。④ 农林总长陈振先表示，过去吉林省官山森林因"国家未设山林行政机关"，向由"木税各局暨地方官掌管"，现在农林既设"专部"，山林又有"专司"，林政事务"应由本部筹办"。因此，陈振先要求，吉林省地方税局仍继续征收木税，但其他"发给票照、入山采木等事"，统由吉林林务局接管，"以一事权"。⑤ 12 月，农林部公布《东三省国有林发放暂行规则》，将东北边疆的无主荒地和原生林地划定为国有林区，授权林务局对有重大"国土保安"关系的国有林进行

---

① 《农工商部奏酌拟振兴林业办法折》，《政治官报》第 566 期，1909 年，第 5 页。

② 熊希龄曾在一篇推广实业学堂的文章中提到，日本通过国有林发放，岁人达 300 万日元。参见《湖南熊庶常希龄上前湖南巡抚端广实业学堂办法说帖》，《东方杂志》第 2 卷第 9 期，1905 年，第 232 页。

③ 《周自齐给大总统原呈》（1915 年 7 月 2 日），JC010-01-004548。

④ 《农林部委任令第四号》，《政府公报》第 207 期，1912 年，第 12 页。

⑤ 《农林部咨吉林都督本部现派山林司长胡宗瀛前往该省筹设林务局请饬属随时接洽文》，《政府公报》第 192 期，1912 年，第 2 页。

直接经营，并开放其余国有林给私人报领。① 12 月 15 日，农林部派胡宗瀛在吉林筹办农林部林务局事宜。派张正坊、唐宗伟、张传一充驻吉林林务局委员；刘文选、黄国士充驻哈尔滨林务分局委员。②

1913 年底，国有林计划正式覆盖吉林、黑龙江、奉天三省。11 月 26 日，农林部直辖的吉林林务局和哈尔滨林务分局合并，更名为"东三省林务局"，局址迁至哈尔滨。③ 农林总长张謇签署训令，派佥事韩安为东三省林务局主任，佥事张正坊为主事，余大鹏为东三省林务局办事员。④ 12 月 13 日，农林部发布《东三省林务局暂行规程》，规定"东三省林务局隶属于农林总长"，设局长一人，另设科长、科员、林务员和林务练习员若干；林务局的职责为调查、管理、经营和发放东三省国有林，以及林业试验和造林。至此，新的农林部东三省林务局成立，正式代表中央政府全权统筹奉、吉、黑三省国有林事宜。农林部佥事韩安为第一任主任。12 月 27 日，农林部和工商部改组为农商部。随后，农商部在吉林、黑龙江部分县市酌设林务分局和驻在所，所有林务官员由农商部统一派驻。

1914 年，农商部公布《森林法》，进一步对国有林的管理权限进行划分。《森林法》共 6 章 32 条，将全国森林划为国有林、公有林、私有林和保安林四种类型。按照规定，"关系江河水源者"、"面积跨越两省以上者"和"关系国际交涉者"的国有林由农商部直接管理，其余国有林则"委托地方官署管理"。同时，农商部有权将"对于经营国有林有重大关系"的私有林或公有林收归国有，并予以业主一定赔偿。⑤《森林法》对"农商部直营"和"委托地方官署"的国有林情形做了明确安排，在一定程度上增加了中央直接管理国有林的权限。

由于东北地域辽阔，东三省林务局移驻哈尔滨后，对"南满"地区鞭

---

① 《农林部公布东三省国有森林发放暂行规则》，天津《大公报》1913 年 1 月 3 日，第 9 版。1914 年 8 月 8 日，《东三省国有林发放暂行规则》经修订，形成正式的《东三省国有林发放规则》。

② 《农林部部令三则》，《政府公报》第 190 期，1912 年，第 26 页。

③ 《农林部委任令第四十七号》，《政府公报》第 565 期，1913 年，第 5 页；《农商部委任令第五十四号》，《政府公报》第 647 期，1914 年，第 11~12 页。

④ 《农林部训令第一百零二号》，《政府公报》第 565 期，1913 年，第 6~7 页。

⑤ 北洋政府时期颁布的《森林法》内容，参见王长富《东北近代林业经济史》，第 119~120 页。

长莫及。为了加强对奉天国有森林的管理，农商部又单独在奉天设局管辖。1915 年 5 月，新一任农商总长周自齐派林务顾问力钧前往奉天，筹设奉天林务分局。同年 7 月，农商部下令改"奉天林务分局"为"奉天林务局"，力钧为首任局长。与此同时，"东三省林务局"再次更名为"东三省林务总局"，农商部佥事胡宗瀛接任局长，韩安任副局长。[①] 这样，农商部在东北地区就设立了两个中央直辖林务局。位于哈尔滨的东三省林务总局名为"总局"，实际管辖范围主要是吉、黑两省，在吉林省城、宁古塔等地设办事处；地处沈阳的奉天林务局单独掌管奉天省内国有山林，在安东、本溪、安图和抚松等处设分局和驻在所。

周自齐对东北乃至整个中国的林业建设提出了"专门化"的要求。1916 年 1 月 22 日，他上书袁世凯，建议成立隶属于农商部的中央林务处。周自齐强调"林政"的概念，认为设立一个专门的行政机关管理森林，将使中国的林业建设发生革命性变化。他在给袁世凯的呈中写道：

> 中国地大物博，边省富有森林，内地产木之区亦复不少。只以培植护养之法既未研求，国家又无政令维持，遂至荒旷，委弃视为固然，坐失利源，事非旦夕。比年林学列入农科，学知（？）渐知讲习；商人采运木植、设立公司亦有合群竞胜之思。然实力未充，势终涣散。[②]

周自齐认为，中国林业建设的关键在于专业化的林业官僚体系，"亟赖公家提倡，于分区遴员、设警调查、绘造林图诸端悉心规划，逐一进行，以为人民先导"。周自齐坦言，"农""商"合于一部，实际限制和阻碍了国家对林业的投入。因此，应该由一个专业的中央林业部门专办林务。在他的计划中，中央林务处是专门处理国家森林事务的行政机关，由一名督办管理。其下设林区，按现有行政区划划分。每个林区由中央政府任命一名林务专员，向林业部和地方政府报告。

---

① 《农商部饬第六百七十一号》，《政府公报》第 1134 期，1915 年，第 27 页。
② 《农商部为奏准部设林务处专管全国林务抄录奏章咨请查照议复由》（1916 年 1 月 22 日），黑龙江省档案馆藏黑龙江省政府档案，62-3-1415。以下档案号以 62 开头者，馆藏地和全宗名称与此同，不另注。

除了专门机构外，周自齐还要求林业从业人员为专业人才。他批评各省将森林管理纳入实业厅的习惯做法。"各省森林事业概由实业科员经理"，导致"既无专注之精神，亦乏淹通之才识"。① 虽然周氏认为实业部门无力顾及林业，但在林业经费方面，他建议用实业部门下的"实业经费项下开支"来支持各省森林专员及其各自的项目，而北洋政府只资助中央林业部。② 在周自齐的推动下，民初东北的林业建设经历了集中化、专门化和国有化的改革，强化了东北森林的领土主权，也产生了一系列新的变化。

第二节　东三省国有林的调查和发放

这一时期，东三省国有林经营主要以森林的登记与发放为主，个人或法人承领国有林分为三个步骤。首先，报领的个人或法人主动向林务局申报，并提交地照、保长切结等证明资料，林务局随后派出林务员实地勘测，并绘制林图和林业报告书。因地处偏远，林务局无法调查，而由地方县署代行勘测的林区仅限奉天省的洮南，吉林省的延吉、密山、饶河，以及黑龙江省黑河道所属各县。③ 调查结束后，林务人员将以上材料提交农商部审批，待审批通过后向承领人发放林照。林照是由农商部批准的国有林采伐执照，代表国家对天然林砍伐的授权许可。获得林照的个人或法人必须按计划采伐国有林木，并完纳山分、木税和照费等相关费用，以五年为期。

1912年至1928年间，农商部颁发的《东三省国有林发放规则》（含《暂行规则》）是规范东北国有森林权属的关键性法规。④ 尽管该规则承认晚清殖民势力在东北森林的投资，但也将外国势力的特许权限制在清朝条约约定的区域内，而把其余林区划为中国主权势力范围下的"国有林"。这

① 《为拟裁撤林务分局饬交各县署、设治局、征收局分别办理咨部核复并通饬遵照》（1915年7月），62-3-1413。
② 《关于农商部附设林务处一切事项》（1916年1月22日），62-3-1415。
③ 郭保琳等：《东三省农林垦务调查书》（1915年），载虞和平编《中国抗日战争史料丛刊》第582册《经济·农林牧》，大象出版社，2016，第234页。
④ 直到1928年，农工部颁布《国有林章程》，农商部所定《东三省国有林发放规则》才被正式取代。参见《奉天省长公署为东三省国有林发放暂行章程及奉省国有森林章程草案事》（1928年6月），JC010-01-004559。

样，农商部就创造了当时中国最大面积的国有林，有 241.12 万公顷
（3616.8 万亩）。① 同时，由于《东三省国有林发放规则》规定外国人无权
报领国有林，中华民国公民也不得向外国商人和企业转让国有林伐木权，
国有林的发放就赋予了中国官员限制外商投资林业的能动性和合法性。受
此约束，在吉林投资的富士制纸、王子制纸、三井、大仓组等所经营的林
业事业一度停滞。② 然而，日本人仍通过"中日合办"或"悄悄雇佣"中
方民众报领国有林等方式获取东北的国有森林资源。③

　　在国有林推行初期，北洋政府对国有林野的支配权力仍然较弱，时常
面临经费支绌的困难。1913 年 5 月，农林部制定《简明山林暨木材商况调
查表》，发给全国各省民政长官，要求各地调查国有林情形并上报。结果，
只有"黑龙江和江西省先后呈报，其余各省皆未呈送"。一年以后，农林部
已经改组农商部，奉天省的兴京县、长白县、辑安县行政公署才陆续上
报。④ 直到 1915 年，农商部在统筹东三省国有森林方面才有所推进。据农
商总长周自齐报告，在国有林勘测方面，东三省林务局已初步掌握了"三
省各县森林之所在林地之广狭、材木之良楛、采运之难易，以及从前滥发
票照、侵占盗砍情弊"；在国有林承领方面，林务局也形成了"报局—勘
测—审核—发照"的固定程序并"渐增周密"。眼下面临的唯一问题是经费
不足，以至于林务局进一步保护和经营森林的计划，如"筹设森林警察、
林业讲习所和实行测量护养主义"等，不得不暂缓推行。⑤

　　借助东北国有林的整理，北洋政府加强了与东北地方实力派的联系和
互动。早期东三省在法律上各自为政，将东三省整体作为管辖范围的法律
法规极难制定。在奉天省，由于鸭绿江右岸森林几乎全部被划为中日合办
鸭绿江采木公司特别伐木区，受清朝条约限制，奉省关于森林的法规较少；
吉林省森林最多，民生关系复杂，相关法律法规较多；而在黑龙江省，受

---

① 陈嵘：《中国森林史料》，第 65~66 页。
② 王长富：《东北近代林业经济史》，第 78 页。
③ 《奉天省长公署为本溪等县民私伐盗卖国有森林请严禁事》（1920 年 5 月 12 日），JC010-01-
　　007827。
④ 《奉天巡按使公署为农商部调查山林木材表事》（1914 年 5 月 30 日至 1914 年 6 月 22 日），
　　JC010-01-007595。
⑤ 《周自齐给大总统原呈》（1915 年 7 月 2 日），JC010-01-004548。

自然和交通条件限制，大兴安岭等地森林尚未开发，地方政府鞭长莫及，因此与森林相关的法规也少。然而在《东三省国有林发放规则》和《森林法》相继出台后，奉天、吉林和黑龙江省也相继发布推行国有林的地方法令，借机整理内部的垦务和林务，包括《改定奉天木税章程》（1917）、《吉林省管理经放国有林规则》（1918）、《清理奉天国有林简章》（1919）、《吉林省领有地照者承领地上森林办法》（1920）、《哈尔滨木石税局查禁私砍森林办法》（1924）、《吉林省民有地上森林的整理训令及指令》（1929）、《黑龙江省关于国有林发放手续》（1931）等。[①]

1925年，林学家陈植在《东方杂志》上发表《满洲之农林概况及日人开发满洲农林业之设施》一文，批评东三省林务总局沦为"发照收税机关"。他说：

> 东三省林业行政，有森林局统辖之，然斯森林局，复与安徽诸省所设之森林局不同。盖东三省之森林局，乃变相之发照收税机关耳，与普通之所谓林业行政机关无与者也。[②]

陈植的意思是，东三省林务总局作为国家的专门林业机构，只完成了国有林发放的工作，却没有起到勘测、保护、管理和培植国有林的职责。诚然，东三省的造林和保育直到1930年代才开始得到真正的重视。当时，首先提倡种树的是中东铁路公司和鸭绿江采木公司，因为两者都是林木消耗大户，但提倡之后响应者寥寥。1924年前后，东北地方政府才开始重视森林保育和造林，主要集中于鸭绿江林区。由于开发时间较早，1920年代鸭绿江沿岸的天然森林已几乎被伐尽，因此奉天省长公署多次下发命令，要求东边道各县禁止村民在山间缝隙"刨垦"，并禁止当地民众伐木作为燃料。[③]

① 野崎薫「満洲成文法上における私有林・公有林の意義に就て」『満鉄調査報告』13巻3号、1933年、1~4頁；王长富：《东北近代林业经济史》，第121~123页。
② 陈植：《满洲之农林概况及日人开发满洲农林业之设施》，《东方杂志》第22卷第24期，1925年，第68页。
③ 《奉天省长公署为各县知事区长保护树林事》（1924年5月），JC010-01-007793；《奉天省长公署为东边道各县知事嗣后不得再将有用木材作为燃料事》（1924年7月），JC010-01-007794；《奉天省长公署为本溪县呈免收炭税严禁私烧以资养林事》（1924年8月），JC010-01-007795。

　　虽然东三省国有林发放初见成效，但在实践中仍存在中央和地方权限划分不清的问题，即中央和地方之间如何分配东北国有林的所有权和管理权，以及由此衍生的如何分配国有林木采伐权和收益权还不明确。按照《森林法》的设计，农商部应对有重大"国土保安"影响的国有林实行直营，其他国有林应委托地方官署管辖。鉴于民初特殊的内外形势以及东北地区天然林储备丰富的特点，农商部依托"部设林务局"直接主导东北国有林的创办事宜，的确符合法律和情理。但是，在森林国有化的过程中，农商部其实独占了东北国有林的国家所有权和管理权，部设林务局也因此成为东北国有林事实上的控制主体。农商部及部设林务局通过审核与发放国有林照的合法程序，实际上垄断了东北地方实业开发中最基本的天然森林采伐，也在无形中剥夺了地方官署本该共享的国有林所有权和管理权。这种"悬空"的制度设计本意虽是表示中央对地方的支持，但在后续的地方实业开发中却演变为一种"障碍"，引发一系列纠葛。

第三节　东三省国有林的"部省"纠葛

　　随着东三省林务（总）局的运行，国有林制度背后中央政府和地方政府围绕东北国有林使用和收益的矛盾也逐渐显现。自《东三省国有林发放规则》和《森林法》相继颁布，国有林的登记和发放就被正式纳入国家财政体系中。国有林报领产生了勘测费、照费、领取林照必须缴纳的保证金、木税、山分和木植票费等多种新的费用。按照规定，凡中华民国公民或依中华民国法律成立之法人，可以申报200方里以内、承领期限不超过20年的国有森林。根据林学家的估算，每报领一方里国有林，民众需缴纳20元的照费和勘测费。[1] 据不完全统计，1912年至1929年，吉林省共发放国有林30829方里，黑龙江省25710方里，奉天省1098方里，共计面积57637方里，[2] 创造了至少115.3万元的收入，还不算后续售卖木料时征收的木

---

[1]　据陈植估算，报领一处200方里的国有森林，其照费及勘测费约为4000元。陈植：《满洲之农林概况及日人开发满洲农林业之设施》，《东方杂志》第22卷第24期，1925年，第68页。

[2]　陈嵘：《历代森林史略及民国林政史料》，第116～117页。1方里约等于540亩。

税、按照林木市价 8% 收取的山分和木植票费①，以及验照和转让林照的费用。由于国有林发放的收入可观，通过放卖国有林来增加财政收入也就逐渐成为农商部和地方官员们最为重视的内容。

东三省林务总局局长胡宗瀛曾在《考察日本林政报告书》中对日本国有林放卖民间所带来的收益赞叹不已。据他的考察，日本国有林在最初推行的阶段也面临经费支绌的问题。为了解决经费短缺，1899 年，日本颁布《国有林野法》，将国有林野中"不适于政府经营者"编成预算案，"次第放卖人民，得面积 74 万 1500 余町，估值 23022000 余圆"。这里的"不适于政府经营者"包括：（1）国有林野在固有农地范围内者；（2）国有林野为农业肥料材积或畜牧等所必须者；（3）国有林野经济上不适于政府经营者。日本国会随后通过预算案，指定国有林放卖收入为"国有林野特别经营费"，禁止挪作他用。从 1899 年至 1908 年，日本国有林的发放估值 2000万余元，实际得价 4480 余万元。对此，胡宗瀛感慨道："以我东三省天然森林数倍于日本，设能急起直追，善为师法，则林利未可限量！"②

随着东北国有林发放收入的增多，中央政府和地方政府关于国有林的收益矛盾逐渐显现。1915 年 4 月，周自齐接替张謇，成为新一任农商总长，周氏推行的国有林收入分配方案随即引发了农商部和东三省财政厅之间的多轮交锋。双方争论的焦点围绕东三省林务局经费来源展开。由于林务局肩负勘测林场、添设各地林务办事处和筹办森林警察等任务，急需经费支持，而财政部的拨款时常不能按时到账，周自齐便计划将山分和木植票费改归农商部经收，各省税局保留木税收入，但这一方案遭到地方政府强烈抵制，磋商未果。于是，周自齐转而要求东三省对林务经费"酌量分认"。周自齐认为，东三省林务局"虽由中央特设，而实际则仍为地方办事"，因此，各省财政厅理应按相应额度分摊林务局的经营费用。根据周自齐的预算，黑龙江省应每年认缴纳 12000 元，吉林省和奉天省财政状况稍好，应分别认缴 20000 元。这样，东三省林务局一年可支配 52000 元的林业管理

---

① 山分和木植票费，也作"山林票费"，是指承领国有林的个人或法人，在售卖木料时按照木材市价 8%，分别向林务局缴纳的税费。1915 年至 1919 年间，东三省林务总局和哈尔滨木石税局发放的一年期国有林短期采伐执照费用也算作"票费"的一种，又名"小照费"。

② 胡宗瀛：《考察日本林政报告书》，农商部吉林林务局，1917，第 2 页。

经费。周自齐表示："林务一经整理，则山分及其他关于森林之收入自必日益增加。若以取诸林者还用诸林，名实尤为相副。"①

东三省地方政府对农商部要求的摊派费用意见不一。黑龙江省和吉林省财政厅负责人基本同意"部省合办"，以山林票费支付部设林务局费用。奉天省财政厅厅长王永江则直接表达了质疑。他表示，东三省林务局是隶属于农商部的行政机关，不应该要求地方财政自下而上供养之。另外，如果要摊派费用，应将"年付模式"改为"报销模式"。他在信中诉苦道："奉天岁出岁入各款，均尽数列入预算报部，并无闲款可资开支，况旧债累累。"王永江认为，要维持东三省林务局的运作，最好的办法是将"山林票费项下按年酌拨"。王永江表示，应由农商部与财政部商议，将国有林报领所产生的山林票费收入用于东北的森林治理，"就三省森林之收入酌充林政之支绌"，而不是将费用分摊给地方政府。②

1915 年 6 月，北洋政府发布"大总统批令"，强制要求东三省林务局经费"由三省分任"，各省财政厅被迫接受摊派。③ 然而，各地方政府由于经费紧张，难以支持"部设林务局"及其分局的扩张。早在 1914 年 3 月和 10 月，为了控制更多林地，同时开辟更多收入来源，农商部在黑龙江省设立三处分局，分别是位于铁骊县（今黑龙江省铁力市）的东北分局、通河县（今黑龙江省哈尔滨市通河县）的东南分局和呼玛县（今黑龙江省大兴安岭地区呼玛县）的北路分局，由王树声、陶炳然担任专办。除了勘测和发放国有林外，各路分局也颁发"短期砍伐小照"。黑龙江省三处林务分局的设置，本意是为了更加便捷地获取大兴安岭、小兴安岭地区的木材资源，以及加强对中俄边境的控制。但遗憾的是，新设局所的运作时间没有超过两年。

由于黑龙江省常年面临财政紧张的问题，林务管理费又是一笔不小的负担，1915 年 7 月，黑龙江省巡按使朱庆澜发起改革，要求撤销林务分局。

① 《农商部周自齐呈》（1915 年 5 月 19 日），《奉天行省公署为农林部咨设东三省林政局事》（1912~1917 年），JC010-01-004548。

② 《奉天财政厅实业科复》（1915 年 6 月 4 日），《奉天行省公署为农林部咨设东三省林政局事》（1912~1917 年），JC010-01-004548。

③ 《农商部呈为陈明整顿东三省国有森林原设林务局经费拟由三省分任恭呈仰祈钧鉴由》，《政府公报》第 1125 期，1915 年，第 6 页。

他援引《森林法》第 1 章第 3 条规定，"国有林除农商部直接管理外，得委托地方官署管理"，即所谓"委托主义"，表示在特定情况下，黑龙江地方政府有权接管国有林管理职责，并改善和整顿省内林政。于是，为了减轻本省财政压力，朱庆澜指定铁骊、通河和呼玛三县的设治局来接管保护和发放国有森林，并要求征收局将山分和个人税捐"照数解省"，以补省内军政开支。① 此外，黑龙江省省长也下令各县市负责人必须参与监督各县市的林业综合管理。黑龙江三个林务分局在短时间内的设立和裁撤，反映出中央政府与东北地方政府在国有林管理问题上的深层次矛盾。一方面，北洋政府和东三省都追求国有林发放收入，尤其是希望分享国有林收益的这块大蛋糕；但另一方面，当维持林务行政运作的支出超过地方政府所能获得的国有林收入时，地方长官往往会采取"委托"的策略裁撤林务局所，缩减运营成本。

尽管农商部东三省林务局的扩张遇到掣肘，农商总长周自齐还是在东北推行了一项新的针对"国有林及国有林地管理"的大林区制度。周自齐的计划是，在农商部下设立中央林务处，负责统筹全国范围内国有林事务；然后按现有行政区划逐级设立大林区，每个大林区由农商部委任林务专员一名，负责调查、测绘、培育和保护各林区的国有林；同时设立森林会，开展林务讲演和劝导，以及定时向林务处和地方政府报告。周自齐表示，现有的农商部把"农"和"商"合于一体，极大地限制和阻碍了国家对林业的投入。同时，他批评各省将国有林管理纳入实业厅的习惯做法，认为应该任命有实际林业经验或毕业于林业学校的人担任林务专员和技术人员。此外，在经费方面，他建议林务处的经费"由中央担任"，各省林务专员及各县造林费用则由"各该省及各地方分任，于省行政、实业经费项下开支"。②

对东三省而言，建立新的大林区制和设立林务专员意味着又一笔林务经费投入。1916 年 3 月，黑龙江巡按使朱庆澜向周自齐提出质疑。他在信中写道"东省原有部设林务局一处，常年经费由三省分担。现在各省大林

---

① 《为拟裁撤林务分局饬交各县署、设治局、征收局分别办理咨部核复并通饬遵照》（1915 年 7 月），《关于裁撤林务局交各县局办理事项》（1915 年），62-3-1413。

② 《农商部为奏准部设林务处专管全国林务抄录奏章咨请查照议复由》（1916 年 1 月 22 日），《关于农商部附设林务处一切事项》（1916 年），62-3-1415。

区筹设办事处，核与林务局性质相同，究竟该局是否继续存在"，并表示"边省财力支绌，办事处经费别无他款，可否即以分任林务局经费款目移用此处？"① 此前黑龙江省摊派的东三省林务局款项为每年12000元，农商部最新下发的"各省大林区办事处常年经费预算"为每年7688元，两相比较，大林区制度似乎对东北地方财政的压力更小。鉴于林务专员与原有的东三省林务局存在职能重叠，周自齐在回复中承认，"此次奏设林务专员，事关通行办法，并不适于特别省份"，并放弃在东北重新设置林务专员，"江省林务专员职务应即饬东三省林务总局兼办……所有机关名称及经费一切仍旧"。②

1916年末，中央直辖东北国有林的管理模式开始遭遇挫折。在袁世凯去世后，中央政府被迫对东北国有林的管理实施放权。1916年10月，谷钟秀任农商部新总长。半年后的1917年4月，他宣布正式撤销农商部东三省林务总局。谷钟秀承认，由农商部设局统管东三省森林事宜是极为困难和复杂的，因此提出将东北国有林管理权力下放至各省自办。根据谷钟秀的改革方案，地处哈尔滨的东三省林务总局改组为黑龙江林务局，由米逢泰领导；位于吉林的吉垣林务办事处则改组为吉林林务局，由胡宗瀛负责；原奉天林务局继续存在，由奉天省长公署接管。至于农商部曾要求的林业经费摊派任务，谷钟秀表示，以后各省国有林发放收入只可用于本省林政，不需要再上缴任何费用给农商部。

在谷钟秀的推动下，由农商部依托部设林务局对东三省森林进行直接管理的格局被打破。1919年，《申报》刊出一篇《农部附属机关之现况》，文章历数了农商部早期设置的林业试验场等机构的状况。作者在文中对农商部于东三省林务（总）局"若即若离"的关系做了一番描述，说现有的"三处东三省林务局"，之前由农商部派员充任局长，"惟经费不出于部而出于省……但亦可视为本部附属机关"。然而最新的政策是农商部不再直接监管东北林务，只是"由政府简任局长在部"，于是东三省林务总局及各林务

---

① 《咨为农商部咨送林务专员规则并请酌定办事预算数目暨筹款办法》（1916年2月4日），《关于农商部附设林务处一切事项》（1916年），62-3-1415。
② 《农商部为咨复》（1916年2月17日），《关于农商部附设林务处一切事项》（1916年），62-3-1415。

局"失却附属之性质"。① 自中央直辖的东三省林务总局撤销后，东北国有林所有权和控制权的主体逐渐转移至东三省地方官署和各实业部门。

第四节 地方政治与东三省的国有林建设

奉天省林务局与奉天"省有林"的试办

20 世纪初，由于中央内阁的多次更迭，地方军政实力已经养成，中央政府和地方政府围绕东北国有林的控制权进行了多轮博弈。自 1916 年袁世凯逝世、政局遽变后，中央政府的权威已不稳固；张作霖和奉系势力的快速发展，对中央权威形成直接挑战。这一时期，奉天省和吉、黑两省国有林整体向"省办"转变，但又呈现出不同的状态。受国内外政局变化的影响，奉天的国有林已经由实业厅接管，收入完全纳入奉系军阀的土地财政中；吉、黑两省的国有林控制权则仍在中央和地方之间摇摆。

在张作霖的支持下，奉天省对国有林的管控完成了从"部办"到"省办"的转化。首先是压缩林业经费，裁撤多余的办事处。农商部奉天林务局原成立于 1915 年 7 月，其总部设在奉天省城，下辖安东、本溪、抚松和安图等三个林务办事处。② 为节省省属经费，1917 年 6 月，财政厅厅长王永江提出裁撤安东和本溪办事处。王永江的理由是：本溪与奉天省局距离较近，又交通便捷，如有任何业务需要可直接来奉天省局；况且本溪县内的国有林已被强本公司报领，再专设本溪办事处没有必要。至于安东办事处，王永江表示，中日合办鸭绿江采木公司位于安东，本应设置林务分局收缴山分票费，但按照条约要求，该公司每年按比例向中国政府上缴"红利报效"。③ 既然"山分票费已无形消纳于公司盈余之中"，自然也就没有专设安东办事处的必要了。据王永江估算，本溪办事处全年额定经费 2750 元，

---

① 《农部附属机关之现况（续）》，《申报》1919 年 1 月 5 日，第 6 版。

② 抚松和安图合设一个办事处，称"抚安办事处"。

③ 中日合办鸭绿江采木公司 1923 年以前每年收支达 1000 余万元，1920 年解往奉天财政厅红利 225000 元，报销金 70418 元，合计 295418 元。1923 年后由于盈利减少，解交财政厅奉大洋 860494.34 元。见孔经纬、傅笑枫《奉系军阀官僚资本》，吉林大学出版社，1989，第 27 页。

安东办事处为 4460 元，如果能裁撤两个办事处，并取消临时开办费，奉省财政每年可节省大洋 1 万余元。于是，奉天林务局第二任局长吴维勋上任后，就听取建议取消了驻安东和本溪的办事处，仅保留省城省局和抚安办事处。这样，按林务局预算，奉天省城林务局全年额定经费为 5650 元，抚安办事处全年额定经费为 2280 元，仅剩"一局一处"的奉天林务局实际经费就从原来的每年大洋 15140 元削减为 7930 元。[①]

随后，张作霖又开始亲自参与清理奉天省内的国有林报领。1918 年 8 月，奉天省长公署率先发布了"奉天督军兼省长布告"，宣布将国有林发放需要征收的"山分和木植票费"由原市价的 16% 改为 8%，并重新定名为"国有林管理费"。同时，奉天林务局在每 200 方里国有森林处设林区驻在所，负责收费和养护。[②] 1919 年 2 月，张作霖以"东三省巡阅使"的身份公布《清理奉天国有林简章》8 条，要求奉天民众从该简章实行之日起，限三个月内，完成民有林场内天然林木的"国有林"报领，逾期未报的民有林场将被奉天实业厅收归国有，统一发放给其他承领人。[③] 至此，奉天的国有林发放完全由实业厅接管，其发放收入充实了奉系军阀的土地财政。

吉林省森林局的成立与西原林矿借款

吉、黑两省的情形有所不同。因中日"吉黑林矿借款"的协定，日本方面要求北洋政府承诺重新统一东三省林政。因此，吉、黑两省的国有森林事业在 1917 年下放省实业厅后，又被重新纳入中央直辖的范畴。1918 年，北洋政府段祺瑞内阁向日本政府寺内内阁提出借款要求，并以吉、黑两省之林矿资源为担保。一开始，日本方面并不同意。他们认为，由于现阶段北洋政府治下的中央政局与森林行政不统一，无法保证东三省森林事业的收入，所以拒绝了林矿担保的提议。为了顺利借款，段祺瑞内阁向日方承诺，将重新设局统一东三省林政，并聘请日本顾问，以借款的部分投

① 《奉天财政厅厅长王永江致信》（1917 年 6 月 18 日），《奉天行省公署为农林部咨设东三省林政局事》（1912~1917 年），JC010-01-004548。
② 《奉天省长公署为征收国有林营理费并发布规划事的布告》（1918 年 8 月），JC010-01-33082。
③ 《奉天省长公署为公布执行清理奉天国有林简章的布告》（1919 年 2 月），JC010-01-33083。

入东北森林行政改革。最终，1918 年 8 月 2 日，北洋政府与日本政府正式签订《吉黑两省金矿及森林借款合同》，日方提供 3000 万日元借款，以吉、黑两省的金矿及国有森林的收入为担保，10 年为期。中日双方约定，由中方在吉、黑两省设立专门的"中央政府直辖之森林局"，以"统一吉、黑两省之森林行政，谋森林事业之发达，而整顿各种之设备，且谋中央政府收入之增加"。[①] 1919 年初，北洋政府农商部在吉林和黑龙江两省设立中央直辖吉林森林局和黑龙江森林局，接管国有森林管理与发放事宜，原省属林务局废止。[②]

1920 年代，因林矿借款而改组的吉林和黑龙江森林局，更加注重通过国有森林发放增加地方财政收入。在吉林，吉林森林局在宁安、珲春、延吉、方正设立了四个分局，极大地扩大了对本省国有林区的控制。[③] 吉林森林局通过将国有林发放扩展至额穆、敦化、五常、桦甸等地，其山分照费收入比清朝时翻了一番。中国商人承领林场，陆续成立了镜波公司、五中采木公司、兴吉林业公司、裕宁公司、义大森林公司、五吉利公司、志信公司。[④] 在黑龙江，松花江沿线的天然森林基本被各类官办和商办的林业公司承领，比较著名的有哈尔滨的通原公司、铁嫩公司和通裕铁路公司，汤原县的兴东公司，以及设在小兴安岭地区的通森公司和茂源公司。[⑤]

尽管中央政府通过设立直辖森林局再次将吉、黑两省森林纳入统一行政范围，但在实践中，农商部对东三省国有林的支配却遭遇挫折。1920～1921 年农商部与黑龙江实业厅就绥北森林处置权的争夺正体现了国有林控制权逐渐"省有化"的趋势。1920 年 3 月，黑龙江商人曾蜇生申请承领绥楞（今黑龙江省绥棱县）、通北和萝北等处国有森林，组织绥北森林公司。黑龙江实业厅收到申请后展开调查，在勘界过程中发现该林区存在林产纠

---

① 《致中华汇丰银行函》，转引自王长富《东北近代林业经济史》，第 157 页。
② 《吉林省大事记（1912~1931）》，吉林省档案馆，1988，第 135 页。
③ 《吉林省长公署关于林商田吕山与王镇廷等套报林场一案的训令》（1923 年 12 月 22 日至 1924 年 3 月 15 日），吉林省森林局档案，J114-01-0141。
④ 《吉林森林局为各林业公司及林商均按期呈验林照案的训令及方正等县及各林业公司的呈文》（1919~1920 年），吉林省森林局档案，J114-01-0014。
⑤ 《关于崔志伦条陈整顿江省林政》（1920 年 1 月 9 日），黑龙江省档案馆藏黑龙江省实业厅档案，73-1-299。以下档案号以 73 开头者，馆藏地和全宗名称与此同，不另注。

纷，正与几家林业公司协商。11月15日，农商部突然颁布训令，要求接收绥北公司林区产业。新任农商总长王迺斌在训令中说，由于教育部提议各学校"经营殖产，积立基金"，请求政府特别拨给"公有荒地、森林及林矿"。国务会议经过讨论，决定将绥北公司林区产业"拨发教育部作教育基金，提交国防会议"，并即将派人来接收。[①]

如果说，此前农商部对东北国有林的直接管理是在国家长期缺位的情况下抵御日俄渗透和保卫地方利权的一种努力，那么，此时农商部一纸部令就要把黑龙江的国有林产变成中央的"教育基金"，在黑龙江省省长孙烈臣看来，就是中央在以"森林国有"的名义侵犯地方权益。孙烈臣拒绝了农商部的要求。他在回复中说，中央"未与江省接洽，遽然派员来江接收，事属唐突"；况且林场何时能收成效"尚难预卜"。孙烈臣表示，绥北林业公司的收益本应用来偿还林矿借款。即使现在林矿借款另有筹赎，该林区财产也应"拨还江省"，不能"提归部有"。[②] 在僵持数月后，国务院经过复议，最终放弃接管绥北森林。按照此前东三省国有林的管理模式，农商部理应有权直接管辖黑龙江省的国有林，即使根据"吉黑林矿借款"的协议，黑龙江省的无主森林属于担保林，中央政府及直辖森林局也应对绥北国有林拥有管理权，但事实上，黑龙江省政府不仅全权接管了本省的国有林，还拒绝了农商部的查收。这表明，此时中央政府和东三省地方的关系已经发生较大变化，新任靳云鹏内阁所代表的中央权威已不被地方完全认可。

黑龙江森林局与中俄边境"鄂伦春特别林区"的设置

东北在实业开发中涉及大量对天然林木的采伐。无论是开垦、采矿、修路还是安顿劳工、补给燃料，都需要以采伐和使用天然林木作为基础。在国有林制度推行以前，东三省各类矿局、路局及劳工往往自主采伐，不用向任何局所报备。然而，在国有林制度推行后，按照规定，凡在东北林区内进行开垦、采石和采矿等涉及采伐天然林的活动，都必须首先向农商

① 《农商部训令黑龙江实业厅》（1920年11月15日），73-1-301。
② 《绥北公司林区应由江省主持核办》（1920年12月26日），73-1-301。

部林务局申领执照。只有经林务局勘测登记、发放林照后，才能合法伐木，否则就是"盗伐国有林"。为合法避开国有林报领的山林照费负担，地方实业部门往往要求开辟"特别林区"，共享国有林的管理权和收益权，这样既节省了报领成本，又充实了本部门的经济实力。

在黑龙江省，沿中俄边境地区的瑷珲、漠河、萝北和呼玛等"特别林区"的建立就是森林局与金矿局之间围绕国有林所有权和采伐权斗争后的结果。库玛尔金矿位于黑龙江右岸呼玛县。1908年，时任黑龙江巡抚的周树模从俄人手中赎回该处金矿，成立库玛尔金矿局。余庆沟金矿在黑龙江右岸呼玛县西南120里，1911年开办，系官商合办性质。1913年改名为余庆沟金矿局。① 1918年6月12日，黑龙江省金矿总局成立，负责统筹中俄边境上的金矿开采。在国有林政策推行以前，黑龙江沿岸的大兴安岭国有林长期以来由官办金矿局控制，金矿局对丰富的矿区森林享有长期支配和无偿采伐权。且由于金矿局地处偏远，位于大兴安岭深处，原农商部林务局鞭长莫及，往往听之任之，未能有效收取山林照费。

1919年，新的农商部黑龙江森林局设立后，正式要求金矿部门有偿承包国有林，以之取得矿区内合法采伐天然林的权力，这一要求给金矿局的经营带来了挑战。库玛尔和余庆沟金矿局一向掌握大面积的大兴安岭天然林，而金矿开采、安顿工人和维护沿途邮路的任务都极其耗费木材；如果正式向森林局报领矿区内国有林，金矿局将难以承受相关山林照费。为此，库玛尔金矿局局长何守仁与余庆沟金矿局局长孙兰昇一起，向黑龙江实业厅上书，要求在中俄边境的国有林区内建立"特别林区"，将矿区国有林的所有权和采伐权都交给金矿局。

金矿局局长何守仁和孙兰昇在请愿书中列举了金矿局不能接受报领国有森林的三项理由：第一，节约金矿开发的成本；第二，事关中俄边防；第三，事关大兴安岭鄂伦春族的基本生活保障。其中，金矿开采对天然林木的需求量极大，从勘探、开采、运输到最后的选材，几乎每一个环节都需要消耗木材。据何守仁介绍，金矿开采的第一步是勘探金矿矿种。在勘探中，工人们需要制作脚手架，挂上篮子和绳子，以便将坑里的沙子运到

---

① 陈真编《中国近代工业史资料》第三辑，三联书店，1961，第581页。

矿坑之外。制作脚手架就需要砍伐大量林木。其次，在金矿的开采和运输过程中，工人们一般需要用松木修筑水路和用原木修筑山路，修路也是极其耗费木材的工程。最后，为了给工人们提供休息场所，金矿局一般会在森林中统一修建木屋。由于大兴安岭冬天天气极寒，工人们平日需要依靠焚烧原木取暖，其日常生活也需要消耗木材。

何守仁因此建议，将呼玛、萝北、漠河、瑷珲四处国有森林设为"特别林区"，其木材"均作金矿之附属品，不再出放"。他在请愿书中写道："倘一旦将矿区天然之森林砍伐权消亡之，是伐木必缴山本，则全省金矿得不偿失，直无一处可做也……若令办金厂者买木开矿，则所耗之材，将倍蓰于所得之财，而矿务必不可为。"同时，何守仁警告说："思黑龙江本瘠苦之区，财赋收入无论何项不逮奉天、吉林，其能与奉、吉争先者惟金矿收入。今金矿如此危急，若不保存，恐财政前途不堪设想！"在信的结尾，何守仁也提到了鄂伦春人对自由采木的依赖。他表示，长期以来，鄂伦春人的生存完全依赖于大兴安岭林区内的自然补给。如果开放该区森林承领，任由外人入山采伐，会给鄂伦春人的生存造成影响，最终可能导致鄂伦春人投靠俄国人。[①]

余庆沟金矿局局长孙兰昇则提出了哨道的边防问题。嫩江和漠河之间的驿道贯穿了大兴安岭的国有林区和金矿产地，是林矿运输和边防补给的重要干道。1916年，朱庆澜军长在嫩江与漠河之间重修了嫩漠邮路，从此，"沿边两千余里有路可通"，俄国人遂"划江自守，不越雷池一步"。孙兰昇表示，由于养路费较高，从1917年起，驿道沿线的金矿局和矿务公司开始逐站（逐段）分摊费用。在嫩江—漠河驿道沿线的34个驿站中，余庆沟金矿局负责维护其中的14个驿站。孙兰昇表示，由于驿道的维护费已经很高，如果再增加一笔国有林报领费，将完全超出金矿局的承受能力。同时孙兰昇反复强调嫩漠邮路的边防和公共意义，他指出："本省之嫩漠邮站，对外则俄人不能越境，可以巩固边圉，是有关于国土保安；对内则交通便利，又可于邮路两旁兴垦实边，系供公用之必要也。"[②] 因此，他要求在嫩

---

① 《呈为森林发放有碍矿务进行缕陈各种障碍情形》（1919年5月26日），73-1-295。
② 《呈为嫩漠邮站缔造艰难请将附站森林留充公用以资补助》（1919年6月11日），73-1-295。

漠邮路沿线单独划出一片国有林区，作为专门的"护路森林"，留作公路养护，且矿局可以永久免费使用。

"矿区森林"和"护路森林"作为特别林区的建议得到了黑河县知事施绍常和黑龙江省省长孙烈臣的支持。他们以《东三省国有林发放规则》第5条"涉及国土安全或公共用途的森林可由国家收回"作为设置特别林区的法理基础，要求矿区森林不必收归农商部森林局管辖。最终，金矿局的请愿得到了农商部的批准，黑龙江北部的边境森林停止发放，金矿局以"矿区森林"和"护路森林"的方式继续享有该处天然森林的所有权和采伐权。这些特别林区的设计，实际是农商部和森林局对金矿局的国有林所有权与管理权的承认和让渡，也是地方政府和实业部门为维护地方利益，对《森林法》和国有林制度的灵活运用。

由于东北边疆独特的自然和政治情形，东北国有林往往还涉及土匪的清剿问题。在黑龙江省，由于林区广大人烟稀少，土匪集团势力强大，警察或军队的支援是保障国有林发放的前提。例如，木兰县和黑河县的国有林场位于县治数百里以外，每次两县县知事需要带队考察木兰的短期伐木营地或勘察瑷珲地区的国有林场时，就会给绥兰道道尹于驷兴写信，请求派警察或地方军队协助，甚至建议直接"由警察兼理林务"。[①] 同样的情形也存在于奉天省东边道。由于每年秋冬之际木把团体会入山伐木半年，他们大量聚集在一起，平时正常伐木，闲时聚众抢劫，形成"胡匪、木把不分，今日之胡匪，即昨日之木把；此时之木把，及将来之胡匪，心性靡定，反复无常"的情形，因此，大部分报领了东边道国有森林的商人和民众在进山伐木时，也常常会要求地方衙署派兵保护，以至于"军队不敷分布"。[②] 由此可见，在东北国有林的实践中，仅依靠林务局难以完成对边疆国有林的有效管辖，各职能部门已经成为事实上东北国有林的经营权和管理权主体。

谷钟秀自1917年起也提倡在乡村建立林业公会。东三省林业公会逐渐发展壮大，特别是在黑龙江。1928~1930年，通河、绥棱、汤原、嫩江和

---

① 《绥兰道尹于驷兴呈》（1925年12月3日），62-3-1413。
② 《辽宁省政府为垦殖委员会请将金川辉南等县林场规划会事》（1929年1月19日），JC010-01-4569。

源茂等地的木材商人团体联合起来，率先成立了林业公会。其中，绥棱木商同业公会是当时黑龙江最大的社团，于1926年初步成立，1929年得到绥棱县政府的正式承认。该公会由60位独立经营山林和木材厂的商人组成。会馆设有理事会，由7名委员和3名常务委员组成。60岁的李绍棠被选为总会长，韩振奎为副会长（见表5-1）。林业公会的成立有效补充了黑龙江国有林区的基层组织。

表5-1　1929年黑龙江省绥棱县林业公会人员名单

木材厂名称	经理	木材厂名称	经理
天德木厂	李绍棠	三江木厂	于江
振兴木厂	韩振奎	春升木厂	邢万春
三合木厂	毕文元	万巨木厂	侯万里
福成木厂	王银成	福隆木厂	张杰
振海木厂	李振海	万福木厂	孙万福
德记木厂	孙德利	福升木厂	乔福林
永远木厂	卫明远	玉德木厂	傅玉贵
景记木厂	刘景宽	魁兴木厂	王长珍
玉丰木厂	贾玉丰	德有木厂	何德有
顺升木厂	阎顺	礼记木厂	王德礼
金升木厂	张金贵	魁业木厂	林广奎
福兴木厂	赵福	魁元木厂	张占元
德盛木厂	宋德盛	和兴木厂	谢橙举
有余木厂	范德有	万巨木厂	李作善
太山木厂	柴长山	永厚木厂	王奎
瑞记木厂	于洛瑞	忠义木厂	田忠义
长和木厂	郭长和	胜记木厂	李胜焕
义合木厂	宋伯义	才记木厂	赵才山
永发木厂	王富	兴隆木厂	郭星旺
连升木厂	丁连贵	东方木厂	艾连芳
玉记木厂	乔玉成	同茂木厂	姜茂发
永升木厂	周凤山	同升木厂	孙子同
俊记木厂	吕勒	明记木厂	孙举

木材厂名称	经理	木材厂名称	经理
福和木厂	于福有	永成木厂	刘锡珍
焕记木厂	贾焕章	世来木厂	王世来
通远木厂	刘青莲	后记木厂	吕勤
振武木厂	唐振武	正大木厂	高福
永盛木厂	刘殿举	德长木厂	于德才
瑞兴木厂	李瑞林	福海木厂	赵福海
大发木厂	佟万金	长寿木厂	滕寿山

资料来源:《黑龙江省绥棱县林业公会人员名单》（1929 年），73-1-295。

第五节　民初东北林科毕业生的培养与去向

早在清末，林业专门学校就在东北逐渐推广，并培养了一批本土的林科毕业生。1906 年起，奉天省开设了两所农林学校——奉天官立中等农业学堂和奉天森林学堂。奉天森林学堂以培养林学人才为目标，设速成班和长期班，速成班学制 2 年，长期班学制 5 年。第一批招生 60 人，以 300 人为定额，由日本技师担任教习。[①] 1911 年，森林学堂和农业学堂合并成为奉天官立农林学堂。[②] 吉林省内有 1907 年开设的吉林实业学堂一所；1907 年至 1911 年，黑龙江省有农业学堂 7 所。[③]

清末民初以后，随着林学和农学专业学校的广泛建立，林学作为一门专门的知识已被规范化。而"专门人才"的观念也根植于大多数林科毕业生的心中。例如，奉天农林学堂完全科毕业生孙世俊，曾在代表本系同学

---

① 徐世昌等纂《东三省政略》卷 9《实业·奉天省三十一》，第 1537 页。
② 民国《奉天通志》卷 151，第 14～15 页；李皓：《赵尔巽与清末奉天政局（1905～1907）》，第 193 页。
③ 1907 年吉林实业学堂成立，候选道陈继鹏为监督，设农业本科。1907 年，黑龙江南路初等农业学堂设立，有教员 4 人、学生 74 人。1908 年，黑龙江呼兰初等农业学堂成立，有教员 2 人、学生 74 人。1910 年，黑龙江安达初等农业学堂成立，有教习 1 人、学生 13 人；黑龙江海伦初等农业学堂设立，有教员 2 人、学生 53 人；黑龙江瑷珲初等农业学堂设立，有教员 2 人、学生 43 人。1911 年，黑龙江肇州初等农业学堂成立，有教员 2 人、学生 17 人；黑龙江南路中等农业学堂设立，有教员 6 人、学生 50 人。参见苑朋欣《清末农业新政研究》，山东人民出版社，2012，第 233～236 页。

申请工作的集体信中写道：

> 国家富强在扩充实业，而扩充实业尤贵专门学识之人，农林等科本占实业中最重要部分……奉天实业现虽未大发达，而具有萌芽，正赖此学识之人力为提倡，生不敢以有此学识自居……查国家新官制不久施行，各司道署及各县署均设有实业一科，据所规定有科长、科员及技正、技士等额在需人，伏乞本国家用人各当其才之意……不至国家设专门学校，造就专门人才，使不获专门之用。

同校的另一位林科毕业生代表方泳之也写道：

> 现当国家肇基伊始，农林实业在在待兴，赖有实业专门知识之人为之整理。生毕业农林，于农林、矿产略具把握。虽无相当用途，岂可置于废弃。况既受国家之栽培，即应尽报酬之义务。[1]

如上所述，林科学子已经视林学为一门"专门之学"，并以自己为"专门人才"为荣，渴求获得"专门之用"。"服务实业"的话语也逐渐被"服务林政（林务）"的话语所取代。

"服务林政"作为一个口号，常常被林科毕业生写入申请工作的应聘书中。该话语的流行一方面显示了林业宣传的广泛影响，另一方面也残酷展示了宏伟的国家计划与狭窄的林学就业市场之间的差距。1915年，奉天行政公署[2]收到了30多份来自奉天省立农业学校（前身是奉天森林学堂）林科毕业生的申请，请求应聘林务局（包括实业部）或中日合办鸭绿江采木公司的实习技师职位。他们的年纪在26岁至30岁之间，且多以甲等毕业生身份毕业。但最终，只有约1/4的人被录取（见表5-2）。其中有不少毕业生提到愿意为奉天的林政事业服务。例如，夏秉衡申请了鸭绿江采木公司

---

[1] 《奉天行政公署为东路观察使呈复采木公司拟具请派林科毕业生练习事》（1913年3月），JC010-01-007782。

[2] 奉天行政公署、奉天巡按使公署、奉天省长公署、奉天行省公署等可视为同一个政府机构不同时期的延续，名称多有变化。

的职位，他在信中写道："愿及时自效，借以提倡林业发达，实业报国"；另一位林科乙班毕业生阎恒荣写道：

> 所学之志恒以林政为怀，奈何毕业后因新政繁兴，独林务之事未曾创立。虽有所学者，只得赋闲。近阅牌示有请求派往安东采木公司录用，以资补助联系。林务科学者不可胜数，因前习林科与林务相符，甘愿奋志林务！

由于对林科专门人才的需求量较小，很多林学专业的学生最后在当地的小学里教书，但大多希望能有机会重回与林科相关的职位。比如，1915年，曾任沈阳榆树小学校长的胡元祯就应聘去鸭绿江伐木公司当一名技术员。他解释自己的动机是在小学工作乃不得已而为之，是被迫放弃自己的喜好。他的同事赵鹤龄则坚持，"国家造就专门人才，原以备国家之用。生等林科毕业生实业无不完全，既研究有素，岂宜废弃"。然而，令人啼笑皆非的是，国家林务机关的成立，并不一定会为林学毕业生创造新的就业机会，相反，它缩小了专业人才的范围。在所有的申请信中，至少有4位应征者（刘复林、阎致中、李承舜、金之篆）提到了民国时期奉天设立的实业厅等官僚机构"缩小范围"，导致他们无法将自己所学的东西投入其中。的确，这4位林学学生在清末都从事过由前任劝业道官员领导的林务或勘界工作，但在正式的林业局成立时，又有新人填补了他们的职位。尽管如此，极少数幸运的优等毕业生还是会受到赏识。例如，毕业于奉天省立甲种农业学校的彭兆麟，被选送到北京国立农业专门学校附设农业教员养成所继续学习，得到奉天省政府的大力推荐。实业厅官员们认为"前鸭江公司要求停送毕业生，现已逾两载，此项练习人员可酌量收储"。

民国时期东三省林务局的成立，虽然为林学毕业生创造了对口的就业岗位，但竞争却异常激烈。中日鸭绿江采木公司技术员实习生的薪资为每月大洋45元，这对大多数林科毕业生来说是一个极具吸引力的工资待遇。但作为中日合办的企业，它要求中方技术员能有较好的日语会话能力，以便与日本员工交流。因此，语言要求成为很多中国林科毕业生的障碍，而毕业于日本林学院的中国学生本就拥有更多的优势。但是，在经费紧张时

157

期，即使是京都大学的林科毕业生也会被拒之门外。

小　结

清末以来，中国朝野大致已认识到，国有林的创办"非人民智识之所能周，抑非人民势力之所能及"，必须要有国家的参与。但具体由谁来代表国家行使国有林的国家所有权和管理权，其实经历了一个长期的央地权限划分过程。在民初东三省森林国有化的进程中，东三省国有林历经"部办""部省合办"，再到"部办与省办并行"，其国有林所有权和管理权主体从农商部逐渐分散至地方官署和各实业部门。各方势力围绕国有林的国家所有权、管理权、采伐权和收益权等展开博弈和斗争。这其中既有"中央的国有林"，也有"地方的国有林"；一省之内，各实业部门之间也涉及对国有林管理权和采伐权的争夺，既有"森林局的国有林"，也有"金矿局的国有林"。这一时期，随着中央权威和地方实力的此消彼长，东北国有林的国家所有权和管理权主体逐渐从由农商部独占变为多层次和多元所有。

《森林法》关于"农商部直营"和"委托地方官署"的国有林的规定，为中央和地方之间交涉国有林管理权提供了法理基础和灵活发挥的空间。各方按照需求，有选择性地强调《森林法》的某一条文，或做出完全不同的解释。例如，按照《森林法》第4条，凡"关系江河水源者"、"面积跨越两省以上者"和"关系国际交涉者"的国有林应由农商部直接管理，其余国有林"委托地方官署管理"。农商部在要求直营东北国有林时，往往强调东北地区的地缘局势和天然林储备丰富的特点，正好对应《森林法》中对"农商部直营国有林"的要求。相反，地方官署在要求国有林的管理权时则强调《森林法》第3条"国有林除农商部直接管理外，得委托地方官署管理"，只谈地方官署可以被"委托"，直接略过农商部直营的情形。库玛尔金矿局和余庆沟金矿局则是"断章取义"地援引第5条"公有或私有森林，农商部认为经营国有林有重大关系者，得以相当价值收归国有"，来强调金矿局直接享有"矿区森林"和"护路森林"的国有林国家所有权和管理权。最终，金矿局成为林务局和地方官署之外的新的国有林所有权主体。

虽然在一定时期内，中央和地方之间存在东北国有林权限划分的矛盾，但总的来说，民初北洋政府推行的东北森林国有化，为东三省创造了统一的森林行政。以往东北天然森林的管辖主体较为分散，垦务局、清丈局、木石税局及地方县署都有权对其辖区内无主森林进行划区收费，发放证照。但国有林的推行以及农商部林务局的设立，使国有林制度成为东三省的基本林政，很大程度上改善了地方衙署各自为政的情形。即使在1922年张作霖取得东三省军政大权后，国有林的名字和机构也一直保留。这一时期，北洋政府和东三省地方实力派围绕国有林的管理权展开博弈，既有合作又有冲突，从而引发了从中央到地方层面政治和经济治理结构的变化，也深刻影响了东北边疆森林的管理体系和空间秩序。

清末民初，随着西方林业知识的传授和世界市场对木材的大量需求，建立专门的国家机关和培养林学人才成为新的趋势。但是，当"林业"落实为一门专业学科和一份具体工作时，"林业"的概念开始变得狭窄、专门且固定。辽宁省档案馆所藏清末民初东北林科毕业生的求职信，即展示了另一个维度的"林业"认知。在信中，林科毕业生普遍使用"实业"一词来指代"林业"。他们强调"国家富强"与"实业"之间的关系，并以"专业人才"自居，将个体嵌入国家富强的需求中来。但在实际中，由于当时中国整体实业发展水平有限，能够为林科毕业生提供的工作机会极少，大部分林学专业的学生毕业后只能到当地小学任教。此外，在林务局和实业厅成立后，林科学生的就业范围反而进一步缩小，就业门槛进一步提高，导致"专门人才"也无法获得"专门之用"。整体而言，清末民初的"林业"概念为中国官方控制森林和领土资源提供了合法性，却没能为林学毕业生提供合适的就业市场。对林科学生而言，"林业"因此成为他们作为"专门人才"的身份认同，也导致他们在"国家之用"的宏大理想和个人谋生之间反复挣扎。本书第六章将以奉天为例，讨论民初国有林制度引发的产权争议和东北地方秩序转型。

表5-2　林科毕业生应聘信息（1913~1915）

姓名	申请动机	毕业学校和经历	应聘部门或职位	结果
夏秉衡	愿及时自效，借以提倡林业发达，实业报国	宣统元年正月改入森林学堂本科肄业，在校5年，修业期满。于1913年底考试毕业领有证书，后即蒙农业试验场长留无场内技手	鸭绿江采木公司技术员实习生	接收
孙献卿 邸集勋	欲侧身普通教职，又觉非用所学	孙献卿是奉天省立甲种农业学校林科甲班生，1912年12月以乙等生第30名毕业，平均分75分4厘2毫；邸集勋是林学乙等生，1913年2月以甲等生第9名毕业，平均分84分8厘	鸭绿江采木公司技术员实习生	接收
胡元祯 车葆桂	不得已改就沈阳现树林子处小学校长之职，及奉集堡小学校教员之职	奉天省立甲种农学校林科乙班毕业	鸭绿江采木公司技术员实习生	接收
高嵩林*		奉天农林学校林科甲班毕业生。1908~1912年就读于该校，平均分82分1厘5毫，毕业时为甲等生，排名第14	鸭绿江采木公司技术员实习生	接收
李承舞 金之巍	民国成立各实业机关，缩小范围，致未得尽其所学，未免有负国家育才之旨	1911年以优等生身份从奉天森林，被派往彰武县，临江县调查森林。1912年考入南京国大学铁路科肄业	鸭绿江采木公司技术员实习生	接收
赵鹤龄*	望国家振兴实业，既受国家培养，自应以身效命	1908年考入奉天省森林学校甲班预科肄业，1910年2月毕业得中等证书，69分7厘2毫，又升入省立甲种农业学校林科甲班，1912年冬底毕业，得中等证书，69分8厘7毫	鸭绿江采木公司	接收
郭鸣科		1908年考入奉天林学校甲班，1910年毕业，成绩70分8厘7毫9。1912年考入省立甲种农业学校，1912年毕业，成绩为68分6厘5毫	鸭绿江采木公司	接收
简恒荣	所学之志恒以林政为怀，奈何毕业后因新政繁兴，独林务之事未曾创立，虽有所学，只得赋闲	肄业于省立甲种农业学校林科乙班，修业5年	鸭绿江采木公司技术员实习生	拒绝
简候楷*	因家境清寒，不能上进，以林业无所用，乃损古耕资糊口，孰意水灾频仍，生教书之所均成泽国……所教之学生解散辗转	1912年农林学校林科优等毕业	鸭绿江采木公司技术员实习生	拒绝

续表

姓名	申请动机	毕业学校和经历	应聘部门或职位	结果
刘复炎	生于今年4月24日派赴安东采木公司练习……不料孀母患病香逝，生急火忽攻，亦染沉疴，挺卧调治月余之久……现愿意续朴，自带盘缠，输义务劳动、研求之力	农林学校林科第二级毕业	鸭绿江采木公司技术员实习生	拒绝
赵镇洲	曾在小学教书	森林学堂毕业生	鸭绿江采木公司	拒绝
苏汉忠		农林学校林科甲等毕业生。毕业前，被劝业道官员派到松子官山。而后致力于小学教学	鸭绿江采木公司	拒绝
彭兆麟		奉天省立甲种农业学校林科毕业，送北京国立农业专门学校附设农业教员养成所，于本年7月毕业回省	鸭绿江采木公司技术员实习生和奉天林务局	接收
刘复林	民国成立各实业机关，缩小范围，致未得事其所学	1911年以转学生身份入学，1913年以B类学生身份毕业，平均成绩74分7厘	鸭绿江采木公司技术员实习生	拒绝
阎致中	民国成立各实业机关，缩小范围，致未得事其所学	1910年毕业于奉天林校，被劝业官派到兴京调查森林	鸭绿江采木公司技术员实习生	拒绝
毕钟麟	因家境艰难升学无力，本县既无林业籍贯，实业厅造林又缺乏资本，数年来备书以糊口	1916年奉天省立甲种农业学校林科第三级毕业	鸭绿江采木公司和奉天林务局	拒绝
关叔平鄂彦硕			鸭绿江采木公司技术员实习生	接收

续表

姓名	申请动机	毕业学校和经历	应聘部门或职位	结果
孙世俊、刘国潘、赵鹤龄、闾模楷、郭敏、张沛霖、宋天芳、泽深、秘辉彰、李任刚	具备林学专业知识	专门的林业知识	奉天实业厅	等消息
张世明、刘绍白、夏再兴、刘复礼、宋德香、朱怀智	具备林学专业知识	毕业于奉天农林学校。曾被前任劝业道官吏派去调查森林	奉天实业厅	拒绝
鲁武曾	具备林学专业知识	毕业于奉天农林学校	奉天实业厅	拒绝
方泳之	具备林学和矿务专业知识	毕业于奉天农林学校	奉天实业厅	拒绝
左骏名、苏汉忠	具备林学专业知识	毕业于奉天农林学校	兴京官山丈地局所属采木公司	接收
张鸣韶、宫步南	具备林学专业知识	毕业于奉天农林学校	鸭绿江采木公司	拒绝

续表

姓名	申请动机	毕业学校和经历	应聘部门或职位	结果
高蕊林		毕业于奉天农林学校	鸭绿江采木公司	拒绝
王秉权				
崔凤山				
傅金声				
李国森		毕业于奉天蚕桑专业	奉天实业厅	拒绝
李吉庆		农林学校加速班毕业	鸭绿江采木公司	拒绝
张云栋		林科毕业生	广宁县政府	等消息
郭敏		毕业于奉天农林学校	鸭绿江采木公司	拒绝
姚文垫		毕业于奉天农林学校	鸭绿江采木公司	拒绝
刘俊臣	希望在奉天推广蚕业	毕业于奉天蚕桑专业	广宁县政府	拒绝
隋鸿举	致力于实业发展	京都农学院毕业，并获得农林省的推荐信	奉天省政府	拒绝

注：表中数字及相关描述，均据档案原文。

* 申请过两次的毕业生。

资料来源：《奉天行政公署为东路观察使呈复采木公司拟具请派林科毕业生练习事》（1913年3月），JC010-01-007889；《奉天巡按使公署为林科毕业生夏秉衡等票请饬文采木公司量任用事》（1915年3月），JC010-01-0022573。

第六章

民国时期东北森林的权属变迁与法律纷争

——以奉天为例

作为近代中国面积最大的天然林区，东北森林的权属关系可谓近代中国地权演变中的重要问题之一。森林产权的析出、流转、重构和竞争不仅直接牵涉东北地区土地利权和经营方式的改变，也与清末民国时期中国的国家财政和边疆治理转型紧密相关。以往学界有关中国南方地区山林的研究，已经注意到传统社会山林产权与地权的丰富面向及其近代纠葛，但是，就东北地区的土地史和林业史而言，相关研究基本仍将关注点集中在平原区的地权演变上，[①] 对东北森林的国有化以及林地产权与林木产权的细分等问题较少讨论。

事实上，从 19 世纪下半叶开始，随着大批关内移民涌入谋生，东北地区许多耕地与山林相连形成山场，一些农户在山场中从事采参、伐木和种柞养蚕等林下经济活动，[②] 该地区的土地和森林权属关系已在悄然发生变化。民国成立后，北洋政府陆续颁布《东三省国有林发放规则》等法律法

---

① 参见孔经纬《清朝统治时期东北官地旗地的经营和向民地转化》，《吉林大学社会科学学报》1978 年第 Z1 期；衣保中《弛禁放荒与东北地区资本主义的产生》，《吉林大学社会科学学报》1999 年第 3 期；Reardon-Anderson James，"Land Use and Society in Manchuria and Inner Mongolia during the Qing Dynasty," *Environmental History*, 5. 4（2000），pp. 503－530；Christopher Mills Isett，"Village Regulation of Property and the Social Basis for the Transformation of Qing Manchuria," *Late Imperial China*, 25. 1（2004），pp. 124－186；等等。

② 陈福增：《抚松县人参栽培史略》，《抚松县文史资料》第 4 辑，抚松县政协文史资料研究委员会，1988，第 44 页；丹东市民族事务委员会民族志编纂办公室编《丹东满族志》，辽宁民族出版社，1992，第 74~76 页。

规，在东北地区推行国有林制度，将无主荒地和天然林木编为国有林，使天然林木的所有权从森林产权中单独析出并国有化，形成了独特的"国有林权"，东北森林的权属结构被重新划分。这些现象都是较之于传统社会森林权属关系的重大变动。

其中，奉天地处长白、华北和蒙古三大植物区系过渡地带，森林资源丰富，又是奉系军阀的主要活动地域，其森林权属关系演变相当值得注意。在该省的天然林区内，国有林权在传统地权中的延伸实际上导致了林权界限的模糊，从而引发了大量有关私有山场林木所有权、公共山林使用权，以及跨代际、跨区域林场报领的冲突和讼案。本章尝试利用辽宁省档案馆藏奉天公署和奉天林务局档案，通过考察奉天森林产权在多轮土地和森林制度改革之下的嬗变及纠纷，来探讨国有林权如何从传统地权中析出、流转和引发争议，并逐步重塑当地的林权秩序。这样或有助于我们更为深入地理解近代中国东北的边疆治理情况和现代化转型进程。

第一节　清末民初奉天森林的权属演变与林权习惯

晚清民国时期，奉天的森林资源主要分布在长白山支脉龙岗山以南、鸭绿江以北、柳条边以东地带，其范围相当于今天的辽宁省东部和吉林省东南部，地形以山地、丘陵为主，间有小块平原。清朝前期，清政府在柳条边以东设置采捕山场、围场和柳条边外巡防地区（"东边外"），严禁边民伐木垦荒。[①] 奉天东部的森林植被因此得到较好保存，形成了人为的天然森林景观，并储备了丰富的林木资源。据统计，民国时期，长白山区及其余脉森林面积达 450 万公顷，蓄积量为 10 亿 m^3；其林木种类繁多，包括红松、落叶松、柞树和水曲柳等珍稀树种。[②] 不过，自 19 世纪六七十年代起，随着移民大量迁入，该地区原有的森林秩序已无法维持。此后，清政府在当地设置民署行政机构，并于 1877 年设分巡奉天东边兵备道（东边道），统辖区域包括后来析出的安东、凤城、宽甸、桓仁、兴京、本溪、通化、

---

① 黄甲元编著《长白山区开发史稿》，第 14~18 页。
② 吉林省地方志编纂委员会编纂《吉林省志》卷 17《林业志》，第 22 页。

辑安、临江、抚松、柳河、海龙、辉南、安图等 23 个县。奉天东部的森林管理秩序面临重构。

随着招垦政策的推行和新的管理机构设立，奉天东部的山林权属也随土地权属的变化而被重新规范。清朝前期，"东边外"是八旗人参山场和军事禁区，其森林产权主要表现为模糊的国有和皇室私有。1874 年，清廷将柳条边以东地区全部开禁，准许流民开垦荒地及熟地升科。① 自此，部分奉天东部森林逐渐作为一种荒地类型被纳入民有册地。光绪时期，清政府在奉天东部地区设垦务局，丈放八旗围场和山场等官荒。根据土地肥沃程度和地形条件，垦务局一般将荒地分为正段地、山荒地、树川地、草甸地四等。② 其中，山荒地和树川地均为森林，属于不便开垦的次等土地，允许私人向垦务局自由报领，耕种五年后升科。在此过程中，许多山场森林随着土地丈放被卖给私人。据统计，从 1863 年至 1908 年，东边道所辖地区共向农户放荒 2100917 亩。③ 其中大量土地为林场。

为解决土地移垦中存在的旗民二重体制等问题，清政府在日俄战争结束后着手整顿东三省垦务，派遣官员整理边内官庄熟地，同时通过垦务局招垦荒地，并对已垦地亩实行清赋，进一步加强对奉天土地的管理。1907 年，东北地区改设行省，韩承烈任盛京内务府庄地清丈委员，继续清丈内务府庄田。东三省总督徐世昌则继续推动将官地丈放给私人，重组为民地。1899 年至 1908 年，奉天境内合计放垦土地达 1500 万余亩。④ 这一时期的官荒招垦和官地丈放虽较少直接涉及森林问题，却再次改变了奉天的土地产权关系和经营秩序，进而也对奉天森林的权属关系演变产生了重要影响。

中华民国成立后，北洋政府在东北地区推行新一轮的官地清丈。此前未被私有化的皇室土地和官地继续被转卖。1912 年 12 月，北洋政府还颁布《清查庄地试办章程》，分西、南、北三路查丈盛京内务府庄地，并规定庄头优先报领。内务府庄地等官地相继流入私人庄头手中。1914 年，北洋政

---

① 许敬文主编《东沟县志》，辽宁人民出版社，1996，第 1040 页。
② 王革生：《清代东北土地制度史》，辽宁大学出版社，1991，第 90 页。
③ 南满洲鉄道株式會社『満洲舊慣調査報告書・一般民地・中巻』南満州鉄道總務部事務局調查課、1915、136 頁。
④ 林文凯：《晚清奉天省土地改革与日本关东州土地调查：统治理性与调查学知识之比较》，《"中央研究院"近代史研究所集刊》第 114 期，2021 年 12 月。

府又颁布《国有荒地承垦条例》，将荒地类型细分为江海河湖涂滩地、草地和树林地三个种类和五个等级，承领价格依次下降。森林多被列入第三等荒地，"每亩收价7角"，其承领价格虽高于第四等"高低干湿不成片段者"（每亩5角）和第五等"斥卤沙碛未产草之地"（每亩3角），但明显低于第一等"产草丰盛者"（每亩1元5角）和第二等"产草稀短者"（每亩1元）。[1] 1915年，奉天全省官地清丈局成立，负责丈放省内未开垦的官荒、余荒和蒙荒，并动员省内民众对无主荒地进行报领。森林继续作为未开垦的荒地发放给民众承领或报领。

经过多轮"荒地民有化"和"官地私有化"改革，奉天省自1915年至1924年共丈放王公庄地190万余亩，随缺、伍田等项旗地170万亩。这些官荒的丈放不仅为奉天的地方财政创造了大宗收入，也使该省的土地制度和社会结构发生了深刻变化。据江夏由树研究，由于官地清丈的原则是庄头优先报领，过去登记在满蒙王公名下的官庄旗地和其他政府机构的官田很大程度上转移到了汉人庄头（有名的如张作相、于冲汉和袁金铠等）手中，他们通过优先收购官地积累了大量财富，很快崛起成为所在地区的社会精英。[2] 他们与森林的关系也改变了奉天原有的森林权属结构。

另一方面，在奉天土地私有化的过程中，大量普通农户也通过向垦务局报垦取得了一些私有土地和森林产权。根据奉天的土地放荒要求，农户一般是先向垦务局缴纳荒价、购买土地，然后由垦务局按照"林随地走""山跟田走"的原则，将与田地相连的山场一并发放给报垦农户。农户除获得土地的所有权外，还同时拥有山场森林的所有权和经营管理权，并以地照作为林地权属和林木权属共属民有的凭证。

于是，经过多轮土地放荒后，奉天省逐渐在形式上产生了以私有土地制度为基础的私有森林产权机制。一般而言，农户在垦务局报垦林地并按期缴纳粮赋后，即可获得地照。按照中国传统的地权习惯，地照是土地所有权凭证，地照四至以内的树木和房产都归田主所有。凡祖遗册地或报垦官荒上的森林，均可以纳课地照作为拥有产权的凭证，这也成为清末民初

---

[1] 《国有荒地承垦条例》（1914年3月3日），《张謇全集》编纂委员会编《张謇全集》第1卷，上海辞书出版社，2012，第313页。

[2] Enatsu Yoshiki, *Banner Legacy: The Rise of the Fengtian Local Elite at the End of the Qing*.

奉天民间最为普遍的一种主张私有林权的方式。1921年，凤城县农户孙焕章在要求一处梨树甸子林场的私有产权时即表示，他于1876年向垦务局报荒，1880年领得地照，四十年来"四至以内平地开垦成熟，山岭培养林木"。作为地照持有者，该处林场"既在管业界内"，就应该是他的私有森林。①

不过，以地照确定森林权属的方式并未形成明确的法律规定，受民间习惯影响，奉天森林的实际权属划分往往会掺杂其他因素。对于地照四至以外与田地毗邻并被农户实际占有的森林，奉天民间即经常以林产品捐税证明作为私有林权的凭据。由于采参、伐木和种柞养蚕是奉天东部地区的主要经济活动类型，当地政府除征收田赋外，还给民有蚕场颁发剪照，征收茧照捐；对民有参场征收人参税；对入山伐木者颁发斧照，并征收斧头捐、牛头捐和保卫团费等。②针对被征收税费的山场森林，民间既有以"纳课地照"作为山场私有的凭据；也有以"剪照"等林产品捐税凭证来主张"山场民有"。1920年，宽甸县保长乔万富等就表示，他们占据的某处山场"既经民户领有剪照"，"其界内林木应为民有，已无疑义"。③

此外，清朝各级政府颁发的造林凭证，如"木票""养树执照"等，也会被一些民户当作私有林权的依据。1918年，前清优贡生邓祥麟在向林务局要索本溪东路汤沟森林的所有权时就提出，他的曾祖邓鹏曾于道光年间领有盛京工部木商票一张，负责在本溪东路汤沟乱石处"封山养树"，对"不成材者，概不采伐，继续经理，业经三世"。虽然盛京工部已遭裁撤，木票也被追销，但该处森林是其曾祖"封山养树"所为，他作为后人理应获得先人栽种树木的所有权。1919年，自称汉军镶蓝旗人的纪学成则以他的先人曾于光绪年间获得某处荒地的"养树执照"为由，向林务局申报一处位于其地照四至之外、属于"浮多"地亩上的森林。在他看来，其先人自取得执照后一直在该荒地上培养树木，即使现在的森林范围超出了原有的地照四至，也应为栽种人及其后人所有。这类造林凭证一般没有标注明确的地权，且时间较为久远，具体情形难以确认，因而很少得到奉天林务

---

① 《孙焕章、王维龄呈》（1921年4月17日），JC010-01-27952。

② 丹东市民族事务委员会民族志编纂办公室编《丹东满族志》，第76页。

③ 《乔万富、黄宝山、唐乃福、尹士秀、毕绪德呈》（1920年9月11日），JC010-01-007789。

局的支持；但相关事件的发生却揭示出，森林的权属关系在奉天已成为独立于传统土地产权之外的权利问题。

综上所述，基于特殊的自然条件和晚清以降的土地私有化改革，奉天省在清末民初已逐渐呈现出新的森林权属关系。经由官方提倡的荒地放垦和熟地升科，森林作为一种或几种荒地类型开始引起奉天官民两方的重视。自光绪朝起，民户已可直接向垦务局或清丈局申请购买林地，其地价较平原土地更为便宜。与此同时，森林的产权问题渐渐从传统的土地产权体系中析出，剪照等林产品捐税证明成为民间要索林权的重要凭证。不过，奉天民间对森林产权的认知仍维持在林地与林木合为一体的林权范围内，传统土地产权制度下的公共山林（如寺庙、祠堂的林地）也有所保留。这实际上构成奉天国有林制度推行的重要经济和社会背景。

第二节　民初国有林制度的推行与奉天林权重构

晚清以前，中国官方尚未针对森林产权的内涵和外延制定清晰的法律规章。有关森林、林木或林地的权属规范多散见在关于土地、田宅的律例契约或民间惯习中，大致以"四至以内的森林归田主私有"为基本原则。[①]然而晚清以降，随着边疆危机加剧和西方林权观念传入，东北等地森林的产权问题开始引起中国朝野的广泛关注。具体到奉天，日本自日俄战争后即持续对该省森林进行采伐、盗卖；中日合办鸭绿江采木公司成立后，鸭绿江右岸60里以内的森林更是成为该公司的专属伐木区。通过控制专属林场，日本垄断了大量奉天森林的林木采伐、运输和售卖，严重侵害了中国的森林权益。[②]

为抵制日本对中国东北森林权益的侵夺，国有林制度逐渐进入中国朝野的视野。1910年10月，《湖北农会报》主笔徐天叙即发文指出，清政府应尽快在东北推行国有林，因为中国东北的森林，"名归政府所有，实则视之默然，听其生灭，未能收利"，鸭绿江采木公司成立后，"与日人合股，

---

① 清代有关林木的田宅交易一般会在契约上写明"大小树株一并在内"等条款。参见龙登高《中国传统地权制度及其变迁》，中国社会科学出版社，2018，第24页。
② 「鸭绿江森林交涉」『大日本山林會報』301号、1907年12月、37~38页。

而吾国又无深通林学之人与其事，一切设施将惟日人是听"，日人"必且尽伐其中之良材贵木，仅遗留其恶木轻材"，有损中国"林业经济之保续"。如能将东北天然原生林划为国有林，保留其中可用于"铁道枕木、枪柄材、船舰材"的优质木材，"竭力整顿，以维持立国之要素"，则既可以"恢扩财政"，又能够"保安国土"。①

民国北洋政府成立后，中央开始着意加强对东北森林的控制。1912 年12 月1 日，农林总长陈振先颁布《东三省国有林发放暂行规则》（以下简称《暂行规则》），将东三省森林的国有化推向实践层面。《暂行规则》共20 条，对国有林的定义、发放流程及费用收取进行了初步规范。其中规定，东北地区的无主荒地和原生林地一律划为国有森林，由直属农林部的吉林林务局统一管理，严禁私伐；除林务局自营森林外，其余国有林对民众发放，但发放"以林木为限"。另外，"凡采伐后之林地，除该管官厅认为不能开垦外，该承领人如愿领垦者，按《国有荒地承垦条例》呈请核办"。②这样一来，东三省的森林权属结构被重新划分。

根据《暂行规则》的要求，天然森林和无主荒地上的"林木"须单独收归国有，由直属中央的林务局统筹经营或发放。也就是说，"国有林"不再是林地与林木合一的森林，而是单指"林木"。这样，东北的森林权属就从作为"整体"的森林权属被细分为"林地权属"和"林木权属"；相应的，林地和林木的报领也被拆分为"报荒"和"报林"两套独立系统。"报荒"由垦务局掌管，以《国有荒地承垦条例》为原则，主要涉及国有土地的报领；"报林"则由林务局负责，以随后的《东三省国有林发放规则》（以下简称《发放规则》）为指导，主要涉及国有森林的报领。二者基本上互不干扰，东北森林的管理权因此发生变更。

与此同时，《发放规则》还重新界定了林木的权属规则。在中国以往的土地契约关系中，林木的权属一般由土地的权属所决定。如果某处土地产权为私有，则该土地"四至以内"的林木产权也为私有。然而，《发放规则》中有关天然林木所有权和采伐权的规定，却将无主荒地和原生林地上

① 徐天叙：《论中国急宜设置国有林》，《湖北农会报》1910 年第 10 期，第 1~8 页。
② 《东三省国有林发放暂行规则》第 16 条，参见王长富《东北近代林业经济史》，第 126 页。

的林木一并划归国有，等于是以"是否业主自种"取代了"四至以内"，从而确立了判定林木产权所有的新标准。基于这种规则，私有土地上的林木既可能是私有林木，也可能是国有林木。林木的权属基本从土地权属中剥离出来。

另外，由于东北拥有大量天然森林，晚清以降经过"荒地民有化"和"官地私有化"形成的一些私有土地，也因其四至之内存留有天产林木而被划入国有林的管辖范围。相比同时代美国和日本以"国有土地和国有林木合一"为组合形式的国有林制度，东北的天然森林因为林木权属的析出而被分成两种主要类型——国有土地上的国有林木（官地官木）和私有土地上的国有林木（民地官木①）。两种类型的林木统一收归林务局管理和发放，导致东北地区产生了国有产权和私有产权交杂共存的特殊"国有林"形态。这难免会给东北地区的普通参农、林农造成困扰，并进而引发各类纠纷。

1913 年末，农林部将吉林林务局更名为"东三省林务局"，由该局负责东北国有林木的管理和发放，从名称上规范对东三省国有林的行政管理。此后，由农林部和工商部改组而成的农商部相继颁布《森林法》（1914）和《森林法施行细则》（1915）。其中，《森林法》将全国森林划分为国有林、公有林、私有林和保安林四种类型，并制定了针对四类森林的奖励、监督、保护和惩罚机制。根据这一法律，农商部有权将认为"于经营国有林有重大关系"的公有或私有森林"以相当价值收归国有"；地方政府也可以依据公益等理由禁止或限制公有和私有森林的开垦，并限制或警诫有关公私森林的滥伐和荒废行为。②《森林法施行细则》则规定，森林收归国有，"除通知业主外，应有相当之方法公告之"，自公告之日起，原业主丧失其所有权；凡收归国有之森林，"如有别项纠葛发生时，应责成原业主限期清理之"。③国有林的权属划分在法律层面得以确立。

1917 年，农商部颁布《东三省林务局规程》，废除东三省林务总局，

① 有学者依据日本"民地官木"（又称"部分林"）的森林类型将这一时期东北的国有林类型也记录为"民地官木"，但东北"私有土地上的国有林木"实际上是当时国家将天产林木收归国有的结果，与日本民众"在私有土地上种植国家发放的苗木"有所不同。有关日本"民地官木"的介绍，参见《振兴林业策》，《东方杂志》第 3 卷第 6 期，1906 年。

② 《森林法》，载熊大桐等编著《中国近代林业史》，第 603、605 页。

③ 《森林法施行细则》，载熊大桐等编著《中国近代林业史》，第 608 页。

在各省公署设林务局，国有林发放权力被下放至各省林务局。奉天省也根据本省森林实际情况陆续颁布《奉天国有林小面积发放规则》等多项政令，将国有林报领面积限制在 200 方里以内，推进省内国有林的发放进程。1918 年，奉天督军公署发布《征收国有林管理费规则》，通告加征"国有林管理费"，费用为所伐林木市价的 8%，对国有林管理的财政基础进行强化。1919 年 2 月，奉天省长公署颁布《清理奉天国有林简章》，在《东三省国有林发放规则》的基础上对"国有林"的含义继续细化。该规则指出，国有林的内容应包括"在林木生长以后取得林地之所有权者""无确实林木所有权之证据，按照习惯得认为团体或个人所占有者""基于前两项情事，已将林木转卖者"。国有林的范围被大大拓宽，只要是民间非自种的林木或无法证明是业主自种的林木，都可以被认定为"国有林"并收归国有。此后，奉天省长公署又颁布《奉省保护国有森林规则》等国有林保护规则，禁止采伐生长期 10 年以下的树木，并倡导植树造林。[1] 奉天省逐步建立起集发放、报领、采伐、管理、养护、造林等于一体的国有森林权属体系。

值得注意的是，《清理奉天国有林简章》还设定了地照持有者报领四至以内天然森林的时间期限。该章程规定，自其颁布之日起三个月内，地照持有者可优先报领私人土地上的国有林，逾期则准由他人报领，先到先得，"不准再行争执"。[2] 从一定程度上来说，这种赋予地照持有者三个月内优先报领权的做法虽然有失公平，但却有利于维持当地的社会秩序。此前垦务局在处置荒地时通常也采取将国有荒地优先售卖给土地实际控制者或毗邻村户的办法，即"有原占户者，准原户先领；如无原占，依次以毗连户及所属村会或村户；如毗连所属村会村户不报，即准非所属村会或村户呈报"。[3] 不过，由于该章程的传播和普及需要时间，三个月的设定对地照持有者而言是否合理尚有待探讨。而且，奉天民众大多已习惯从垦务局报领

---

① 《国有林章程》（1928 年 6 月 1 日），JC010-01-004559。

② 《清理奉天国有林简章》（1919 年 2 月 27 日），JC010-01-007789。

③ 《丈放荒山章程》的内容参见《赵赞三呈》（1927 年 12 月 15 日），JC010-01-004583。有学者已指出，垦务局该做法对维系所在地区的社会秩序具有积极意义。参见 Enatsu Yoshiki, "Establishment of the Modern Land System in Fengtian at the Beginning of the Twentieth Century: Development of Land Market in Manchuria," *The Memoirs of the Toyo Bunko*（2001），pp. 101 - 102。

土地后即直接获得林地和林木所有权的森林产权分配方式，是以普遍对向林务局二次报领四至以内的天产林木不太积极，甚至较为抵触。在三个月优先报领期结束后，因为地照持有者不报领而导致四至以内天然森林被他人"首报"的情况比比皆是。这就为此后一系列林权冲突埋下了伏笔。

事实上，自民初以降，随着《东三省国有林发放规则》、《森林法》和《清理奉天国有林简章》等法律规章的颁布和施行，奉天各级官厅对森林权属的认知与实践已经发生明显变化。对官方而言，森林产权不仅从以往"林地合一"的整体林权二分为林地产权和林木产权，而且派生出林木的发放权、报领权、管理权、采伐权等具体的权利。相应的，民户有关森林的权属关系也呈现出结构性变化。民户对林木的所有权不再由地照四至所决定，而是以是否自种来衡量，对林木的使用和采伐亦受到地方官厅的一定约束。地照不再具备直接领受林木产权的效力。

这些基于国有林制度推行而产生的林权结构演变也是对晚清以降东北边疆危机的一种无声回应。尽管《东三省国有林发放规则》等要求民众采伐林木时应注意"林地一亩，存留树木两至三株"，"以直径在一尺以上、树干正直者为限"，而且还奖励伐木后的造林行为，但是其核心内容却在于鼓励采伐，而不是保护。对中央和奉省地方政府而言，这样做的主要目的是争取森林利权。特别是在日本垄断鸭绿江森林开发权的情况下，通过鼓励报领和采伐国有林，来实现对天产林木的工业价值变现，进而获取更多财税收入乃至减少利权外溢，自然就成为当时中国官方的重要选择之一。

表 6-1　奉天地区相关森林法律法规及文告（1912~1929）

时间	相关森林法律法规及文告	发布机关
1912	《东三省国有林发放暂行规则》	农林部
1914	《修正东三省国有森林发放规则部示》《东三省国有林发放规则》《森林法》	农商部
1915	《森林法施行细则》《造林奖励条例》	农商部
1917	《奉天国有林小面积发放规则》《奉省保护国有森林规则》	奉天省长公署

续表

时间	相关森林法律法规及文告	发布机关
1918	《征收国有林管理费规则》	奉天督军公署
1919	《清理奉天国有林简章》 《采伐林木规则》 《清理国有林简章展限三个月事》	奉天省长公署
1928	《国有林章程》	农工部
1929	《发放奉省国有林章程草案》 《整理辽宁国有林暂行章程》	奉天实业厅

资料来源：《张謇全集》第 1 卷，第 358~360 页；辽宁省档案馆藏民国档案，JC010-01-33082、JC010-01-33083、JC010-01-004548、JC010-01-004559、JC010-01-007763、JC010-01-007789。

第三节　奉天国有森林的登记和发放

在国有林制度推行的过程中，东北森林的利权和价值也逐渐引起了中国商民的重视。1919 年，时任奉天林务局局长的吴恩培就观察到，以往奉天"天然之利多任放弃"，主要是因为境内"交通不便，木植贱廉，土著者既不甚注意，外来者更无从着手"，但"近以中日接触之故，路矿需要木材日渐增多，奉省林政亦渐见发达，报领日众"。[1] 简而言之，随着铁路修筑和煤矿开采对木材的需求增加，林木的工业价值和经济价值已日渐凸显；而长白山区及其余脉上的天产松木正是制作枕木、矿木的上等木料，相关国有林的发放和采伐因此成为各方竞相争逐的对象。

这一时期奉天省的森林事务主要由奉天林务局负责。该局成立于 1915 年，最早直属于北洋政府农商部，1917 年改由奉天省长公署管辖，1919 年由奉天实业厅接管。其总部设于奉天省城，下辖本溪、安东、抚松和安图三个林务办事处，力钧任首任局长。按照农商部的规划，奉天林务局的职能应包括国有林勘测、林政管理、森林保护和林业试验。力钧上任后，即积极整顿奉省林务，先后在奉天省城植物研究所和锦西县龙湾屯设立第一、

---

① 《奉天省长公署布告第一号》（1919 年 2 月 27 日），JC010-01-33083。

第二苗圃；① 并应湖南督军兼省长谭延闿要求，为湖南省森林培秧局选送奉天省出产树种。② 然而，由于经费不足，奉天林务局有关国有林的保护和经营计划，如筹设森林警察、林业讲习所和实行测量护养等，均被暂缓推行。③ 该局实际从事的主要工作是登记和发放本省国有森林，包括登记、调查和发放三个步骤。④

具体来说，个人、集体或企业在报领国有林时需要主动向奉天林务局申报，办理相关登记。报领者在申报时须提交关于其土地利权和资本能力的文书材料，主要包括报领者的地照原件、由保长或甲长出具的切结、由三家当地商铺提供的联合担保（保结）以及一份资本凭单。其中，资本凭单的额度随报领国有林面积大小而变化，切结和保结则是为了证明报领者的地照四至无误和具备相当的林木报领能力。

申报完成后，林务局会按照报领者的要求，派遣专业测绘人员对指定林区进行实地调查。调查内容首先是优先权的确认。林务人员会检查报领者提交的土地利权证书，如地照等凭证，确认该处林场四至是否与申报地点相符，以及有无包套等土地纠纷。待报领者优先权确认后，林务人员再针对报领区域展开森林状况和木材贸易调查，评估所报林场内林种、林龄、林相和森林副产物等情形，测算林场总面积、净林地面积和材积，并对林木的用途、运输方法和销路进行专门调查和登记。另外，林务人员还会就报领区域绘制林图，一般是按照 1 : 5000 或 1 : 8000 的比例尺，将相关国有林所在地区的地貌、林界和行政区划描绘出来，并附上相应的"图说"。⑤实地调查结束后，林务人员会将森林调查结果及林图汇总，形成一份完整的林业报告书。

---

① 《奉天林务局局长力钧为呈报第一、第二苗圃办理情形绘具简明图表》（1916 年 11 月 27 日），JC010-01-004548。
② 《力钧为选送树种请鉴核》（1917 年 2 月 2 日），JC010-01-004548。
③ 《周自齐给大总统原呈》（1915 年 7 月 2 日），JC010-01-004548。
④ 由于日俄势力介入较早，奉天的情形较为复杂。中日合办鸭绿江采木公司控制了林业资源最丰富的鸭绿江右岸森林，满铁株式会社和"关东厅"也分别掌管了南满铁路沿线森林和"关东州"的森林。参见王长富《东北近代林业经济史》，第 79~95 页。
⑤ 参见《委员王素风勘测艾柏林报领本溪县中万两河、小北沟门林场情形造具报告书》（1919 年 11 月 21 日），JC010-01-004560。

为保证森林调查结果的准确性，林务人员通常会采取周围测量法或三角求积法（也叫三角交会法）对森林进行测量。其中，周围测量法是选择林区的四个基点，分别测量各点之间的水平距离，然后求得总面积。以1919年本溪民户艾柏林报领的国有林为例，其国有林面积的测算过程是："第一测点至第二测点水平距离九十五丈，第二点至第三点水平距离九十丈，第三点至第四点水平距离九十丈，第四点至第一点水平距离九十丈。总计面积为一百三十八亩五分，扣除空地及采伐地三十八亩五分，净林地一百亩。"三角测量法则是依据三角定位的原理，选择林区的三个顶点，埋设标石，然后综合距离、角度和高度等因素，测算地面上森林的位置和高度，完成森林丈量。[①] 以1920年本溪县农户孟成昌、孟克会报领的矿洞沟地方森林为例，林务人员的记录为："三角交会，呈多角形，计算总面积十九方里二百二十三亩二分。"[②] 之后，林务人员会再结合测得亩数统计林木材积。在艾柏林报领国有林的案例中，每一亩地"实测平均得为五寸之树十株，合计为材积一百四十二点四一立方尺"，100亩净林地的全林材积即是142.41立方尺。[③]

在完成森林测量的同时，林务人员会根据测量区域林木的茂密度、整齐度和品相等对相应国有林进行上、中、下等级评估。一般来说，评语为"林相整齐，生长良好，有经营价值"的森林为"上等"。本溪县的黄香峪、黄玻璃峪、白石砬子、大小错草峪和草河掌等处，兴京县的木龙沟、大北沟、马鹿沟和西乡通沟等处，以及桓仁县大雅河林场的国有林都被评为"上等"。本溪铁匠沟森林更是被赞为"树株丰富，储材饶多，整齐葱茂。虽山巅砬顶，尚少童秃，可谓森蔚参天"。[④]"中等"森林与上等森林差距不大，如新宾砬子沟森林，其评语即为"树木茂密，成材颇多，故林相极为可观，照章宜列为中等"。[⑤]"下等"森林则与"上等""中等"相差

① 河合鈰太郎編『測量学』河合氏藏本、1895、219頁。

② 《孟成昌、孟克会报领本溪矿洞沟地方森林报告书》（1931年1月7日），JC010-01-004586。

③ 《委员王素风勘测艾柏林报领本溪县中万两河、小北沟门林场情形造具报告书》（1919年11月21日），JC010-01-004560。

④ 《勘测商人王振武报领本溪县属铁匠沟地方国有森林报告书》（1928年12月），JC010-01-004560。

⑤ 《勘测赵德庆承领面积林场报告书》（1929年8月27日），JC010-01-004560。

较大，例如，新宾县署东边沟地方的国有林就由于"地均开垦，仅山岭存在树木，林相不堪入目"，被调查人员列为"下等"。①

从现有的评估结果来看，奉天林务局调查的国有林评级为"下等"的占大多数。有的国有林甚至已被砍伐殆尽，成为可耕种的林地。新宾县属外槽盆沟的国有林所在地即"平坦处已被砍伐殆尽，均作耕田"。② 而且，越是在森林评级中被评为"下等"的林区，就越有可能是开发成熟、生齿日繁的农业区和农业用地。森林评级的上、中、下等与垦务局的土地评级有时正好相反。林务人员在为商人杨公衡等报领兴京县署冰湖沟地方国有林做调查时也发现，该地"放荒居久，居民视为农业障碍物，日事摧残"，"森林荒废已达极端"。③ 这些农业开发较为发达而森林评级较为低下的区域被报领国有林，实则说明有相当一部分人开始迎纳由奉天官方构建的国有林体制。

另一方面，奉天官方也通过登记和发放国有林加强了对边疆林区信息的了解。总体而言，随着晚清民初粗放式土地放荒和承领活动的频繁，奉天"地势稍平、人所易到之处"的天然森林已被砍伐殆尽，仅深沟岗顶"尚有大树存在"。④ 但是，经过林务人员探查，有的山顶森林，如本溪县署汤沟三岔子碾盘沟林场，仍"生长茂盛，林相整齐，颇有天然美林志象"，值得继续经营。⑤ 而且，很多地区已被砍伐的林木主要是百年以上的针叶林（如红松等），包括柞、桦、椴、桅、杨、柳和枹等在内的阔叶林品种依然有大量留存，并以 10~100 年树龄树木为大宗。除林木资源外，奉天森林内还有丰富的山货，"动物"有熊、兔、狼、蜜蜂、野鸡等，"植物"有人参、榆菇、山茶、木耳、榛子、橡子和蘑菇等。⑥ 这些信息连同国有林的林

① 《为报徐永昌报领新宾县属外槽盆沟地方国有森林》（1930 年 3 月 5 日），JC010-01-004560。
② 《为报徐永昌报领新宾县属外槽盆沟地方国有森林》（1930 年 3 月 5 日），JC010-01-004560。
③ 《呈为商人杨公衡等报领兴京县属冰湖沟地方国有森林》（1923 年 6 月 9 日），JC010-01-004582。
④ 《为商人崔兆桢报领本溪上山城寨沟、里墙缝沟等地方国有森林》（1928 年 1 月 12 日），JC010-01-004584。
⑤ 《呈为商人王福成报领本溪碾盘沟、长条沟、砍橡沟等地方国有森林》（1923 年 4 月 26 日），JC010-01-004582。
⑥ 《呈为商人毕绪德、李泰茂等报领兴京县属西乡通沟》（1923 年 1 月 24 日），JC010-01-004582。档案原拟标题如此。

种、林龄、林相、面积、材积等，都被林务人员通过勘测调查初步掌握。

此外，国有林报领还有两周至一年不等的审核期。在奉天实业厅审核完调查材料并批准后，报领者就可获得为期 5 年的林业许可证。林业许可证又称"林照"，是林木采伐权的许可凭证，不包含林地的所有权。林照为持有者提供在特定时期内采伐国有林木的权利，同时要求持照人履行缴费义务。按照国有林发放规定，对于有资本和有意愿采伐林木的中华民国公民，每位报领者可以申报 200 方里以内、承领期限不超过 20 年的国有森林。承领国有林的费用包括：每 10 方里 100 元的勘测费、50 元的林照费、200 元的保证金、50 元的转让照费和每年 10 元的验照费。[①] 对于每根进入市场售卖的原木，林务局还要按木材市场售价的 8% 分别收取山分和木植票费。有学者估算，报领一处 200 方里的国有森林，其照费及勘测费合计约为 4000 元。[②]

据笔者不完全统计，1915 年至 1930 年，在奉天林务局登记国有林的记录共有 122 条，其中 112 条是国有林首次报领登记（见表 6-2），6 条是国有林续报记录，4 条是国有林转让记录。这些报领国有林的活动主要涵盖奉天东部的 11 个县。其中，本溪、兴京和凤城是国有林报领较为集中的三个地区，报领面积从 80 亩至 200 方里不等。本溪国有林首次报领登记条数最多，达 70 条；兴京有 25 条，凤城有 6 条。其余国有林首次报领活动则散见在桓仁、通化、金川、宽甸、抚松、安图、柳河等县。需要注意的是，报领较少或零报领并不代表该地区缺乏或没有国有林，有可能是当地民众报领意愿较低甚至抵触报领。

表 6-2　奉天国有林首次报领登记（1915~1930）

时间	本溪	兴京[a]	凤城	桓仁	通化	安图	宽甸	抚松	金川	柳河	共计
1915	1										1
1916								1			1
1917		1				2				1	4

---

① 陈嵘：《历代森林史略及民国林政史料》，第 116 页。
② 陈植：《满洲之农林概况及日人开发满洲农林业之设施》，《东方杂志》第 22 卷第 24 期，1925 年，第 68 页。

续表

时间	本溪	兴京[a]	凤城	桓仁	通化	安图	宽甸	抚松	金川	柳河	共计
1918											
1919											
1920	1	2			2						5
1921	6	4									10
1922	18										18
1923	4	4									8
1924	10	1	1	3							15
1925	3	3									6
1926	3	2	1								6
1927	1	1	1								3
1928	4										4
1929	9	6	2						1		18
1930	10	1	1				1				13
总计	70	25	6	3	2	2	1	1	1	1	112

　　a. 1928 年，兴京县治迁往新宾堡，改为新宾县。为方便统计，本表将兴京县和新宾县的调查结果都统计在兴京县下。

　　资料来源：辽宁省档案馆藏民国档案，JC010-01-004560、JC010-01-004577、JC010-01-004578、JC010-01-004580、JC010-01-004581、JC010-01-004582、JC010-01-004584、JC010-01-004586、JC010-01-004593、JC010-01-004594、JC010-01-004595、JC010-01-004596、JC010-01-007729、JC010-01-007765。

　　整体上来说，奉天省的国有林经由林务局的发放调查，受到了较多关注。从奉天林务局登记的数据来看，国有林报领者来自普通民户至政商精英等各个阶层。1929 年，还有一位登记为"民妇王屠氏"的妇女报领了新宾县署东边沟地方国有林 120 亩，并得到农矿厅（实业厅于 1929 年改组为农矿厅）批准。[1] 1924 年，东北矿务局总办王正黼也以"张学良代表"的名义在本溪大、小夹砬子报领了 11 方里的国有林。[2] 截至 1929 年，奉天国有林面积已达约 155.2 万亩，远远高于同时期的公有林（18700 亩）和私

---

[1]　《为民妇王屠氏报领新宾县署东边沟地方小面积国有森林应否给证请示由》（1929 年 8 月 20 日），JC010-01-004560。

[2]　《呈为具报核办张学良接买包树昌森林一案》（1924 年 1 月 29 日），JC010-01-007765。

有林面积数（311669 亩）。①

某种程度上，奉天省被登记的"国有林"构成了特殊的森林主权空间。由于报领国有林需以缴纳一笔不菲的保证金为前提，本地农户多在村保的带领下共同集资，然后以村庄的名义报领。农户和村保等集体报领某处国有林成功后，通常会在本村成立采木公司，一面雇用木把，尝试集约化伐木造材；一面在所承包的国有林中设立关卡，向入山伐木者收取采伐费用。据记载，自奉天发放国有林后，累计有本溪县的强本公司和辽中公司、桓仁县的振兴林业公司、兴京县的昌新公司、抚松县的松江公司、柳河县的样子哨林业公司等向林务局登记报领国有林，它们的主要业务都是采伐和出售本地林木。另外，沈海铁路公司、本溪湖煤铁公司也出于对枕木、矿井坑木等的需求报领了多处国有林。② 这些农户和公司的经济活动在相当程度上抵制了日本对中国森林主权的侵害。

第四节　奉天的林权纠纷与讼案

相较于官方而言，奉天民间对国有林制度的认知和接受其实是一个渐进且不均衡的过程。结合奉天民户的总体数目来看，主动参与国有林报领者只是少数，相当多的个人和群体仍然对国有林制度存在误解或抵触。加之一些不法之徒借国有林发放之机从中渔利，奉天国有林自推行之后便逐渐引发了一系列有关林地和林木产权的纠纷和讼案。据笔者所见，奉天省林务官员自 1915 年至 1928 年共记录了 51 次林权纠纷（见表 6-3），其中大部分冲突在林务局等的调查调解下得到解决，但仍有 10 个案件进入法律诉讼程序。

从表 6-3 中可以看出，"包套报领"是其中一种林权纠纷。所谓"包套"，是指报领者将他人地照四至以内的森林包套进自己的国有林申报范围。这种包套既包括空间上的包套，也包括跨代际的包套。在国有林推行

---

① 安世农：《中国森林法》，华通书局，1933，第 6 页。
② 《呈为具报中日合办本溪湖煤铁有限公司总办谈国楫报领本溪县属杉松河等处国有森林八案核与发放》（1924 年 6 月 12 日），JC010-01-007765。

初期，由于大部分奉天民众报领意愿较低，包套报领多来自外地商人，本地民户基本是受害方。之后，一些本地民户习惯并熟悉国有林报领程序后，基于奉天东部地广人稀、林木交易有利可图，也萌发了利用自己几十上百亩地的地照要求册地周围数十方里国有林的企图。部分农户被拒绝后，仍以"包套"之名控告和阻挠他人报领自己册地周围的森林，该行为被林务官员视为"缠讼"。

表6-3　1915~1928年奉天国有林讼案的种类

	山场林权归属争议	公共山林使用权争议	包套报领	盗伐		其他[a]	共计
				中国人	日本人		
本溪	1	6	1	2	2	2	14
兴京	1	2	3	4	3		13
桓仁	1	6			1	1	9
凤城			2	1	1		4
柳河		1	1				2
抚松	2						2
宽甸	1						1
辑安					1		1
临江						1	1
辉南			1				1
西丰					1		1
铁岭					1		1
海龙					1		1
总计	6	15	8	8	10	4	51

a. 主要包括雇用木把勒索、缠讼和商业谣言等。

资料来源：辽宁省档案馆藏民国档案，JC010-01-001313、JC010-01-002276、JC010-01-004579、JC010-01-004596、JC010-01-004582、JC010-01-004583、JC010-01-007713、JC010-01-007716、JC010-01-007827、JC010-01-007029、JC010-01-007730、JC010-01-007765、JC010-01-007748、JC010-01-007771、JC010-01-007775、JC010-01-007789、JC010-01-007894、JC010-01-008306、JC010-01-27952、JC010-01-27273。

　　除"包套报领"外，这一时期另一种较为多发的林权纠纷是"非法伐木"（即"盗伐"）。按照奉天官方规定，国有林的采伐权须经林务局登记、勘察、上报和给证后才能正式生效，一般时间为几个月至一年不等。理论上，在国有林照未下发前，林木仍属于国家所有，报领者及其他民众的任何伐木行为都会被视为"盗伐国有林"。然而，很多民户常年习惯于在公共山林中自主樵采，他们并不清楚何处已被登记为国有林。所以，当他们依据往常习惯入山采伐时，极有可能会触动官方或他人的林木权益，进而被认定为"私伐"或"盗伐"。

另外，根据《东三省国有林发放规则》和《森林法》等规定，只有中国人才可以报领和采伐国有林。然而，奉天的日本商人为获取修筑铁路和开矿所需的木材，往往会暗地与某些民户达成协议，由他们出面报领国有林，然后再将采伐的林木转手给自己。这类交易一般较为隐秘，但有时也会因利益分配不均，或同行眼红收益、争当日人供应商等原因被告发。最终，相关报领人都会以"盗伐"论处。这些纠纷和讼案的发生并不因为同类案件的审结而终止，而是在时间上具有一定延续性，是以深刻影响了奉天的森林产权和社会秩序。以下将重点结合天产林木所有权纠纷、公共山场使用权争议和跨代际、跨区域包套报领国有林等方面的典型案例，来论述这一时期奉天林权争讼的复杂面向。

（一）"林地分离"与宽甸等县的山场林木权属争议

前文说过，奉天省的森林主要集中在该省东部，该区域地形以崇山峻岭居多，基本不适宜农耕，因此当地民户大多在田地周围开辟山场，以"种柞养蚕"和"养参"为业。在传统地权习惯下，农户通过地照和山场捐税凭证即可获得山林私有产权。但是，根据民初国有林的相关规定，山场森林多为天产，并非完全由业主自种。地方政府在推行国有林制度时，难免会与这些民户产生冲突。1919 年至 1921 年间，奉天省集安、宽甸、本溪、兴京、桓仁等县保长和农会负责人向奉天实业厅提出的三轮请愿即凸显了这一矛盾。

根据现有资料来看，请愿冲突始于宽甸县居民拒绝支付林务局要求的国有林管理费。1919 年 10 月，奉天林务局官员赵德懋前往宽甸县八河滩保、四平街保等八保征收林务费，结果遭到各保保长联合抵制。保长们认为，本地农户既已缴纳粮赋和蚕茧税，理应享有山场森林的所有权；进而言之，本地山场属于私有林而非国有林，村民没有义务支付国有林管理费。民户乔万富、黄宝山和唐乃福等也联名向实业厅申诉，表示"山场既经民户领有剪照，种柞养蚕，历有年所，是其界内林木应为民有，已无疑义"。[1] 辑安县县知事成友善亦回复省林务局称，当地山林"大率毗连已垦地亩，在民间以为既经纳课，则山场当兼括在内，据为己有，相习成风"，[2] 肯定了当地农户对其土地周围森林的所有权。

然而，赵德懋对宽甸县保长们的观点不以为然。他指出，东边道的森林在当地移民到来之前已经存在，根据政府对国有林的相关规定，该处森林自应归国家所有，民户理应支付相应的国有林管理费。而且，他还要求宽甸八保所有农户尽快前往林务局办理国有林报领手续；若三个月内未能完成申报，林务局将开放山场内森林供他人报领。此举激起宽甸县村保的不满，他们很快联合邻近的桓仁县、本溪县和兴京县农会代表上书实业厅，要求"民有林场延长优先权期限并恳免收民有林管理费"。

宽甸等县纠纷和请愿发生后，奉天省议会启动"国有林政策修正案"的讨论，考虑承认山场森林私有，并免收私有林管理费。但奉天实业厅厅长谈国桓坚持实行"林地分离"，并回复宽甸县保长称，"不能以执有'地照'即可谓'林权''地权'均已兼得"。时任奉天督军兼省长的张作霖则直接终止了奉天省议会关于"国有林政策修正案"的讨论，并就"林权"独立性发布特别声明。他表示，"'夫地上之林'与'地下之旷土'对应之关系一也；取得土地所有权与取得林产所有权，截然两分，毫不相涉"，"为法理事实所共许，向无问题之可言。若如该民等之主张混'林地为一'，谓'领地'即包括'领林'，然则地与矿藏何必分而为二，'领地'独不能包括'领矿'耶？准斯以谈，是该项条文并未错误，毋庸一会修正"，[3] 同样强调了林权与地权分离的合理性。

1921 年 11 月，奉天省政府发布训令，明确土地报领（放荒）与国有林报领（放林）"绝不兼容"。该训令称：

> 放林与放荒既各有独立之条文，各具不同之手续，则荒地所有权与森林所有权，亦当然纯系两事。盖领林者如愿领荒，须另遵领荒规则

① 《乔万富、黄宝山、唐乃福、尹士秀、毕绪德呈》（1920 年 9 月 11 日），JC010-01-007789。
② 《谈国桓呈》（1919 年 10 月 3 日），JC010-01-007789。
③ 《东三省巡阅使奉天督军兼省长张帅回复》（1920 年 12 月 24 日），JC010-01-007789。

办理，不能谓取得林权即取得荒权；亦犹之领荒者如愿报林，须先遵领林规则办理，不能谓取得荒权即取得林权。奉省大片森林，大段荒地所在多有，只以人民狃于习惯，昧于法令，或仅持林照而认荒地为己有，或仅持荒照而误以森林为应得。一旦为他人报领，则又以优先占有等名词借口起而讼争。争之不胜，又往往蔑视国权，押借外债，借图抵制。究其结果，有林权者仍绝对不兼荒权，有荒权者仍绝对不兼林权。①

这一训令完全否定了东北地区自晚清放荒之后形成的报荒传统和地权习惯，其实质显然是以林权独立为由为奉天省推行国有林政策背书。这也意味着奉天从行政管理的角度不再承认"管业界内"的林木私有产权。尽管奉天实业厅根据村保请愿，将东边道农户报领山场国有林的优先权从 3 个月延长至 6 个月，但国有林制度的推行已不可逆转。然则以行政命令强制将农户私有土地上的天然森林收归国有的做法毕竟缺乏足够的民意基础，国有林的推行在相当长的时间内仍伴随着"民告官"的拉锯以及一系列村民之间的林木争控纠纷。

（二）"林地分离"与桓仁县的公共山林使用权争议

奉天国有林制度实行的林地与林木权属分离，也引发了一些地区的公共山林使用权争议。在该制度推行前，奉天的公共山林一般任由其周边民众无偿使用，许多无业民户可以在公山中开荒辟地、烧制木炭或采集林产品以维持生计。② 但是，根据国有林制度的相关要求，公共山林一旦被识别为非自种森林，就可以作为国有林开放给个人或集体报领，并且不再为无关民户无偿提供林产品。一些习惯于依附公山生活的无业民户因此受到冲击，进而与报领者产生争端。桓仁县振兴林业公司与当地民户汪德春等人的林租纠葛便是较具代表性的案例。

---

① 《训令：实业厅、全省清丈局、各县知事为申明报领森林荒地办法案》（1921 年 11 月 3 日），JC010-01-007789。

② Yoshiyuki Aihara, "Forests as Commons in Early Modern China: An Analysis of Legal Cases," in Masayuki Tanimoto and R. Bin Wong, eds., *Public Goods Provision in the Early Modern Economy: Comparative Perspectives from Japan, China, and Europe* (Oakland: University of California Press, 2019), pp. 283-284.

1918 年，桓仁县部分士绅集资 18000 元，以该县县知事兼承审员高素堂的名义，报领了当地昌乐保、胥乐保和衍乐保三保及大雅河流域林区共190 方里的国有森林，并成立振兴林业公司。之后，该公司即依据相关规定限制林区准入，并要求进入其承领林区伐木砍柴的民众支付相应"林租"。林租内容为：采取薪柴，每丈抽租两尺；砍伐芸豆架木，每 1000 根抽收200 根；伐木具体费用另算。[①] 这样一来，就剥夺了周边民众对该林区的无偿使用权。

在经济利益受损的情况下，一些民户陆续向桓仁县署和实业厅发起申诉，要求振兴林业公司退回所占山林。桓仁县民户汪德春、李德贵、赵余田和黄德禄等则以"套报"和"捏报"为由，控告高素堂等人相互勾结，违规报领桓仁县全境森林。对此，振兴林业公司的发起人辛友山、袁思诚、成思汉、高从文、孟芳邻等向奉天实业厅提供证据，说明他们报领森林"原为防止外人觊觎、谋地方公共利益起见"，并指责赵余田、李德贵等人为"无业游民"，向来在公共山林中"焚林辟地，私种罂粟，勾通外人，燃烧木炭"，因为林业公司阻碍其种植鸦片，遂"缠控不休，信口雌黄"。[②] 此后，振兴林业公司在林务局的支持下得以继续营业，该案件以李德贵等人撤诉而告终。

从奉天省国有林的相关规定来看，振兴林业公司报领公共山林的"无主森林"自然是合法的。李德贵等人使用"违规报领"的理由对振兴林业公司发起控告，也意味着他们在一定程度上已经接受了林地与林木权属分离的森林产权机制。所以，振兴林业公司最终胜诉似乎在情理之中。但要注意的是，类似振兴林业公司的报领者和林企负责人大多属于地方上有权有势的阶层，他们往往可以利用"信息差"等优势，抢先报领国有林，实现对地方山林开发权的垄断。普通民户则难免沦为被收取"林租"的对象。桓仁县士绅佟宝泉曾指出："桓仁境南区山岭绵亘，平坦地少，人民悉仰树木为薪，且借以谋生，今所有森林均被据为私有，则此后一材一木人民亦无权取用，即在各人册地四至内者亦不得自由砍伐，长此以往，人民之生

---

① 《尹士秀呈》（1920 年 5 月 19 日），JC010-01-001313。

② 《孟芳邻呈》（1920 年 7 月 17 日），JC010-01-001313。

计尽矣。"① 毫无差别的国有林报领行为实际上削弱了公共山林在维护地方社会秩序中所扮演的角色，严重冲击了底层民众的生计，进而影响了地方社会的稳定和发展。

（三）跨代际林场报领争议：郝教芳等涉庙产森林纠纷案

由于国有林的报领涉及较为复杂的认定过程，林务局在办理相关登记时难以做到完全无误。特别是对某些历史遗留问题的处理（如清朝证照的认定），官方文件中也没有明确的规则可循。这就给一些"狡黠之徒"跨代际报领他人册地内的森林留下了可乘之机。本溪县郝教芳控诉鄂全印等人包套林地一案即体现了这一问题。

据相关资料记载，郝教芳系 1895 年在凤城县鬼王庙皈依道教，并于1908 年出任该庙下院三关庙（也作三官庙）住持。他与鄂全印、鄂桂森等人的林场纠葛，即集中在鄂氏祖先捐赠给该道观的、位于本溪黄香峪的一处森林。按照郝教芳的说法，1804 年，道教信徒祁姓先人牙令阿和鄂姓先人木龙阿各赠予鬼王庙 30 亩土地，共计 60 亩，以"舍书"为证；1827 年，该土地由鬼王庙分给三关庙管业。其后，三关庙历任方丈均投入金钱和时间在该土地上种植树木，同时，"庙内一切花销全赖此森林，历年纳课有粮领为凭"。② 该土地及森林自应属于三关庙。

然而，郝教芳却发现，鄂姓家族后人鄂全印和鄂桂森在国有林制度推行后已经以"祖遗"为由报领了其祖先捐赠的林地。而且，早在 1914 年奉天行署发布"民国新契纸"时，鄂全印等就将所涉林区写入了新契，以代替旧有地照，从而扩大了其地产四至。由于清赋官员未能查实鄂氏先人的捐赠行为，鄂全印等申领的新契获得批准。鄂姓后人借此取得了对三关庙相应林地的所有权。

面对郝教芳的指控，鄂全印等人假借换领新契占有三关庙林地的做法显然已无法立足。但鄂全印和鄂桂森等仍辩称"地虽施舍该庙，然地上森林并未施舍"，③ 试图利用奉天国有林制度中的"林地分离"原则，争取到

---

① 《佟宝泉呈》（1920 年 8 月 12 日），JC010-01-001313。

② 《郝教芳呈》（1928 年 9 月 15 日），JC010-01-12654。

③ 《郝教芳呈》（1928 年 8 月 10 日），JC010-01-12654。

对地上森林的优先报领权。为此，郝教芳特意指出，鄂姓祖先赠予的土地上的森林是历代寺院方丈亲手所植，根据《森林法》等相关规定，自种森林不属于国有林的范畴，鄂全印等无权报领。之后，经过官方调查，该森林最终由奉天农矿厅判定归郝教芳承领。① 在此案中，鄂全印等人以"林地分离"为由争取森林报领权的做法看似无赖，实则暴露了奉天国有林制度在推行过程中认定较为宽松的漏洞。若非郝教芳的自种森林说法被农矿厅采信，涉及鄂全印等人在没有合法地契的情况下抢先报领国有林这种情况的案件，处理起来可能会相当棘手。

（四）跨区域林场报领争议

奉天国有林开放且宽松的报领规则往往还会引发跨区域的林权纠纷。1926 年初，外地商人田治野带人前往兴京县大北沟村砍伐自己报领的国有林时就遭遇了暴力抗阻。究其原委，田治野等人于 1918 年向奉天林务局报领兴京县大北沟一处约 62 方里的国有林并获得批准，但大北沟村村民在1919 年也推举本地公会的吴文琪代表该村报领了同一片森林，而且吴文琪还持有村中册地的地照，按照相关规定可以优先报领田治野所报森林中的20 方里。为解决这一问题，林务局将田治野所报森林中的 20 方里拨给吴文琪，其余 42 方里仍归田治野，并于 1924 年为田氏换发了新的林照。然而，吴文琪坚持认为，自己作为大北沟村村民，理应享有村内册地及周边森林的全部报领权，要求林务局将其余 42 方里也一并发放给本村村民。该要求被林务局拒绝。时任实业厅厅长的张之汉也表示，村民不能以"数十百亩田地执据"要求"数十方里之面积"；田治野报领在前，理应获得其余 42方里的国有林。② 但相关答复并未说服吴文琪等大北沟村村民，于是便导致了之后的流血事件。

据相关档案记载，1926 年 2 月 22 日，田治野的经理人李兴周在兴京地方警察的陪同下再次入山开采，但大北沟村随即"啸聚四百余人"，将李绑票，"吊打遍体鳞伤，扣留不放"，并以杀死他作为威胁，向田治野要索 1

---

① 《呈为具报鄂桂森呈诉郝教芳、鄂全印为本溪县黄香峪林场纠葛》（1929 年 2 月 19 日），
　　JC010-01-12654。档案原拟标题如此。
② 《张之汉呈为遵令核议兴京县转据吴文琪报领大北沟森林一案》（1925 年 5 月 15 日），
　　JC010-01-007771。

万元赎金。在此期间，田治野曾向兴京县县知事求助，但李兴周还是死于当地。[①] 其后，田治野向林务局提起申诉，要求该局主持公道。实业厅厅长张之汉为此向兴京县发文，要求彻查此事，严惩带头村民，并继续保护田治野入山开采，"以肃林政"。[②] 但兴京县县知事苏显扬却表示，"难查首要为谁"，"当时群起而来，并无首从，纯系一种群胆"，仅仅同意将来"饬警甲保护商人入山开采"。[③] 该案最终成为一起无头公案。

从田治野一案可以看出，奉天民户在国有林制度实行后依然对本地森林的使用权保持着一定程度的地区性优势。一旦外地商人在某一地区报领和开发国有林的行为触动了当地民众的利益，就极有可能导致林权矛盾激化，乃至引发群体性事件。事实上，兴京县县知事苏显扬自田治野与大北沟村村民报领森林的龃龉发生后即意识到这一点，所以他从一开始时就试图支持本地民户的报领要求，阻挠田治野等人跨区域报领国有林的活动。及至流血冲突爆发后，他则一面推托追究本地村民的责任，一面承诺"派警护商"，其和稀泥行为的背后显然是出于照护地方社会秩序的考量。

也正因为如此，各地方县知事在处理跨区域报领国有林纠纷时，往往会尽量照顾本地农户的利益，避免可能引发的冲突。1927 年，沈阳人赵赞三在实业厅报领本溪县上、下卧龙沟多处森林近 1150 亩，与本溪人刘海和刘永在 1926 年报领的 105 亩荒山存在部分重叠，本溪县县知事白尚纯即直接撤销了赵赞三对所有森林的申请，并邀请该处森林附近的民户刘海、刘永、徐永山进行续报。针对赵赞三的申诉，白尚纯则解释称，"赵赞三系沈阳县人，居住隔县，相去太远，自无检报本溪上、下卧龙沟两处荒山权利"，该处森林"即有浮多"，"应归徐、刘两姓自己续报承领，以昭公允"。[④] 赵氏的报领最终被驳回。

有意思的是，原来由赵赞三报领的森林转由本溪刘氏兄弟续报后，并未实现全部报领（刘海 150 亩，刘青 350 亩，刘永 245 亩）。这实际上揭示

① 《田治野呈》（1926 年 4 月 13 日），JC010-01-007771。
② 《张之汉呈》（1926 年 8 月 3 日），JC010-01-007771。
③ 《兴京县知县苏显扬呈》（1926 年 8 月 21 日），JC010-01-007771。"知县"，原文如此。
④ 《署理本溪县知事白尚纯呈为具复赵赞三检报上下卧龙沟等处荒山》（1928 年 1 月 6 日），JC010-01-004583。

出奉天的国有林制度在地方县区推行的两难困境。本来，依据国有林的报领规定，奉天对报领者并无户籍限制，凡中华民国公民，都可以自由报领任意国有森林，只是林地实际占有者享有三个月的优先报领权，这也是促进国有林开发的一种可行性路径。然则，基于传统社会根深蒂固的森林使用习惯和维持地方社会稳定的需求，奉天国有林制度的推行就不免大打折扣了。

（五）林地纠纷案："陵地"变"林地"

清朝的皇陵与其周围的林地在边界的问题上就经常发生冲突，而旗署机构的介入则会使纠纷进一步复杂化。旗人纪学成与民人张永波的纠纷就充分展示了国家林权如何继承和挑战清朝的制度遗产，并重塑奉天的社会秩序。20世纪初，奉天官地清丈局进行了全面的土地调查，将大片官地卖给了实际租种的庄头和陵佃。永陵官地也进一步私有化并被重新分配给旗人官员和佃农。出身汉军镶蓝旗，纪学成继承了父辈的陵佃身份以及20方里的永陵随缺地亩——位于凤凰城北部的梨树甸子。由于该地森林茂密，纪学成同时持有永陵衙门颁发的永佃租照和养树执照。1915年，纪学成前往奉天林务局，准备报领自家地亩内的国有林，不料发现村民张永波已经先他一步，在林务局报领了同一处森林，纠纷因此产生。

争论的焦点是纪学成土地四至外55方里的"浮多"林地。纪氏的地照里只有20方里土地，然而他在实际土地控制中却占有75方里的土地和森林。纪学成认为自己对该55方里的森林享有所有权。他的理由是，浮多土地的所有权取决于旗署签发的土地租照和盛京工部签发的养树执照，而早在1777年，他的祖先纪明金和纪学孔就佃种了永陵周围的121亩土地，领永佃租照。由于土地贫瘠无法耕种，纪明金多次申请取消租佃，但遭到清廷拒绝。1871年，清廷批准了纪学成先人在荒地上种树的申请，并发给他们养树执照。在经营树木方面，纪和他的父亲每年向永陵镶蓝旗纳租，并向工部山林抽分局缴纳木税。[①] 此外，纪学成要求取得浮多林地所有权的请求还得到了另外三点证据的支持：兴京副都统衙门提供的土地租照（上面有该处土地的位置和边界细节）、一份由甲长乐学武和保长王国恩共同出具

---

① 《纪学成呈》（1919年12月7日），JC010-01-007748。

的甘结，以及引界人赵振铎的证词。因此，纪氏认为，根据地权惯习和土地整理的固有原则，原佃农对四至周围的林地应有优先占有权（优先权）。作为土地的实际控制人和各种赋税的缴纳者，他应当被优先给予浮多土地，包括浮多土地上的森林。

在清朝，对个人地照四至以外的浮多土地提出所有权要求是相对没有争议的，但是随着国有林权的出现，情况开始发生变化。在林务局的支持下，国有林权的独立性深刻挑战了传统地权对于浮多地界的占有规则。在此前的官地私有化过程中，对于超出地照规定边界的"浮多"之地，政府通常优先考虑出售或赠予原来的地照持有者（即使有其他民人试图购买同一块浮多土地）。这样做的官方考量是，原有的土地所有者是维护传统社会秩序的根源，因此对周围的浮多地亩应有优先报领权。例如，纪学成就多次引用官地清丈局处理土地整理的规定来维护他在浮多林地上的优先权利。他说：

> 查奉省不动产契据，均系各主管衙门发给，从未有特别照据盖用玉皇及大总统印信者。三陵衙门亦系省长所属，所发租照自不得谓为无足重轻。前既准民按优先权报领，嗣后测出浮多亦应按优先权准民续领，方昭公允。①

然而，林务局对这一优先权，只给三个月申报期限，三个月之后则坚持"先到先得"的原则，鼓励村民报领无主林地。因此，实业厅（1919年10月由林务局改组而来）要求纪学成将55方里的浮多林地还给张永波。在实业厅厅长谈国桓对纪学成的回复中，他提到，如果没有人在纪学成之前要求得到浮多林地，他们会考虑把浮多林地分配给纪学成。但由于张永波一开始就报领了此处森林，而浮多林地本不属于纪某的私人地产。因此纪氏的持续请愿是无中生有。②

永陵衙门官员的参与使这场纠纷进一步复杂化。穆福勋最初是一名土

---

① 《纪学成呈》（1920年3月15日），JC010-01-007748。
② 《实业厅呈》（1920年11月12日），JC010-01-007748。

地测量员，后来被提拔为永陵森林委员。他在请愿书中辩称，永陵之地是努尔哈赤祖先的陵墓官地。鉴于其特殊性质，它既不受到官地清丈运动的影响，也不在《森林法》的涵盖范围内。因此他认为，只有永陵旗署官员才有权力来判定与永陵森林有关的财产纠纷。[①] 在现实中，他带领警察到纪学成家中没收其木材原木，并禁止纪学成从事任何木材生意。作为纪学成的生意伙伴，傅长发经营着一家木材杂货店"双合福"，纪学成向傅长发供应木材。为了把纪氏从监狱里解救出来，傅长发向法院提出申诉。据他介绍，永陵官吏以官地私有化为名，暗中勾结伐木工人，在永陵官地的森林中种植鸦片，牟取私利。1918 年，凤城县二区区官徐凰池曾以非法种植鸦片罪抓获穆福勋，并对其处以 700 元罚款。由于木把全部逃走，纪学成最终支付了穆福勋的罚款，并要求穆福勋停止在附近森林中种植鸦片。从那时起，穆福勋就对他们怀恨在心。他现在是利用林地纠纷来报复纪学成。此外，穆福勋还向其他佃农索贿，严重扰乱了当地秩序。傅长发甚至指出，永陵官吏的干涉是一种违反共和制度的行为。[②]

对于这一起永陵随缺地亩上的森林纠纷，处置权最终还是落在了永陵衙门手上。在实业厅和永陵官员之间一轮又一轮的请愿和答复之后，兴京副都统德裕最终决定了该处森林的归属。德裕撤销了纪、张两人向永陵衙门争夺浮多森林的请求，认为该处森林不属于任何一方，而应归永陵衙门所有。同时，兴京副都统衙门在该处成立官民合办的永兴采木林场，要求伐木所得也应全部归永陵衙门所有。如此，由国家森林立法引发的永陵林地纠纷，竟意外地成为民国时期旗署复兴的一条途径。皇陵独特的森林环境，和推行国有林的大环境，意外地激活了衰败的前清旗署机构，扩大了清朝的制度遗产。

（六）林下产品与林木采伐的纠纷

作为辽东乃至中朝边境重要的自然资源，人参是清政府形塑满人特质、供给皇家消费和增加财政收入的重要工具。据各地县志记载，在东北多次的土地改革后，人参成为通化县、桓仁县、抚松县和安图县等地的大宗物

---

① 《为穆福勋阻挠采伐妨害木业请严予取缔》（1920 年 8 月 12 日），JC010-01-007748。

② 《傅长发呈》（1920 年 8 月 20 日），JC010-01-007748。

产。由于该地农户普遍以种参和采参为业，而人参种植又需要茂密和湿润的森林环境，所以当地农户都非常抵制对国有林木的砍伐。例如，1919年11月，抚松县的参农代表徐肇业和任成戴上书抚松县县知事，请求停止该县境内国有森林的采伐。徐肇业表示，人参"非种于大森林中不能生活，参畦之上非有木板遮盖，亦不能生活，与森林有密切关系"。现阶段，抚松县境内有450余户参农，每年可缴纳税捐八九千元甚至上万元，"占全县岁入三分之一"。如果因砍伐森林而停止参业，"不谓四百五十余户失养命之源，而县少此大宗收入"。①

由于人参税收事关县级财政收入，抚松县参农的上书立刻引起本地官府的重视。奉天实业厅厅长谈国桓在收到抚松县县知事梁维新的呈后，一开始并不以为意。他认为，抚松县内参农本来就私伐林木，他们要求禁止国有林不过是想逃避缴纳砍伐费用。② 但抚松、安图两县县知事反复强调本地参农的人数众多，达2000余户，以及人参税收为本地大宗。最终，同年3月4日，奉天实业厅下令全面禁止砍伐抚松和安图境内的国有森林，保护本地人参种植和参农的利益。③

从上述辽东山区森林纠纷及处理可看出，民初的东北林业建设其实是对辽东垦务政策历史遗产、森林产权和各森林资源主体利益的一次重大调整与重构。森林冲突的双方大致分属两个阵营：一方是本地农户，以村民、保长和农会为代表；另一方是林务局和实业厅，以林务官员和木把为代表。本地农户要求延续历代垦务政策中对土地实际占有者的权益保障，主张"占有者优先报领"，即"优先权"；林务局和实业厅的林务官员则坚持"先到先得"的报领原则，主张"首报优先"，即"首报权"。"优先权"和"首报权"也因此成为从"垦务"到"林务"的关键性差异和矛盾。此外，在两个阵营中，参农和木把之间存在直接冲突。参农以种参和采参为业，要求良好的森林自然环境，抵制森林砍伐；但木把以伐木为业，国有林采

---

① 《奉天省长公署为抚松县呈木把砍伐三冈林木妨害营业事》（1919~1920年），JC010-01-007029。
② 《奉天省长公署为实业厅呈清理国有林简章展限三个月事》（1919年），JC010-01-007789。
③ 《奉天省长公署为抚松县呈木把砍伐三冈林木妨害营业事》（1919~1920年），JC010-01-007029。

伐为木把创造了就业机会，也为林务局带来了收入。因此，本地农户与林务局间的森林纠纷既有"官民之争"，也有民众内部如农户与伐木工之间的利益冲突。当这些冲突发生时，地方县知事一般努力调解和平衡，但更多时候以地方农户的利益为主。

小　结

整体而言，北洋政府时期奉天国有林制度的推行实际上对该地区以森林为主要经营对象的社会、经济和环境秩序进行了重塑。晚清以降，经过多次"荒地民有化"和"官地私有化"等土地产权形式的变革，东北民间的土地私有制已经取得了较大发展。作为一种荒地类型，大量林地经由农户在垦务局或清丈局报领或购买而转为私有化；林木的所有权则自然地包含在林地的所有权之内，地照或剪照等都可作为林权的凭证。然而，北洋政府时期制定的国有林相关法规却解构了"林地与林木合为一体"的林权机制，将天产林木的所有权从过去整体的森林产权中单独析出并国有化，造成了新的"国有林权"，从而使奉天官方实现了对森林资源的专门管理。这也是近代中国林业转型的一个显著特点和重要路径。

从国家的视角看，东北森林国有化是北洋政府试图减缓利权外溢、重建中央权威和加强边疆控制的一次重要尝试。这一时期，中日合办鸭绿江采木公司已经控制了奉天森林资源最为丰富的鸭绿江右岸地区，满铁和"关东厅"也分别控制了南满铁路沿线和"关东州"的森林。面对日本殖民势力的压力，北洋政府和奉天官方对国有林制度的设计，一方面契合了东北地区天然林储备丰富的自然特点，将过去边疆森林管理隶属于单一地权系统的情形，转变为森林管理和土地管理并行的二元结构，实际上加强了对奉天森林的管控，成为一种新的边防战略。通过推行"报林"与"报荒"两套系统，中央和地方也增加了财政收入，增强了自主发展的能力。而且，国有林法规要求"仅中华民国国民"可报领国有林，也在一定程度上限制了日本商人对中国东北的渗透，减缓了利权外溢。另一方面，北洋政府在东北地区推行国有林制度，也是国家层面试图在东北建立集中化管理的一次尝试。虽然北洋政府的中央权威和势力范围最终未能完全覆盖东三省，但国有林的名字和制度一直保留和延续下来，成为地方的基本林政。作为现代国家建构的一环，北洋政府通过在东北地区设立现代林业机构、开展森林调查、配备林务人员和发放国有森林等措施，强化了国家力量对奉天地方建设的干预。北洋政府和奉天行政公署借助推行国有林，也加强了对边疆林区的管控和了解。

但是，从一般民众的立场看，中央和奉天推行的国有林登记与发放却更多是国家强行制造的林权细分和林木权属剥夺行为，侵犯了他们的切身权益。通过对奉天林业讼案的梳理，我们可以发现，由于天然森林在奉天东部的大量分布，当地民众以往所拥有的土地财产实际包含了林地。以往本地民众获得森林产权，只需在垦务局报领和缴纳粮赋，但新的国有林制度要求拥有天然林地的民众除了向垦务局报领外，还要向林务局再次报领。国有林的"二次报领"实际剥夺了本地民众自晚清以来享有的私有山场林木所有权和使用权，加重了民众的经济负担，等于变相的增税。

国有林权的重构也制造了新的盗伐罪名。以往的林木产权，无论天然还是自种，都包含在土地所有权内，拥有林地产权即拥有土地之上的林木产权。然而，新的国有林法规将天产林木单独析出和国有化，导致私人土地上林木产权被国家收走，从而引发了大量"民告官"的争端。奉天行政公署和林务局的应对方式是发布政令，反复强调"荒地所有权"和"森林所有权"的分离，并制造新的"盗伐国有林"罪名，强制民众接受和付费。一些村民常年习惯于在公共山林中樵采，他们并不知道某处公山已被登记为国有林。但由于国有林法规规定任何未经林务局批准的砍伐天产林木都是"盗伐国有林"，当村民像往常一样入山采伐时，就会遭遇被他人报官并随之被认定为"盗伐"的情形，从而引发纠纷。此外，国有林法规对报领人国籍的限制，初衷是为了减少日本商人的渗透，但很多民众在与日本人的木材生意中获利颇丰，他们不惜冒着"盗伐"的罪名，继续为日商供应木材。盗伐案反而越来越多。

对普通民众而言，国有林权（实际为天产林木的国有产权）的生成和法典化，消灭了传统社会中"公山""共有山场"等多元化森林产权存在的可能。在新的国有化视阈下，"公共山林"往往被认定为"无主山荒"，进而被林务局收归国有并开放给他人报领。这就破坏了中国传统社会中"无主山林"所承担的社会救助和缓冲功能，扰乱了原有的产权和社会秩序，严重影响了底层民众的生计。国有林报领的制度漏洞，如"先到先得"的报领原则，还容易引发本地人与外地人的暴力冲突，进而加剧林务局官员和地方县知事之间的紧张关系。

此外，由于第二次工业革命后开矿、修铁路和建筑等事业对木材产生了前所未有的需求，林木本身变得空前重要。巨大的林木市场带来了林木产品与非木材林产品之间价值秩序的变化，也间接助长了大规模森林采伐和破坏的发生。这一时期，奉天林木的价值逐渐高于人参、蘑菇和药材等传统林产品的价值，吸引了众多民众报林和伐木。据记载，至1930年代，奉天东部的红松、鱼鳞松等名贵原生天然林木就被砍伐殆尽，只剩下杨桦林、杂木林等次生林和人工林。① 然而，大规模的伐木破坏了人参、药材生长所需要的森林环境，许多参农和药农被迫改变其土地经营方式，从而引发了森林生态环境的系统性变化。

在以北美、东南亚等地森林为讨论对象的环境史研究中，国有林制度的创办方一般是帝国主义等外来势力。他们在原住民的土地上，通过科学化的勘测、制图、调查等森林治理技术，对原住民及其森林环境进行重新分类、定义，然后将其整合进殖民国家的林业政策中。在这些研究中，国有林尽管是殖民制度的产物，但往往被赋予一种统治性，忽视了原住民和被统治者的能动性。奉天国有林制度的制定和实行显然与上述情形有所不同。清末民初，经过移民实边等政策的推行，奉天已经形成了较为稳定的汉人移民群体，从晚清开始的土地清丈和荒地招垦也奠定了奉天地区土地私有制的基础。对北洋政府来说，国有林制度的推行既是抗衡外来殖民压力的森林策略，也是自上而下建设现代国家的一环。比较而言，日本在其殖民地强行推广森林国有化，是变相剥夺当地世居居民的森林所有权以实现帝国扩张，强调林地和林木都收归"国有"。② 美国推行的"国有林"

---

① 《辽宁森林》编辑委员会编著《辽宁森林》，中国林业出版社，1990，第58、60页。

② 参见小关隆祺「北海道林業の発展過程」『北海道大學農學部演習林研究報告』22卷1号、1962年11月；萩野敏雄『日本近代林政の基礎構造』日本林業調査会、1984；萩野敏雄『朝鮮・満洲・台灣林業發達史論』；David Fedman, *Seeds of Control: Japan's Empire of Forestry in Colonial Korea*。

也是将印第安人属地之外的林地和林木一并收归联邦政府所有。① 但是，奉天国有林制度的推行则是通过"林权细分"的方式，将无主荒地、天然林地和其他林地中的天然"林木"编为"国有林"，来抵制外来势力的入侵，进而在维持原有土地所有制的基础上改变了森林的权属关系和管理秩序。这无疑为我们理解全球环境史提供了一种新的视角。

---

① 美国的国家森林就占用了印第安部落曾经用于季节性狩猎和采集的土地，参见 Theodore Catton, *American Indians and National Forests*。

第七章

近代东北木材的制售与市场竞争

　　作为基本的生产和生活资料，林木在中国传统社会经济发展中一直扮演着相当重要的角色，举凡房屋、农业器械、生活用具的建造和生产，离不开对各种林木的利用。晚清以降，西方殖民扩张和资本输出导致中国被迫开启近代化，林木资源逐渐被赋予一些新的用途。特别是在 19 世纪末 20 世纪初，以铁路建设为核心的近代中国工业化出现了较大发展，枕木等工业制材的市场贸易开始极速扩张。在此过程中，由华商经营的、以大东沟作为集散地的东北林木一度主导中国北方的传统林木市场，但又在新兴的枕木等工业制材贸易中处于劣势，最终被中日合资采伐加工的鸭绿江木材所取代。关于这一问题的发生发展以及相关缘由，以往学术界关注尚少，尤其是其中牵涉的日美木材竞争与中国北方林木市场的发展、枕木需求与近代中国工业化的关系等问题，更是鲜有研究涉及。[①] 因此，本章尝试结合

---

①　以往有关清代林木的经济史研究，在时空维度上，多关注清代前期华南地区的林木商品化，相关成果较为丰富。参见经君健《清代前期民商竹木的采伐和运输》，《燕京学报》1995 年第 1 期；邓亦兵《清代前期竹木运输量》，《清史研究》2005 年第 2 期。具体的竹木市场研究有石莹《清代汉口的竹木市场及其规模分析》，《中国经济史研究》2015 年第 1 期；周五更、李莉《清代湖北木材贸易研究》，《北京林业大学学报》2016 年第 4 期。学界已有研究较多讨论列强对东北地区林木的争夺以及由此造成的生态破坏和经济侵略，而较少涉及具体的市场竞争。见王长富《东北近代林业经济史》；王长富《沙皇俄国掠夺中国东北林业史考》；陶炎《东北林业发展史》；王希亮《从俄日对鸭绿江流域森林的掠夺看其掠夺东北森林资源的特点及其异同》，《龙江史苑》1986 年第 2 期；孙传杰、孙静丽《日本对我国东北森林资源的掠夺》，《世界历史》1996 年第 6 期；饶野《20 世纪上半叶日本对鸭绿江右岸我国森林资源的掠夺》，《中国边疆史地研究》1997 年第 3 期；王希亮《近代中国东北森林的殖民开发与生态空间变迁》，《历史研究》2017 年第 1 期。清代和民国铁路史研究方面，已有研

这一时期的中文文献、英文报纸和日本方面的林业调查等资料，来探讨东北地区的林木制售①与中国北方市场的木材贸易之间的关系，兼及日美两国在中国林木市场的竞争。由此，或可以增进我们对清末中国北方林木市场秩序和结构变化的认知，更好地理解近代中国东北地区的林业发展史和工业化史。

第一节　甲午战争前后"大东沟材"的采伐与销售

有清一代，中国的木材产地主要有四处，分别在南方的福建省、贵州省和湖南省一带，以及四川省和东北的长白山地区。② 其中，长白山地区位于吉林省东南部和辽宁省北部，是鸭绿江、松花江和图们江的发源地，拥有丰富的温带阔叶红松林等林木资源。③ 清朝前期，由于康、雍、乾等皇帝视长白山为发祥之地，厉行封禁，该地区的森林资源得到了较好的保存。直到 19 世纪中叶，清廷在内忧外患之下被迫推行"移民实边"，伴随着东北地区的开禁和大量移民的涌入，长白山和鸭绿江一带出现最早一批从事伐木和放排的华人木把，并逐渐由此开启了东北地区的林木贸易。④

不过，由于技术落后和交通不便，早期长白山林木贸易主要以原木为主，对原木的工业加工一般在东北以外的天津、上海等口岸城市进行。清

究大多着重讨论铁路资本筹集、购地、员工管理、卫生以及国族想象等问题，较少关注铁路枕木的问题，参见张瑞德《中国近代铁路事业管理研究：政治层面的分析（1876~1937）》，中华书局，2020；张瑞德《平汉铁路与华北经济发展（1905~1937）》，中华书局，2020；黄华平《中国近代铁路史探微》，合肥工业大学出版社，2015。

① 据相关史料记载，在 1891 年前后，已有山东移民进入黑龙江流域开采木植，但由于当地地理位置偏远，人烟稀少，移民伐木的主要目的是垦殖土地而非林木交易，所以该地区在民国以前尚未形成较为成熟的华人林木市场［参见《通孚丰联合办事处 1919 年关于采伐森林事项与伪农商部及黑龙江森林局来往文书》（1919 年），上海市档案馆藏通孚丰联合办事处档案，Q374-10-21］。另一方面，从 1893 年起，沙俄政府为了保障修建西伯利亚大铁路的木材需求，全面禁止私人砍伐海参崴及远东地区的森林木材，抑制了该国在远东地区的木材贸易（「清國の鉄道枕木」『大日本山林會報』233 号、1902 年 4 月、68 頁）。因此，本章考察的晚清东北林木流通不涉及黑龙江流域的木材。

② 東亜同文書院『支那経済全書（第十輯）』東亜同文会編纂局、1909、3 頁。

③ 王长富：《东北近代林业经济史》，第 16~17 页。

④ 蘇雲山・岩井吉弥「鴨緑江流域における森林開発構造の特質」『京都大學農學部演習林報告』64 号、1992 年 12 月。

代的长白山森林集中在通化县、怀仁县和临江县三地。[①] 据考察，木把们通常在通化县境内伐木，采伐的树木一般长6~8尺，树龄多为200~300年。[②] 木把们将原木简易加工后制成木筏，以放排的方式运至下游。木筏的水运线路主要有三条，即南向的鸭绿江、北向的松花江和西向的浑江，其相应的集散地分别为大东沟、吉林府和奉天府。由于大东沟位置优越，拥有良好的水深条件，在三条水运线路中，沿鸭绿江运输经大东沟集散的木筏最多。[③] 从大东沟运出的长白山松木也因此被称为"大东沟材"或"大孤山材"。[④]

大东沟位于辽东边陲，是鸭绿江自北向南流入黄海的通道之一。[⑤] 日俄战争前，大东沟是中国北方最重要的木材集散地，平均每年从鸭绿江上游接受木材约50万根。[⑥] 大东沟材的树种则主要为温带阔叶红松林，兼有针阔叶混交林。[⑦] 本地木商对顺流而下的木筏进行贮存和搬运，再按照外地商人的订单要求，将木材发往直隶、山东和华南等地区。[⑧] 日本的坂田长平就注意到：

> 华北地区一直缺乏木材，依靠外地供应。其中大部分的木材来自大东沟，还有少部分是从海外和福建进口。从大东沟运出的木材采伐自长白山的森林，被制作成木筏，顺着鸭绿江漂流而下。一旦在大东沟聚集，大家就承诺在这个地方进行买卖。木材被装入私人船只，并被运往各个地方。[⑨]

杉原龟三郎在1900年的考察报告中也写道，华北地区不像华南地区那样拥

---

① 即鸭绿江上游流域帽儿山一带。1877年，清政府设宽甸、怀仁、通化三县，怀仁县属于奉天府兴京抚民厅，通化县隶属盛京府；1902年，清政府设临江县，今为吉林省白山市临江市。
② 宫岛多喜郎「清國の山林」『大日本山林會報』256号、1904年3月、38页。
③ 宫岛多喜郎「清國の山林」『大日本山林會報』256号、1904年3月、26页。
④ 大孤山又作"大姑山"，在大东沟以西30里的地方，是该地的"大都市"。参见杉原龟三郎「清國木材視察報告（前號の續）」『大日本山林會報』207号、1900年3月、45页。
⑤ 大东沟旧称太平沟，位于鸭绿江口以西，是天然的深海港口。参见民国《安东县志》第1卷，成文出版社，1931，第25~27页。
⑥ 王长富：《东北近代林业经济史》，第41~42页。
⑦ 「鴨緑江の水運及材木」『大日本山林會報』277号、1905年12月、42页。
⑧ 杉原龟三郎「清國木材視察報告（前號の續）」『大日本山林會報』207号、1900年3月、45页。
⑨ 坂田長平「天津に於ける木材の現況」『大日本山林會報』271号、1905年6月、42页。

有福州、汉口和芜湖等多个国产木材市场，目前华北的木材市场只有大东沟。[1] 1903 年的林业调查显示，大东沟已经形成 14 家专营木材的大中型华商料栈，包括拥有雇员 35 人以上的长丰栈、玉合升、中和德、同庆栈等，还有多家料栈从大东沟转移到邻近的安东县拓展木材业务。[2] 据《南华早报》的记载，1904 年以前，每年旺季时来大东沟运木的帆船至少有 4000 只。[3]

　　日俄战争前，大东沟材供应天津数量最多，每年约 30 万根，占当年出材量一半左右；[4] 其次是供应营口、烟台和秦皇岛等北方口岸城市。清末上海受战争和交通影响，已经很少从东北进口大东沟材。[5] 天津木商在本地设有锯木厂，运到的大东沟材被加工为角材、圆木、板材和枕木四类出售。角材是指长条形的木材，一般用作房屋内部骨架和结构支撑，也叫"方木"或"角料"；圆木是指加工成圆柱体的木材，可用于房屋的立柱和房梁；板材是一种扁平矩形的木材，也主要用作建材；枕木也叫木枕，是用于铁轨铺设的长方形板材。由于当时中国的铁路业还未充分发展，枕木一般不被用作铁路路枕，而是被商人制成日常用具出售。[6]

　　天津附近设有西沽、闸口和马家口三处木材加工市场。具体而言，西沽有木材商 45 家，兼营大东沟材和福州杉木等木材；闸口有四家木商专营大东沟材，分别为成泰、永盛、宝和成、源兴水；马家口由于靠近外国人租界，该地暂时只有日本招昌洋行，以加工枕木为主。[7] 天津的大东沟材市场价格按照尺寸不同分为 6 档，每一付[8]价值 1.96~2.52 元。[9] 牛庄（在今

---

[1]　杉原亀三郎「清國木材視察報告」『大日本山林會報』206 号、1900 年、29~30 頁。

[2]　宮島多喜郎『清韓両国森林視察復命書』137~138 頁。

[3]　"Native v. American Lumber: Competition May be Keen," *South China Morning Post*, 15 May, 1907, 4.

[4]　杉原亀三郎「清國木材視察報告（前號の續）」『大日本山林會報』207 号、1900 年 3 月、46 頁。

[5]　杉原亀三郎「清國木材視察報告（前號の續）」『大日本山林會報』207 号、1900 年 3 月、44 頁；王长富：《东北近代林业经济史》，第 41 页。

[6]　坂田長平「天津に於ける木材の現況」『大日本山林會報』271 号、1905 年 6 月、42~43 頁。

[7]　杉原亀三郎「清國木材視察報告（前號の續）」『大日本山林會報』207 号、1900 年 3 月、45 頁。

[8]　方材称"付"，每付 11 根；原木称"料"，每料为 60 寸。参见王长富《东北近代林业经济史》，第 41~42 页。

[9]　杉原亀三郎「清國木材視察報告（前號の續）」『大日本山林會報』208 号、1900 年 4 月、25 頁。本书的木材价格单位为日元，1905 年中日货币汇率为每 1 两天津银＝日元 1 元 45 钱，参见「鴨綠江の水運及木材」『大日本山林會報』277 号、1905 年 12 月、42 頁。这一时期，清朝白银对日元的汇率主要在 1 两等于 1 元 30 钱至 1 元 50 钱之间浮动。

营口）是东北最早开埠的城市，1858 年《天津条约》增设牛庄为通商口岸，1861 年位置改为营口。1900 年前后，营口有 10 多家华人木商，主要经营大东沟材和福州杉木，每年进口大东沟材和福州杉木约 23 万根。[①] 芝罘（烟台）[②] 位于山东半岛北部，是山东省第一个通商口岸，也是大东沟材的重要销售市场。19 世纪末，由于山东境内交通不便，木材需求较有限，该地的大东沟材价格最为低廉，每付木料仅 1.5 元，比天津的大东沟材便宜许多。[③]

与此同时，日本国内的工业革命日渐发展起来，并逐步形成以海外贸易带动本国工业生产的发展路径。[④] 为进一步扩大日本产品在中国的市场份额，日本政府依托外务省、大藏省和农商务省等部门，派出众多调查团对中国各类工业品市场进行考察。其中，对华林业调查即是日本为促进本国木材制品在华销售的手段之一。[⑤] 从 1898 年起，日本农商务省山林局陆续派出杉原龟三郎、长仓纯一郎、宫岛多喜郎、坂田长平和堀田英治等多位林学士前往中国进行考察，范围涉及长江流域、华南、华北和东北等地区。东北的大东沟材也因此进入他们的视野。[⑥]

对于大东沟材的质量，日本林学士褒贬不一，偶尔带有个人情感。可能是急于为日本的北海道材寻找中国市场，较早来到中国进行林业调查的杉原龟三郎在其报告中反复强调大东沟材的质量远比日产木材"低劣"。而且，由于北方地区各销售市场距离东北产地较远，华人木商们大多习惯于在大东沟购买原木，运回本地后再"雇用锯木工人来打磨"。杉原认为，华

---

① 杉原亀三郎「清國木材視察報告（前號の續）」『大日本山林會報』207 号、1900 年 3 月、54 頁。

② 芝罘于 1861 年 8 月 22 日开埠，1862 年更名为烟台。

③ 烟台的方木料板尺寸为长 16 尺，宽 1 尺，厚 6 寸。大东沟材一般以"八尺"为一个标准长度，如果按 8 尺进行换算，则每付木料值 1.5 元。

④ Christopher M. Meissner and John P. Tang, "Upstart Industrialization and Exports: Evidence from Japan, 1880–1910," *The Journal of Economic History*, 78.4 (2018), pp. 1068–1102.

⑤ 滨下武志：《中国近代经济史研究：清末海关财政与通商口岸市场圈》，高淑娟、孙彬译，江苏人民出版社，2008，第 41~42 页。

⑥ 长仓纯一郎等人提交的林业报告均刊登在大日本山林会主办的《大日本山林会报》上，该报于 1882 年 1 月学会成立时首次发行，迄今已出版 1600 多期，翔实记录了明治以来日本的林业政策、林学研究及海外林业调查情况。有学者认为，大日本山林会的成立是近代日本林业向专业化转型的表现之一，详见 David Fedman, "Imperializing Forestry," in *Seeds of Control: Japan's Empire of Forestry in Colonial Korea*, pp. 23–46.

商"将原木运回本地加工"的模式与日本木材商人在产地就地设厂造材的情形有很大不同，这也间接导致清代东北地区木材加工业水平较低。[①] 但是，在杉原之后前来中国调查的日本林学士，则多对大东沟材做正面评价。例如，1905 年，坂田长平在报告中即称，"大东沟产木主要为松木，称得上是很高质量的木材……三井物产进口的北海道木材的售价是大东沟木材的八倍，但质量却远远低于大东沟材"。[②] 此外，身为日本农商务省山林局监督官员的宫岛多喜郎也在他的报告中提出，大东沟材是优质木材，对其评价颇高。[③]

事实上，在日本林学士对大东沟材展开调查之前，中日甲午战争的爆发一度导致大东沟材集散停滞，来自日本、美国和华南地区的木材得以大量进入中国北方市场，填补了该地区的木材供应不足。据日本林学士观察，1900 年，美国的"俄勒冈松"（Oregon Pine，Oregon Fir）[④] 和"南洋红木"（来自今天的新加坡和马来西亚）已被广泛用于租界内外国人的房屋建材及港口的桥梁和栈道用材，[⑤] 部分中国民众也开始使用日本产松木和杉木板建造房屋；此外，北方民众还喜欢购买"福州杉"作为棺材、桌椅和床等日常用具的材料。[⑥] 但是，由于日本的木材质地较为松软，不太符合中国北方民众的使用需求，美国的俄勒冈松等则价格相对较高，影响了其销售，因此，鸭绿江的运输通道恢复后，大东沟材在中国北方木材市场上便重新确立了优势。据堀田英治的调查统计，在 1904 年之前，大东沟材在天津、营口、秦皇岛、北京和山东沿海地区等地的木材输入量上排名第一，福州杉木位居第二，北海道材及俄勒冈松仅排名第三和第四。[⑦]

而且，这一时期大东沟材在中国北方的市场地位与清朝前工业化时代的木材需求结构直接相关。通过多位日本林学士的林业调查可以发现，在

① 杉原亀三郎「清國木材貿易に就て」『大日本山林會報』202 号、1899 年 10 月、77～78、80 頁。

② 坂田長平「天津に於ける木材の現況」『大日本山林會報』271 号、1905 年 6 月、42～43 頁。

③ 宮島多喜郎「清國の山林」『大日本山林會報』256 号、1904 年 3 月、26 頁。

④ 又称"美洲松""花旗松""道格拉斯云杉"，是一种原产于美国西北部的海滨黄杉（Pseudotsuga menziesii）。在美国的"西进运动"中，西海岸的俄勒冈州发展出了繁荣的机械制材工业。1880 年代，俄勒冈松进入日本市场。

⑤ 杉原亀三郎「清國木材視察報告（前號の續）」『大日本山林會報』207 号、1900 年 3 月、51 頁。

⑥ 杉原亀三郎「清國木材視察報告」『大日本山林會報』206 号、1900 年 2 月、1、7、29～30 頁。

⑦ 堀田英治『清韓両国及台湾各地市場木材商況調査書』農商務省山林局、1909、5、17 頁。

发展工业化之前，清朝的木材需求呈现出"房屋—船车—器具"的结构。具体而言，其用途主要分为五类：房屋建筑用材、造船用材、造车用材、家具用材和棺材用材。① 由于中国北方地区的建筑材料多采用砖瓦或者泥土，且气候干燥，木制品保存时间久，整体工业化程度和生活水平较低，对工业制材需求小，大东沟材的数量和质量基本可以满足北方地区的建材、车材及棺木需求。② 这也是日本、美国等海外木材在中国北方市场占有率较低的一个重要原因。③ 不过，甲午战争以后，近代中国的工业化进程已逐渐开启，杉原龟三郎和宫岛多喜郎即注意到，铁路的铺设将会完全改变清朝的木材需求结构。④ 之后的历史发展的确证明了这一点。

第二节　甲午战后日美制材在中国北方市场的竞争

受甲午战争战败的刺激，清政府决定大修铁路。随着华北、东北等地铁路的修筑，枕木成为中国北方林木贸易中的一种新需求。枕木，也叫轨枕或木枕，是一种铺设在铁轨下方用于稳定路轨和平分列车行驶压力的特殊锯材。欧洲早期的铁路多采用硬木作为枕木，后来又发展出钢材枕木和混凝土枕木等新式路轨。⑤ 铁路传入中国以后，枕木的制作主要是以原木为原料，经锯木机切割成一定断面尺寸后，再使用杂酚油等化学制剂做防腐处理。甲午战争以前，由于中国铁路建设较少，相应木材需求有限，大东沟材尽管加工水平较低，但辅之以少量进口木材，中国北方的枕木需求基本可以得到满足。然而，甲午战争以后，清政府的铁路事业大规模发展，

---

① 杉原龟三郎「清國木材貿易に就て」『大日本山林會報』202 号、1899 年 10 月、77~78 頁。
② 林学士佐藤佐吉调查后总结东北地区消费木材量小有六个原因：第一，建筑主要为土石结构，使用木材较少；第二，总体生活水平低，木材消费少；第三，工业化程度低；第四，东北大部分地区气候干燥，降雨量小，木材不易腐烂且保存时间久；第五，该地使用的薪材多以农作物和秸秆等作为替代品；第六，森林火灾侵犯的范围小。参见佐藤佐吉「滿洲林業瑣談」『大日本山林會報』329 号、1910 年 4 月、28 頁。
③ 据杉原龟三郎估算，1899 年，清朝的国产木材占全国市场的六七成，国外木材仅占三四成。参见杉原龟三郎「清國木材貿易に就て」『大日本山林會報』202 号、1899 年 10 月、79 頁。
④ 杉原龟三郎「清國木材視察報告」『大日本山林會報』206 号、1900 年 2 月、28 頁。
⑤ David Wilcock, "Railway Engineering 101, Session 38," https://www.ltrc.lsu.edu/ltc_13/pdf/presentations/S38_Railroad%20Engineering%20101_LTC2013.pdf, 最后访问日期：2023 年 11 月 6 日。

枕木面临供应短缺的问题，各类海外枕木乘机涌入，由此引发了日本北海道材和美洲木材在中国北方枕木市场的激烈竞争。

日产枕木进入中国北方市场始于 1880 年代。1886 年，清政府成立开平铁路公司，收购开平煤矿以修建唐胥铁路。1887 年 2 月，开平铁路公司改组为中国铁路公司，计划将唐胥铁路向东延伸至山海关，向西延伸至天津和北京。经醇亲王奕譞奏准后，中方即向日本三井物产会社订购了 25000 根产自日本东北的桧材枕木，每根约合 80 钱。1887 年，唐胥铁路延伸至芦台，改称唐芦铁路。同年，日本大仓组进驻天津开设支店，专售栗材枕木以供应清朝的华北铁路线建设。美商旗昌洋行也在这一年将俄勒冈松枕木卖到中国。1891 年，清政府面向海内外枕木商公开招标，日本商人首次将北海道产桉木枕木运至天津竞标。最终，北海道枕木以每根 70 钱的价格优势，击败了每根 1 元 70 钱的俄勒冈松枕木，获得清政府 5 万根枕木订单。[①]此后，从 1891 年至 1894 年，北海道枕木每年输入中国的数量较为平稳，大约每年 5 万至 6 万根。[②]

甲午战争失败后，清政府决定加强军备和铁路建设，中国木材市场对枕木的需求陡然提升。为缓解燃眉之急，中国方面开始大规模进口来自日本的北海道枕木。据日本外务省"外国贸易数据"统计，1895 年，中国从日本进口的木材总额仅为 19125 元。然而，到 1896 年，这一数额猛增至 342437 元，是前一年进口额的 17.9 倍（见表 7-1）。[③] 日本的林学人士也捕捉到这一变化，并视清朝的铁路建设为日本北海道材的重要发展机会。[④]1899 年，在中国考察的杉原龟三郎即指出，在日本对清朝出口的所有木材制品中，"铁路枕木是未来最有前途的一种"，并且对日本枕木而言，中国的北方市场比南方市场"更有希望"。[⑤] 杉原还整理了 1870 年至 1900 年间日产木材出口中国的情况，他发现在过去的 30 年里，日本每年对中国木材类商品的出口都不到总出口额的 1/4。对此，他在报告中反复问道："（清

① 「清國の鉄道枕木」『大日本山林會報』233 号、1902 年 4 月、68 頁。
② 杉原亀三郎「清國木材貿易に就て」『大日本山林會報』202 号、1899 年 10 月、41 頁。
③ 杉原亀三郎「清國木材視察報告」『大日本山林會報』206 号、1900 年 2 月、6 頁。
④ 「北海道木材の前途」『大日本山林會報』144 号、1894 年 12 月、55 頁。
⑤ 杉原亀三郎「清國木材貿易に就て」『大日本山林會報』202 号、1899 年 10 月、80 頁。

朝）对木材的需求从未像现在这样大，我国的出口金额如此之小，原因何
在？"面对甲午战后中国铁路工业的快速发展，杉原的判断是"日本必须在
这一领域提供必要服务"。①

表 7-1　日本出口中国木材价值（1895~1897）

单位：日元

年份	金额	备注
1895	19125	神户的出口数量最多
1896	342437	
1897	313466	
年平均数	284009	

资料来源：杉原亀三郎「清國木材視察報告」『大日本山林會報』206 号、1900 年 2 月、6 頁。
数字据原文。

1897 年至 1898 年，清政府开始在华北和东北地区修筑包括芦汉铁路、
中东路南段和京榆铁路延伸至奉天段（1907 年改名京奉铁路）在内的多条
铁路线。② 杉原和长仓分别估算了清朝修建铁路的枕木需求量。据杉原估
算，中东铁路和关内外铁路的修建未来需要枕木 200 万根，天津和牛庄③为
主要供应港口。④ 长仓的估算更加具体，他把清朝铁路分为"已完成线"、
"既定线"和"未完成线"。据他计算，清朝已经完成的铁路线长 1665 里，
正在修建和计划修建的铁路线总长为 4470 里。假设每铺设一里铁路（宽
轨）需要 2500（疑为 250）根枕木的话，清朝未来铺设铁路的枕木需求量
约为 114 万根。此外，由于铁路枕木每年还需要修缮和更换，据长仓估算，
中国的铁路线在全部建成后，还需要额外的修缮枕木约 30 万根，加上修路
枕木 114 万根，总需求至少为 144 万根，这将为日本的北海道枕木提供巨大

① 杉原亀三郎「清國木材視察報告（前號の續）」『大日本山林會報』208 号、1900 年 2 月、
18~19 頁。
② 张海荣：《思变与应变：甲午战后清政府的实政改革（1895~1899）》，社会科学文献出版社，
2020，第 177~198 页。
③ 实际开埠地点为营口，但日本人的报告中仍称为"牛庄"。后文中的"牛庄"实际是指营口。
④ 杉原亀三郎「清國木材視察報告（前號の續）」『大日本山林會報』208 号、1900 年 2 月、
18~19 頁。

的市场。[①]

　　清朝铁路对枕木的尺寸要求是"长八尺、宽九寸和厚六寸"。[②] 初期，由于许多日本木材商对清朝铁轨情况不熟，出口到中国的北海道枕木多有尺寸不合或枕木碎裂的情况，天津铁路局对此也颇有抱怨，[③] 但由于清朝自产枕木量少，铁路建设对北海道枕木仍非常依赖。从北海道出口到中国的枕木一般从小樽和室兰两港起运，运至天津、牛庄、大连（青泥洼）和上海等港口。天津是日本枕木商最早进驻的口岸城市，包括三井物产、大仓组和松昌洋行。三井物产和大仓组为兼营枕木，松昌洋行是专营枕木。[④] 据杉原考察，中东路和芦汉铁路大多采用北海道产枕木。1895 年至 1898 年，天津铁路局共采购 50 多万根北海道枕木以及 50 万根俄勒冈松和俄国落叶松枕木。[⑤] 日本驻天津领事郑永昌则在其 1899 年的报告中指出，天津铁路局使用最多的枕木种类是日本的连香树（Cercidiphyllum japonicum）和象蜡树（Fraxinus platypoda）。[⑥] 1900 年初，由于义和团运动大规模爆发，日本对中国的枕木出口一度受到影响。不过，到 11 月前后，中国时局逐渐平息，日本对中国的枕木出口随即恢复。同年，大连取代天津和牛庄成为中国接收日本北海道枕木最多的口岸城市。这一年大连共进口北海道枕木约 489510根，位居北方各港口首位；牛庄次之，进口北海道枕木 342381 根；天津和旅顺口分别排在第五和第六位（见表 7-2）。[⑦] 1901 年，松昌洋行获得 50万根北海道枕木订单；[⑧] 1902 年 11 月，日本三井物产和伊藤商会又与清政府签订了 62 万根北海道枕木的合同。[⑨] 1904 年 5 月，日军占领大连，大连成为日本的租借地。1906 年，日本殖民当局宣布大连港为自由港，进出口

---

① 長倉純一郎『清国視察復命書』農商務省山林局、1903、130～132 頁。数字均为原文表述。
② 杉原亀三郎「清國木材視察報告（前號の續）」『大日本山林會報』208 号、1900 年 2 月、21 頁。
③ 「清國の鉄道枕木」『大日本山林會報』233 号、1902 年 4 月、68 頁。
④ 宮島多喜郎「清國鉄道枕木及燐寸的概況」『大日本山林會報』257 号、1904 年 4 月、11～12 頁。
⑤ 杉原亀三郎「清國木材視察報告（前號の續）」『大日本山林會報』208 号、1900 年 2 月、18～19 頁。
⑥ 「清國の枕木入札」『大日本山林會報』201 号、1899 年 9 月、52 頁。
⑦ 「北海道木材輸出の概況」『大日本山林會報』219 号、1901 年 3 月、第 58 頁。
⑧ 「枕木の輸出」『大日本山林會報』219 号、1901 年 3 月、56 頁。
⑨ 長倉純一郎『清国視察復命書』130 頁。

货物免征关税。[1] 从此，特定的关税制度、完备的港口条件以及与日本本土的短距离使大连港成为北海道枕木的最主要进口口岸。

表 7-2　1900 年北海道枕木运到各个港口的调查（小樽出口）

单位：根，元

中国港口	数量	价格
大连	489510	308052
牛庄	342381	194870
大沽	163485	93953
上海	47499	26388
天津	36969	19235
旅顺口	29145	11950
汉口	21600	12000
塘沽	9651	5550
合计	1140240	671998

资料来源：「北海道木材輸出の概況」『大日本山林會報』219 号、1901 年 3 月、58 頁。

北海道枕木在中国市场上的价格相较于俄勒冈松枕木一直较低。1900年，天津供应的北海道枕木价格为每根 1 元 10 钱至 1 元 15 钱。[2] 1903 年，天津的北海道枕木价格降到每根 1 元以下，仅为 85 钱，此后长期保持在每根 1 元上下，直到 1907 年才涨回每根 1 元 15 钱。上海和汉口的北海道枕木价格也同样低廉。[3] 而同期，中国市场上的俄勒冈松枕木价格基本是北海道枕木的两倍。1902 年，天津的俄勒冈松枕木价格为每根 1 元 40 钱，1904年涨至 1 元 70 钱至 1 元 80 钱。[4] 对于北海道材便宜的价格，杉原表示，北海道枕木在质量和防腐方面都完全优于对方，但价格却在俄勒冈松枕木之下，这令人"无法忍受"，[5] 宫岛多喜郎却认为，北海道材以低廉的价格几

---

① 王长富：《东北近代林业经济史》，第 249~250 页。
② 杉原亀三郎「清國木材視察報告（前號の續）」『大日本山林會報』208 号、1900 年 2 月、18~19 頁。
③ 堀田英治『清韓両国及台湾各地市場木材商況調査書』91 頁。
④ 宮島多喜郎「清國鉄道枕木及燐寸の概況」『大日本山林會報』257 号、1904 年 4 月、11~12 頁。
⑤ 杉原亀三郎「清國木材視察報告（前號の續）」『大日本山林會報』208 号、1900 年 2 月、18~19 頁。

乎完全独占了中国枕木市场，这应该被视为一种"成功"。① 日本向中国东北出口的北海道枕木主要用于"南满铁路"的建设。据统计，从 1915 年至 1924 年，日本共向中国东北出口了 876440 根枕木，另有约 280 万根日本枕木被销往山海关内，用于中国的关内铁路建设。②

不过，尽管北海道枕木在中国北方市场拥有价格和交通上的诸多优势，但面临的问题也十分明显。宫岛多喜郎在 1903 年完成对中朝森林资源的调查后即写道：

> 日本木材成为中国的特殊物资，这不是偶然的……由于中国内部生产无法满足需求，其木材供应必然要依赖日本、欧洲和美国。因此，日本政府应该保护木材工业，奖励木材出口，拓宽贸易路线，这对国家是有利的。

而且，宫岛指出：

> 日本木材对华出口仍面临着一个强大的对手，即来自美国的俄勒冈松（美洲松）。③

此外，日本驻华领事还多次向其国内报告日本枕木存在容易腐坏等问题。1899 年，日本驻天津领事郑永昌报告称，由于华北地区空气干燥，北海道枕木暴露在空气中后容易裂口。④ 1907 年，日本驻汉口领事水野幸吉也报告了类似的问题。尽管水野把北海道材比作"软木之王"，但他也承认，"糟糕的耐腐蚀性"是北海道枕木的一大缺陷。另据水野考察，由于北海道材的防腐技术水平有限，当枕木从寒冷的北海道被运到温暖的汉口时，北海道材经常在当地高温的情况下发生裂缝；而一旦出现裂缝，北海道材就会因不符合验收条件被退货。相比之下，俄勒冈松枕木有一套严格的防

---

① 宫岛多喜郎「清國鉄道枕木及燐寸の概況」『大日本山林會報』257 号、1904 年 4 月、11 頁。
② 鉄道省運輸局著印『木材ニ関スル經濟調查』1925、152~154 頁。
③ 宫岛多喜郎『清韓両国森林視察復命書』302 頁。
④ 「清國の枕木入札」『大日本山林會報』201 号、1899 年 9 月、51 頁。

腐处理程序。美国的工人在制作枕木时，会使用木馏油（creosote）将枕木浸泡 30 分钟，这种化学制剂可以有效减少因温差和虫害造成的木材裂缝。在经过耐久性处理后，俄勒冈松枕木就能比其他国家枕木更加坚固和耐腐蚀。①

1900 年前后，日本成为俄勒冈松在东亚的主要市场。② 中国市场方面，清政府从 1895 年起开始大量进口俄勒冈松枕木；③ 至 1900 年，美国西海岸的制材公司已经以批发的方式为清朝在东北和华北地区的铁路建设供应枕木。④ 但由于距离远、运费高，俄勒冈松枕木的售价长期高于北海道枕木，其占有中国枕木市场的份额始终较小。⑤

虽然面临日产枕木的低价竞争，但美国领事对俄勒冈松枕木在中国的前景比较乐观。1894 年，美国驻天津领事李德（Sheridan P. Read）在调查天津枕木市场后即认为，"俄勒冈州的松材几乎没有一个竞争者，唯一的竞争者是来自朝鲜的更普通和更便宜的松木"。⑥ 另一位美国驻华领事则评价了北海道枕木在中东路牛庄至山海关段的使用情况，他说："北海道枕木很硬，质地好，但我不认为它们可以超过美国的枕木。"⑦ 1902 年，美国驻营口领事梅拉（Henry B. Miller）也谈到了日美两国在中国的枕木市场竞争，他观察：

> 日本向中国提供了大量的木材，在铁路枕木市场上，日本是美国太平洋沿岸的主要竞争对手。日本的铁路枕木经过凿切和锯切，大多采

---

① 水野幸吉『漢口：中央支那事情』冨山房、1907、295~301 頁。

② Thomas R. Cox, *Mills and Markets: A History of the Pacific Coast Lumber Industry to 1900* (Seattle：Washington University Press，1974)，pp. 286−287.

③ 「清國の枕木入札」『大日本山林會報』201 号、1899 年 9 月、50 頁。

④ "American Railway Ties in China," *New York Times*, 23 Jan. 1900, 12. 1900 年，美国木材商赢下了清政府 14 万根枕木的招标。参见杉原亀三郎「清國木材視察報告（前號の續）」『大日本山林會報』208 号、1900 年 2 月、18 頁。

⑤ The Bureau of Statistics, United States Department of State, *Special Consular Reports: American Lumber in Foreign Markets*, Vol. XI (Washington：Government Printing Office，1894)，p. 91.

⑥ The Bureau of Statistics, United States Department of State, *Special Consular Reports: American Lumber in Foreign Markets*, Vol. XI, p. 89.

⑦ "The Manchurian Railway," *The North-China Herald and Supreme Court & Consular Gazette*, 30 Oct.，1899，862.

用坚硬的木材制成，类似于橡木，但比较粗糙且容易折断。[①]

梅拉最后断言，中国将会对太平洋沿岸木材（Pacific coast lumber）有广泛和永久的需求。实际上，在此之前，俄勒冈松已经通过上海大量供应中国华南地区的铁路和建材市场，上海也因此成为中国的俄勒冈松进口中心。由于制材工艺先进，俄勒冈松在中国南方还被用于房屋和船的修建，以及电线杆制作，受到民众欢迎。[②] 基于这些情况，美国方面一直努力尝试将俄勒冈松木材输入中国华北和东北地区。

相比之下，这一时期，大东沟材由于加工技术落后，制作枕木成本昂贵，在中国北方枕木市场的竞争中实落下风。据坂田长平记录，将一块大东沟角材制作成宽一丈的枕木板材，其成本约为 2 元 50 钱，十分昂贵。另外，由于华商锯材技术落后，切割木材经常尺寸不对，大东沟材制作的板材常常在运输过程中受损。[③] 更有日本林学士在调查后直言"中国木商制造的枕木不是同类产品，质量很差"。[④] 即便国产枕木的均价一度降至每根 1 元 10 钱，但相较于每根仅 85 钱的北海道枕木而言依然较为昂贵，其市场竞争力自然较低。[⑤] 不过，大东沟材也有一定的地域优势。例如，东北和华北地区常年空气干燥，降雨量少，即使没有采用耐腐蚀性的加工技术，本土木材的腐烂也会非常缓慢，这一特性使其在其他种类的木材贸易中保持了一些竞争优势。这样，中国北方的木材市场结构便呈现出大东沟材、北海道材和俄勒冈松材并存的局面，但枕木市场则基本被日本和美国的跨国竞争所主导。

第三节　日俄战后"鸭绿江材"与中国北方木材市场的竞争

清末新政以前，中国东北的木材业机械化水平整体较低。华商经营的大

---

① "Timber Market in China: Permanent and Extensive Trade for Pacific Coast Lumber Within Reach," *New York Times*, 25 Apr., 1902, 2.
② "The Demand for Timber in China," *South China Morning Post*, 30 Dec., 1909, 4.
③ 坂田長平「天津に於ける木材の現況」『大日本山林會報』271 号、1905 年 6 月、42 頁。
④ 「清國の鐵道枕木」『大日本山林會報』233 号、1902 年 4 月、69 頁。
⑤ 大村鍋太郎「清國塘沽の枕木」『大日本山林會報』249 号、1903 年 8 月、53 頁。

东沟材长期以原木或粗加工的方式输出，直到 1902 年，在牛庄的英国商人从美国密歇根引进锯木设备，中国东北地区才有了第一家机械制材厂（也称锯木厂）。① 1903 年至 1906 年，日本和俄国军队陆续在龙岩浦、安东县和朝鲜义州设置了三家锯木厂，但当时的锯木厂仅用于军事，未用于商业。② 在东北境内，日商掌握了绝大多数的锯木器械，华人木商的造材技术普遍落后，仅有一两家在本地设锯木厂。③

1904 年 2 月，日俄战争爆发，长白山区的伐木和鸭绿江上的木筏运输全部停滞。由于大东沟材严重供应不足，北京和天津的木材价格不断攀升，从过去每根 2.56 元涨到每根 4.45 元。当时正在天津调查的坂田长平认为，此时正是日本向中国输出木材"唯一的好机会"。坂田进一步提出，"大东沟的木材现在是为我们的政府服务的"；尽管大东沟材的木材业暂时停滞了，但市场对大东沟材的"需求仍然巨大"，现在应该"不管战争情况如何，尽快砍伐这些树木"。④ 河合钵太郎也指出，日本对华的木材出口仅仅是"偶然的、杂货的以及容易失败的"，日本的林业发展必须注意鸭绿江森林，"每年 200 万尺产出，是有利可图的"。⑤ 由此，日本对华林业政策逐渐从"对华输出"转变为"中日合营"。大东沟材也开始由日本人的"竞争对手"转为"经营对象"。

对日本政府而言，东北地区的大东沟材既是工业资源，也是重要的军需物资。在殖民扩张的政策下，日本开始将木材加工业务扩展到长白山、鸭绿江一带的森林资源。首先，日本在鸭绿江两岸以"日朝合营"和"中日合营"的方式设立采木公司，将鸭绿江两岸的长白山森林纳入其统一管辖。1907 年，日本又在鸭绿江岸的朝鲜一侧设立日朝合办的营林厂，管理朝鲜江界、慈城、厚昌、三水、甲山等处森林，并设贮木所于北下洞。同年，日本外务省向清政府提出合办鸭绿江采木公司。1907 年至 1908 年，中

① "Timber Market in China: Permanent and Extensive Trade for Pacific Coast Lumber Within Reach," *New York Times*, 25 Apr., 1902, 2.
② 「満州の森林附鴨緑江の森林と木材市場」『大日本山林會報』289 号、1916 年 12 月、29~34 頁。
③ 王长富：《东北近代林业经济史》，第 94 页。
④ 坂田长平「天津に於ける木材の現況」『大日本山林會報』271 号、1905 年 6 月、第 43 頁。
⑤ 河合钵太郎「大規模の林業計画」『大日本山林會報』259 号、1904 年 6 月、8 頁。

日外交官员围绕采伐区域、经营年限和管理人员遴选办法反复协商，最终达成协议：中日政府各提供 250 万元作为启动资金；采伐区域定为"帽儿山以北至二十四道沟的鸭绿江右岸 60 里范围"；中日双方各派一位代表担任公司理事长。1908 年 9 月，中日鸭绿江采木公司在安东县正式成立。①

其次，日本对中国东北境内的机械锯木厂进行了大力投资，从而使木材商人可以在东北就地设厂造材。在日本财阀大林组和大仓组的支持下，龙岩浦和安东的军事锯木厂被鸭绿江采木公司合并。② 中朝林业工人在长白山区完成伐木后，通过水运和陆运将木筏运至下游，由锯木厂的专业技师进行机械化加工，制成特定的板材和圆木。按照不同的树种和尺寸，加工后的料板从"1000 寸以下"到"2000 寸以上"，其价格在 15 两至 45 两之间。圆木按树种、直径和长度分为八类，每根价格从 3 两至 23 两不等；红松最贵，杉松和黄林松次之。此后，日本林学士在调查报告中对长白山林木的记录开始从"大东沟材"转变为"鸭绿江材"。

最后，在日本政府的干预下，三井和三菱等财阀开始进驻中国东北地区，开设木材业务。早在 1905 年，宫岛在报告中就指出，日本商人缺乏海外远征的勇气，应该与清朝商人"合同营业"。他表示：

> 我们的货物借清人的手输入，商权在他人之手……日本商人缺乏远征的勇气，要尝试海外贩卖。③

截至 1906 年，在大东沟进行商品贸易的日本商人有七八十人，主要经营药品、杂货、料理以及射箭游戏，但没有人经营东北木材。④ 1907 年，《满洲日报》登出一篇文章，指出"鸭绿江岸森林经营是日本的重要事业，'内地'（指日本列岛）木材业者应有慎重计划"。⑤ 随后，在日本政府自上而

---

① 「鴨緑江森林交涉」『大日本山林會報』301 号、1907 年 12 月、37~38 頁。
② 「鴨緑江畔の制材工場」『大日本山林會報』301 号、1907 年 12 月、37 頁。
③ 宮島多喜郎「清國の材木業に関する意見」『大日本山林會報』258 号、1904 年 5 月、18~19、407 頁。
④ 中村胡蝶「満洲の森林 附鴨緑江の森林と木材市場」『大日本山林會報』289 号、1906 年 12 月、30 頁。
⑤ 「北清に於ける日本材木」『満洲日報』1907 年 2 月 8 日、148 号 1 版。

下的政策动员下，日本各大小财阀相继进入安东、营口等地经营木材。1907 年，喜久洋行从日本国内来到营口组织木材商联合，在大连和安东设立两处支店，负责运输和贩卖鹿儿岛等地木材到中国。① 此外，盐川商会也到营口开店，专营矿山坑木。之后，该商会还在辽阳和田庄台设立支店，加强了与中国商人的合作。②

"大东沟材"在被改造为"鸭绿江材"后，随着制材工艺和出材率的提升，开始广泛供应中国北方的木材市场。1906 年至 1907 年，随着鸭绿江材出材量的稳步增加，约有 20% 被运往山东省沿海，约 50% 运往天津，10% 运往安东、大东沟及周边地区。1906 年，天津进口鸭绿江材 55132 根，1907 年进口量达到 91961 根；烟台的鸭绿江材进口量也从 1906 年的 48000 根增长到 1907 年的 96000 根。1907 年，安东、天津、烟台和营口等多个北方口岸城市进口的鸭绿江材数量均比前一年增加约一倍或以上。③

鸭绿江材的开发还造成了中美木材贸易的消长，在一定程度上影响了俄勒冈松枕木对东亚市场的输入。日本方面很早就关注和提防美国枕木进入中国市场。1901 年，日本林学士就撰文指出，美国人正在关注清朝铁路并出口枕木，日本木材从业者务必"共同协力计划"，对抗美国的机器制品。④ 日俄战争后，美国方面也密切关注日本对鸭绿江材的经营。1906 年，美国驻营口领事撒门司（Thomas Sammons）即表达了对美国木材在华市场境况的担心。撒门司在考察了日本在义州和龙岩浦的锯木厂和木材储备后表示，鸭绿江采木公司一旦成立，美国木材将很难与之竞争。⑤ 1906 年前后，日本不仅减少了本土对美国木材的进口，还通过大力发展鸭绿江制材，遏制了俄勒冈松在中国华北和东北地区木材市场上的扩张。1906 年，营口进口的俄勒冈松价值为 72000 元，同年输入的鸭绿江材价值为俄勒冈松的三倍多，达到了 263000 元。同时，安东及山东沿海口岸的俄勒冈松进口数

---

① 「營口の實業界：木材石炭販賣業喜久洋行」『滿洲日報』1907 年 7 月 25 日、588 号 2 版。
② 「營口の實業界 9（九）：材木商鹽川商會」『滿洲日報』1907 年 7 月 19 日、583 号 2 版。
③ 参见堀田英治『清韓両国及台湾各地市場木材商況調查書』55~89、91 頁。
④ 「清国の鉄道と米国の木材」『大日本山林會報』227 号、1901 年 11 月、42 頁；「鉄道用の枕木の多望」『大日本山林會報』227 号、1901 年 11 月、43 頁。
⑤ "Native v. American Lumber：Competition May be Keen," *South China Morning Post*, 15 May, 1907, 4.

量明显减少。① 直到 1907 年，美国国内的木材商人才逐渐意识到，"五年来，在原材料以及制成品方面，日本稳步地将美国木材排除在了亚洲之外"。②

除了大力发展鸭绿江制材外，日本政府仍继续鼓励北海道枕木出口。但由于此时中国北方市场的木材已经供大于求，日本经营下的北海道材和鸭绿江材开始形成内部竞争。日俄战争期间，由于鸭绿江木业停滞，日本乘机向中国大量出口北海道枕木，仅从日本到中国运送枕木的汽船就有 20 艘，总出口量达 2500～3000 吨。到 1905 年，日本向中国运输北海道枕木的汽船增至 50 艘。③ 然而，日本政府官员和林业技师都忽略了一点，即鸭绿江制材业的发展和北海道枕木对中国的输出实际上构成了一对矛盾关系。北海道枕木最初得以大量出口到中国，得益于大东沟材制材工艺落后以及木材运输停滞。而当日本人开始着手改造大东沟材、大力发展鸭绿江机械制材并降低鸭绿江材枕木的制作成本时，也间接降低了中国枕木市场对北海道枕木的需求。1906 年以后，天津、烟台和营口的北海道枕木进口量持续下降；1907 年，由于积压木材过多，烟台口岸还暂停了从日本进口北海道枕木的业务，东北林木通过鸭绿江工业制材的方式逐渐恢复对北方木材市场的主导。④

1906 年以后，东北地区开始以安东为中心形成新的鸭绿江制材业。过去大东沟由于港口条件优越，很早就成为华北和东北的原木集散中心。安东（旧称沙河或镇江）原为军事要塞，1876 年清政府在此地设县，一直以丝绸、棉花以及日产火柴、纸张和香烟等产品交易而闻名。⑤ 日俄战争后，日本外务省随即启动了在鸭绿江七道沟（安东的位置）开发"新市场"的计划。随着安奉铁路的修通，长白山林木的运输不再依靠鸭绿江水运，而且新式锯木厂位于安东，机器制材可以通过铁路运输到更远的市场。在日本人的主导经营下，以安东为中心的鸭绿江木材工业逐渐发展起来。除鸭绿江制材外，日本还继续加强了对长白山森林的投资，并按日商不同的经

①　堀田英治『清韓両国及台湾各地市場木材商況調査書』81 頁。
②　「米清木材貿易の消長」『大日本山林會報』269 号、1907 年 7 月、27 頁。
③　「北清に於ける日本材木」『満洲日報』1907 年 2 月 8 日、148 号 1 版。
④　堀田英治『清韓両国及台湾各地市場木材商況調査書』76 頁。
⑤　吕斯：《鸭绿江上的木把》，《鸭绿江流域历史资料汇编》（下），第 648 页。

营范围细分成"吉林材"、"哈尔滨材"和"鸭绿江材"三种。[①] 在日本资本和技术的刺激下，中国北方地区的林木制材业也实现了明显的自我发展，过去传统的"房屋—船车—器具"的木材需求结构逐渐向新的"枕木—坑木—火柴"工业需求结构转变。

第四节　鸭绿江上中式筏的编筏与流送

1908 年 9 月，中日合办鸭绿江采木公司在安东正式成立，这标志着日本对鸭绿江右岸中国一侧森林开采权和控制权的获得。采木公司对该流域森林开采的各个流程[②]进行了改造，但在编筏与流筏环节上的改良却极为缓慢。鸭绿江上"中式筏"与"日式筏"的技术和文化差异给采木公司的木筏改良工作带来了困难。直到 1914 年村田重治担任公司经理，公司才在编筏与流筏改良环节上取得一定成效，但"中式筏"与"日式筏"的互动、纠结与并行仍然存在。本节尝试从运输业的角度来讨论传统木筏业的转型，以及特殊情境下的"传统造筏工艺"的现代性问题。

鸭绿江木材的传统水上作业包括编筏、管流（俗名赶河、赶羊）和流筏（俗名穿排）。长期以来，木把通过传统编筏法——用长木料紧密绑定成筏，每筏由 6~7 名木把驾驶——来运送鸭绿江上的木材。这种筏运技术符合当时的生态和技术水平，也维持了木把生计。4 月鸭绿江解冻后，木把即进江编筏。木把先通过"赶河"，将林木投入水中顺流而下，使其汇聚一处，然后进行木筏编制。编筏的步骤为：首先，在每根长木[③]两端各凿出一个方孔，大小为四五寸；其次，插入硬柞木杆，将 16~18 根长木穿成所谓一"节"筏只，并用钉子或捻木[④]固定；最后，将 3~4 节木排纵向连结，并在其上面再次横向叠加一层木排，就形成了一"张"木筏。每张木筏材积约为 300 尺。[⑤] 此

---

① 佐藤佐吉「満洲林業瑣談」『大日本山林會報』329 号、1910 年 4 月、82 頁。
② 木材生产的流程包括伐木、造材、集材、运材、管流、编筏与流筏七个环节。
③ 每根木料的标准尺寸为长 8 尺、宽 1 尺和厚七八寸，以 8 尺为一连。这里的"长木"指长度为 1~2 连的方木。参见「鴨緑江森林の現況（承前）」『大日本山林會報』329 号、1910 年 4 月、20 頁。
④ 其原料为柞木，主要用作编筏材料。
⑤ 「鴨緑江森林の現況（承前）」『大日本山林會報』329 号、1910 年 4 月、20 頁。

外，木筏上建有专供木把居住和休息的小屋，俗名花棚。木把在编筏的过程中居住其中，待编筏完成后，仍继续在小屋中等待鸭绿江水量上涨。

根据木料的不同来源，木筏分为"本字号"和"杂字号"。本字号指编筏的所有木料都来自同一家木把团体，即每根木材上刻有同一种记号；杂字号则是几家木把团体联合伐木后造筏，同一张木筏上的木料就带有不同团体的伐木记号（与被冲散的"杂字号"不同）。一般而言，本字号木筏造价高，运至下游后卖价昂贵；杂字号木筏属于小成本制作，价格更加低廉。① 传统木筏的制作工艺讲究硬木穿排、双层木筏叠加，以及建筑筏上小屋，其优缺点都很明显。一方面，传统木筏拥有较大的木料运载量，筏工造筏所需要的人力、物力也相应增加，尤其在流筏时对江水的水量要求也很高。② 当上游水量较小时，传统木筏流动困难，遇到特殊情况木把甚至需要在上游等待一年；③ 而在涨水期间，由于传统木筏自身重量大和不易转弯，又容易被急流冲到岸边触礁，导致损毁。

流筏或放排，是指驾驶木筏从浑江河口沿鸭绿江主干道向下漂流至木材贸易中心安东县沙河镇和大东沟。四月后冰雪融化，江水开始流动，木把便根据水量大小进行放排流筏。每个船筏上约有六名木把（也称筏工），有时也另从上游多雇其他工人，一筏的驾驶人员可达10人。④ "头棹"是木筏漂流的总负责人，他根据丰富的水性经验和知识，辨别并记住河中岩石的位置，操纵舵杆以避免在航行中发生碰撞。"二棹"和其他"边棹"是头棹的助手，负责仪式、备料、供应食物和饮料给所有筏工。边棹在木筏上工作最辛劳，他们负责检查并用钉子和斧头修补木材之间的连接处，几无停歇。边棹要晋升为头棹通常要5~8年。按照惯例，浑江木筏由临江三岔子起运，经八道江、通化到安东；鸭绿江木筏在临江四道沟起运，顺江而下达安东。⑤ 通常浑江流域的木筏形态较小，在到达辑安县（今吉林省通化市集安市）后，木把会

① 農商務省山林局『満洲森林調査書』33 頁。
② 每张木筏由 4~5 名木把制作，参见「鴨緑江上の筏業」『大日本山林會報』241 号、1902 年 12 月、62 頁。
③ 「鴨緑江森林の現況（承前）」『大日本山林會報』329 号、1910 年 4 月、20 頁。
④ 工人的工资要在筏子顺利漂到安东后才支付，如果途中发生意外损失，则不予支付。参见「鴨緑江上の筏業」『大日本山林會報』241 号、1902 年 12 月、62 頁。
⑤ 隋石秀：《1894~1941 年的临江商业》，《鸭绿江流域历史资料汇编》（下），第 502 页。

将其组装为大型木筏，再顺流而下。[①]

　　从辑安开始，木筏一路南下，依次经过清政府设立的三道检查站和收费站。第一站是马市台，位于今丹东市振安区，是清朝交易马匹的场所。清末安东税捐总局在此设分局，负责检查登记木把、木筏及货物数量和发放"排票"。木筏在取得排票后，继续向下游漂流至第二站安东县沙河镇。这里是安东税捐总局所在地，也是日俄战争前东北第二大木材交易市场。税捐总局官员在此核验排票，并根据排票上登记的木材种类、数量向木把征税和发放第二张收据。缴纳木税后，木筏继续行至第三站三道浪头。三道浪头位于沙河镇下游 20 里[②]，安东税捐总局在此设三道浪头分局，分局官员再次检验木筏的排票和纳税证明。未完成缴税的木筏必须返回安东县沙河镇重新缴费，方能放行。完成木筏检查和纳税后，木把头可选择在沙河镇停靠，或继续行驶至更下游的大东沟进行木材贮存和交易。在大东沟交易的木材接受东沟木税总局检验和收税。[③]

　　据日人考察，鸭绿江木筏的水运速度取决于鸭绿江当月的降雨和水量大小。当水量较小时，从辑安到安东的 1450 里水路需要走 2~3 个月；但当水量大时，从辑安到安东的水程只需要 5~6 天。[④] 日俄战争前，清朝木把每年从鸭绿江流下的木材约为 61 万根。[⑤] 初期，鸭绿江木材从上游流下后均贮存在大东沟，后因该地泥沙淤积、通行不便，遂移至安东县沙河镇。[⑥]

　　日俄战争前，鸭绿江上每年流下的木筏为 3000~10000 筏（见表 7-3）。1901 年，义和团运动结束，由于地方重建的需要，木材市场形势良好，鸭绿江上游流筏数为 7000 筏；1903 年，出于列强对天津租界改造工程需要，以及沙俄方面提高木材的需求和价格，当年共有 10000 筏木筏流下。1904 年，受日俄军事对峙影响，中国木把畏惧日俄军方截夺木筏，流筏近乎停滞，当年仅 500~600 筏流下。[⑦]

---

① 農商務省山林局『鴨緑江流域森林作業調査復命書』36 頁。
② 1 日本里约等于 6 里，参见農商務省山林局『鴨緑江流域森林作業調査復命書』34 頁。
③ 農商務省山林局『鴨緑江流域森林作業調査復命書』54 頁。
④ 農商務省山林局『鴨緑江流域森林作業調査復命書』36 頁。
⑤ 内田良平『満韓開務鄙見』18 頁。
⑥ 農商務省山林局『鴨緑江流域森林作業調査復命書』15 頁。
⑦ 農商務省山林局『鴨緑江流域森林作業調査復命書』64 頁。

表 7-3　日俄战争前鸭绿江上流筏数量变化

单位：筏

年份	流下筏数
1899	3000
1900	5000
1901	7000
1902	3000
1903	10000
1904	500~600

资料来源：農商務省山林局『鴨緑江流域森林作業調査復命書』64 頁。

日俄战争前，传统木筏的编筏和流筏工人往往收入不菲。据 1902 年日人宫岛多喜郎的记录，每一张传统木筏的成本为 300~450 元，运至大东沟后可以卖到 1000~1450 元，"实在是非常赚钱的生意"。[①] 在另外两个更具体的案例中，1902 年，参与将 8 张木筏运至安东的 41 名普通筏工（股子劳力），最后每人赚得 151 两 4 钱 2 分 7 厘多的收益；同年，参与将 4 张木筏运至大东沟的 16 名普通筏工，每人收益为 67 两 7 钱 7 分。[②]

图 7-1　鸭绿江流域交通

资料来源：滿洲安東縣鴨緑江採木公司編纂『鴨緑江林業誌』258 頁。

[①] 「鴨緑江上の筏業」『大日本山林會報』241 号、1902 年 12 月、62 頁。清朝银 1 两为日本金货 1 元 40 钱，参见農商務省山林局『鴨緑江流域森林作業調査復命書』65 頁。

[②] 農商務省山林局『鴨緑江流域森林作業調査復命書』87~90 頁。

第五节　日式筏与采木公司的林木运输改良

日俄战争期间，日式编筏和流筏技术首次进入朝鲜半岛和中国东北。1905 年，日本陆军从奈良吉野川和木曾川招募筏工，随军进驻鸭绿江上游，以供应日本军事木材。[①] 战争结束后，一部分参战筏工继续留任日本驻安东军事木材厂。1907 年 5 月，日本设朝鲜统监府营林厂于安东，营林厂继续任用日本筏工从事鸭绿江上的流筏作业。1908 年 10 月，日本军事木材厂撤销，营林厂总部从安东移驻新义州。新的营林厂继续每年从日本奈良、和歌山和爱知县招募筏工，并开始培训朝鲜流筏工人。[②] 日式筏技术的传入与鸭绿江上中国筏工的传统技术形成了对比，并引发了所谓"中式筏"与"日式筏"的比较和竞争。

日式木筏制作采用"捻木编筏法"。捻木编筏法是起源于江户时代的一种常见的编筏方式，广泛流行于日本纪州地区和奈良县等山区。与中式编筏的"硬木穿排法"不同，日式编筏中用来连结和固定林木的材料是"捻木"，这是一种用柞木制成的绳索状材料。捻木具有很强的"拉伸性"，因此以捻木串联和编织的木筏一般"非常结实"，适合在急速的水流中转弯和漂流。另外，日式木筏仅有一层木料，筏身轻便，每张筏的材积约为 50 尺至 300 尺不等。[③] 日式木筏上不再建筑单独的筏上小屋，每筏由 1~2 人驾驶。

同时，日式流筏技术讲究分段组装和分批驾驶。根据鸭绿江的沿岸地势和水量大小，日本筏工将鸭绿江水运分为上、中、下三段，分段组合木筏向下漂流。日本筏工负责最困难的上游段，日本人和朝鲜人筏工混合驾驶中游段及下游段。上游段为惠山镇（对岸为长白县）至中江镇（对岸为临江帽儿山）一段。该段水急滩险，不便航行，每名日本筏工仅以一楫驾驶一筏，每筏约由 200 根木料组成，"前窄而尾大，略如扉形"。[④] 据营林厂

---

① 「鸭绿江沿岸の森林经营」『大日本山林會報』295 号、1907 年 6 月、30 页。
② 「鸭绿江に於ける作业机关（承前）」『大日本山林會報』330 号、1910 年 5 月、37 页。
③ 「鸭绿江に於ける作业机关（承前）」『大日本山林會報』330 号、1910 年 5 月、37 页。
④ 紫峰生：《鸭绿江之交通》，魏声和译，《东方杂志》第 15 卷第 9 期，1918 年，第 165 页。

技师记载，由于日本和歌山县新宫川的筏工长期"习惯在乡村中操纵木筏，并具有操纵木筏的特殊技能"，他们专门负责在水速最快、流筏最困难的上游段下筏。① 中游段为中江镇至高山镇（对岸为辑安县）一段。日本筏工在进入中游段的起点中江镇时会在该地重新组装木筏，"并上流之二筏为一筏"。由于该段水量增加，河面变宽，流筏不再需要高超技巧，木筏一般由朝鲜人或其他日本筏工接手，继续驾驶增大的木筏向下游行驶。下游段为高山镇至新义州（对岸为安东县）一段。日朝筏工在高山镇再次对木筏进行重组和改编，"合三四筏为一筏"，并顺流而下直达新义州。②

日式流筏工钱是分段计算的，标准工钱为每天 2 元。如果水量适当，运出更多的材积，则筏工的收入可达 1 天 3 元；技术优秀的筏工工资平均可达到每日 4 元。③ 营林厂的日本筏工多为来自奈良县吉野川和木曾川的农民，他们一般 4 月进入鸭绿江上游工作，11 月返回日本。按照每根木料水运一里有 2.5 厘收入计算，鸭江流域的水道运路约为 200 里，这样，每人每次流筏作业可获得"三百元乃至六百元"收入。④

中日合办鸭绿江采木公司成立后，经过双方多轮谈判，采木公司获得了浑江流域木材买收权和鸭绿江右岸专属伐木区，包括"头道沟至二十四道沟，距鸭绿江面干流六十华里以内"；作为交换，公司每年向清政府上缴净利润的 5%。同时，中日在多个方面也达成协议：第一，新成立的采木公司应为生活在浑江流域森林中的中国木把提供伐木机会；第二，该公司应向中国木把提供贷款用于伐木；第三，该公司应为江浙铁路公司提供木材以及满足本地居民日常需求；第四，该公司承诺以合理的市场价格出售木材，并禁止任何垄断行为；第五，日本撤走日俄战争期间建立的所有军事木材厂，并将附属营林厂迁至新义州。⑤

---

① 「鴨緑江に於ける作業機関（承前）」『大日本山林會報』330 号、1910 年 5 月，37 页。
② 紫峰生：《鸭绿江之交通》，《东方杂志》第 15 卷第 9 期，1918 年，第 165 页。
③ 「鴨緑江に於ける作業機関（承前）」『大日本山林會報』330 号、1910 年 5 月、37 页。
④ 紫峰生：《鸭绿江之交通》，《东方杂志》第 15 卷第 9 期，1918 年，第 165 页。在描述日本筏工收入的时候，该文译者用的是汉字"元"，笔者认为这里的"元"应该是指日元"円"，才最符合当时日本筏工的收入情况。
⑤ 《中日合办鸭绿江木植公司章程》，辽宁省国家税务局编《辽宁税收历史资料选编（1840~1948）》，第 111 页。

与营林厂的直营模式不同，采木公司的经营模式更加多元复杂。公司下设三个分局，分别位于鸭绿江上游的通化县、临江县和长白县。根据贷款对象和伐木场所的不同，采木公司的经营类型分为四种。第一是公司贷款给料栈，由料栈雇用木把伐木，最后由公司买收木料。第二是公司贷款给把头，这种模式由通化分局和临江分局实行。各分局先与把头签订合同，约定先由分局提供贷款和物资，资助木把团队入山伐木。年底时，木把将所伐木植以低于市场价的价格卖给分局，由分局以市场价格交易。1909 年，通化分局共赞助 132 个把头；1910 年，获得贷款的把头数量增加至 140 个。1909 年，临江分局赞助 53 个贷金把头，1910 年该数字保持不变。① 第三是料栈自由采伐后，由公司买收木材。② 第四是公司直营采伐，即由公司直接聘用把头进入帽儿山至二十四道沟的专属林场伐木，并直接管理具体的采伐和运输。长白分局正好位于采木公司直营林场内，主要负责直营采伐业务。③

在第一任总经理桥口正美④的主导下，采木公司从运材和管流方面改善了鸭绿江木材运输的基础设施。1908 年，采木公司在鸭绿江上游、长白府管辖下的十九道沟铺设了第一条运木铁轨。同时，在鸭绿江下游的安东六道沟组织人力开挖贮木场和修筑"系排木桩"。安东六道沟是每年夏季木筏停靠最多的地方，而"系排木桩"可供木把在发生洪水或出现其他情况时避难和转运，减少木筏漂流的发生。公司设有浅水轮船，负责在安东附近拖运和装载木排。此外，采木公司还对鸭绿江上游的河道进行了疏浚。1913 年，公司组织技术人员使用炸药，炸毁了鸭绿江上游水道中的部分滩石，减轻了惠山镇至中江镇一段的下筏困难。⑤

有意思的是，这一时期日式筏技术并未通过采木公司传入鸭绿江右岸中国一侧的木业界，公司反而继续依赖中国木把制作和漂流传统的中式筏。⑥ 采木公司无法改造中式筏的原因暗藏于 1908 年中日鸭绿江森林谈判

①《奉天行省公署为鸭绿江采木公司呈送第四年度预算书请核事》（1912 年 11 月 21 日），JC010-01-007823。

② 王学来：《奉天中日合办采木公司事业之梗概及其组织》，《东方杂志》第 12 卷第 9 期，1915 年。

③「鴨緑江採木公司の十星霜（承前）」『大日本山林會報』427 号、1918 年 6 月、2 頁。

④ 桥口正美在鸭绿江采木公司任职时间为 1908~1913 年。

⑤「鴨緑江の採木事業」『大日本山林會報』327 号、1910 年 2 月、60 頁。

⑥《鸭绿采木公司章程》，《东方杂志》第 5 卷第 10 期，1908 年。

的一则条款中。该年中日议定的采木公司章程第 20 条规定，"所要之伐木、运木、编筏、运筏等一切之人夫则专雇用中国人，以保护地方人民之生业"。[1] 按照规定，采木公司必须雇用中国木把，而中国木把一直使用传统方法制作木筏，所以从鸭绿江上游流下的料栈筏和直营筏都仍是中式木筏。参与谈判的晚清官员或许无法预见到，这条有关木把生计的条款无意中竟成为鸭绿江流域延续传统中式木筏工艺、抵抗日式筏技术进入的法律屏障。1918 年，魏声和在一篇翻译文章中以"译者按"的方式，点明了在采木公司成立后中式筏仍持续存在的原因，"中日采木公司章程……订明伐木运筏等人夫专用华人，以保生业。故此处林业劳动事项，日人尚无法插入。阅者当知双方泾渭分明，即缘此故"。[2]

中国木把生计与中式筏工艺的紧密绑定造成了鸭绿江上中式筏与日式筏的"泾渭分明"。自 1908 年鸭绿江采木公司成立、营林厂移驻新义州后，鸭绿江上游流下之木材，左岸的属于朝鲜营林厂，右岸的属于采木公司。两种不同类型的木筏在同一条江上漂流，互相映照。1910 年，朝鲜营林厂林学士冈岛政吉发表了一段对"中式筏"颇为不屑的声明，他写道："中国筏工的流筏作业非常幼稚，乍看起来使用相当不经济的方法，但因为劳力负担轻，加上人的忍耐力强，才得以维持下去。这种方法还有很多需要改进的地方，没有什么值得我们借鉴的。"[3]

尽管纲岛政吉嘲笑中式流筏"没有什么可值得借鉴"，但事实上，中式流筏技术已经反向进入营林厂的日式流筏技术中。冈岛政吉也注意到，朝鲜筏工在学习和观摩中式和日式两种流筏技术后，竟创造出一种"中日混合木筏"（日清折中筏）来。在日本筏工的培训下，朝鲜筏工仍采用捻木编筏的方法制作木筏。但在流筏方面，朝鲜筏工使用了中国筏工的"清式大棹"来驾驶日式筏。"清式大棹"原本适用于双层结实的中式筏，而一般日本筏工使用名为"水杆"的小桨来驾驶单层的日式筏。但朝鲜筏工以"清式大棹"驾驶"日式轻筏"，流筏效果其实更佳。按两人驾驶一筏计算，朝

① 陈嵘：《中国森林史料》，第 67 页。
② 紫峰生：《鸭绿江之交通》，《东方杂志》第 15 卷第 9 期，1918 年，第 165 页。
③ 「鴨緑江森林の現況（承前）」『大日本山林會報』329 号、1910 年 4 月、21 頁。

鲜筏工的收入为每人每天 60~85 钱。[①]

1912 年，清帝逊位，民国肇兴。政治局势的变化带来了采木公司章程规定的松动，日本方面开始重新检讨木筏制作的中日差别和优劣。1913 年，采木公司首次向日本驻华领事提出改良鸭绿江中式木筏的设想。在一篇名为《日本式筏与支那式筏之优劣》的报告中，采木公司在对中式筏和日式筏进行详尽比较后，总结了日式筏的九大优点，并以营林厂流筏为参照，指出日式筏更符合采木公司削减鸭绿江材生产成本的要求。

在日人急切希望改良中式筏的视阈中，日式筏的优点和中式筏的缺点可大致归纳为五个方面。第一，在制作方面，单层日式筏的编筏和流筏费用低，双层且自带筏上小屋的中式筏制作费时费力，流筏费钱。日方坚持认为，日式"捻木编筏法"远优于中式"硬木穿排法"。第二，在所需人工数量上，轻便的日式筏仅需 1~2 名筏工驾驶，而笨重的中式筏需要至少 6 人驾驶。在单位筏工的材积量上，中式筏需要人多，尽管每一张木筏的材积可达到 300 尺，但按 6 人平均后每人仅搬运 50 尺；而 300 尺的日式筏被两名筏工平均分配后，每人仍搬运 150 尺。第三，在流筏时间上，轻便单层的日式筏从惠山镇出发到达新义州仅需 7~12 天，而中式筏由于需水量大，遇枯水期则流筏停滞，所以从上游到下游往往需要 20~50 天。第四，从往返次数上看，日式筏的筏工每年可来回流筏两至三次，但中式筏的筏工一年只能流筏一次，中式筏的效率明显低于日式筏。第五，在木料的利用上，中式筏的制作需要特设一"木耳子"作为木筏记号，且用于木耳子之木材不能再作木料，只能用于薪炭；而日式筏的记号"仅锯于木材之一隅"，其他部分仍可使用，保存了木料的完整，节约了编筏材料。[②]

报告也承认了日式筏的五个缺点。第一，日式筏筏身过于轻便，导致不如中式筏结实。第二，筏工虽然有时间在上游和下游往返多次，但必须等待流下木料都卖出后才能返回，现实实践中并不是那么灵活。第三，能够制作和驾驶日式筏的筏工只能从日本招募，颇为不便。第四，日式筏流

① 「鴨緑江に於ける作業機関（承前）」『大日本山林會報』330 号、1910 年 5 月、38 頁。
② 《日本式筏与支那式筏之优劣》（1913 年 11 月），赵焕林主编《民国奉系军阀档案·一九一三年卷》第 8 册，线装书局，2016，第 34~55 页。

筏的分区及朝鲜筏工驾驶中游和下游的模式无形中增加了运营成本。第五，负责上、中、下游的筏工计算各自工钱时需"多费手续"。①

表7-4 中式筏和日式筏的优劣比较

	中式筏	日式筏
木把分工	木把同时伐木、编筏和流筏，不再精细分工	伐木工和筏工分工，流筏按上中下游分区配置筏工
木料数量	双层、筏上小屋（花棚）	单层
驾驶人数	6~10人	1~2人
制作方法	硬木穿排法	捻木编筏法
到筏时间	20~50日，依水量而定	7~12日
往返次数	一年一次	一年往返2~3次
工作周期	上一年10月初入山至次年9月	当年4~11月
每筏材积	300尺	50尺
木料利用	中式筏设木耳子，木耳子之木不能再用作材料，仅供薪炭之用	日式筏的记号仅锯于木材之一隅，不影响其他部分的使用

资料来源：《日本式筏与支那式筏之优劣》（1913年11月），赵焕林主编《民国奉系军阀档案》第8册，1913年卷，第34~62页。

报告综合认为，由于日本筏工的工资高于中国筏工，为进一步降低采木公司流筏的成本，最好的办法就是培训中国筏工制作和驾驶日式木筏，以中国筏工的工资水平来支持日式木筏的使用。报告中以营林厂为例，展示了日本方面培训朝鲜筏工后流筏成本不断降低的成功案例。据记载，营林厂最早培训朝鲜筏工使用日式流筏技术时，每一尺的流筏成本为日元8角3分；至1911年，每一尺的流筏费用降至5角5分5厘；1912年，每一尺的流筏费用继续降低，减至5角1分；到了1913年，每一尺流筏的成本降为4角8分5厘。

在第二部分，报告结合了采木公司长白分局的木材情况，估算了日式筏改良后可能带来的收益。如前所述，长白分局专门从事"公司直营"的

① 《日本式筏与支那式筏之优劣》（1913年11月），赵焕林主编《民国奉系军阀档案·一九一三年卷》第8册，第57页。

木业类型，该局所生产的木筏也叫"直营筏"。1913 年，长白分局共伐得木材 2000 付（30000 尺）。按每尺中式木筏的造价，比营林厂日式筏的造价贵日元 2 角 2 分来算，如果将该年度该分局所存所有中式筏都改良为日式筏，则长白分局可降低 6600 元的生产成本。报告又称，假如采木公司能将现有四种经营类型（贷金料栈、贷金木把、买收木材和公司直营）的木筏全部改良为日式筏，那么，当每年流筏数增至百万连（100 万连×8 尺/连 = 800 万尺）的时候，则公司实际收益可增加 176000 元。

最后，报告讨论了采木公司改良中式筏所需的日本筏工教师数量。据报告称，以"公司直营"采伐的木材为例，假定每 5 万尺木材需要 150 名流筏工人，而每名中国筏工对日式流筏技术从学习到熟悉至少需要 3 年，那么，现阶段就需要招募 75 名日本筏工师傅（按 1 名师傅带 2 名徒弟来算），而现在采木公司仅有 5 名日本筏工，离完成目标还有距离。但报告仍乐观地认为，从营林厂培训朝鲜筏工学习流筏技术至今，已有"百名以上"朝鲜筏工能从事日式流筏的驾驶。若使"较朝鲜人强壮且勤奋"的中国筏工学习流筏驾驶，能够"进步更速而成绩亦更见良好"。从中国木把的角度来说，报告认为，如果能推行日式木筏，中国筏工"不但不会失业，且习熟此等技术后反能比从前多得赁金……亦中国之利益"。[①]

1914 年，村田重治[②]接替桥口正美担任采木公司第二任经理，终于启动了中式木筏的改良项目。中式筏改良首先始于公司的"直营筏"部门。公司招募日本筏工进入鸭绿江上游，选拔了 300~500 名中朝筏工"实习生"，教授有关日式筏的制作和驾驶工艺。[③] 同时，公司将部分直营木筏改造为轻便单层日式筏，尝试以日式筏的流筏模式运至下游，取得积极效果。1916 年，采木公司宣布将全部的直营筏改造为日式筏。村田重治也表示，"未来随着直营采伐业务的扩张，日式筏的数量也必将不断增加"。除了增加日式筏的数量外，公司也推动编筏和流筏业务的分工，将两者区分开来分别承包。这一点同中式筏从制作到驾驶都由同一批人承担非常不同。另外，公

---

①　《日本式筏与支那式筏之优劣》（1913 年 11 月），赵焕林主编《民国奉系军阀档案·一九一三年卷》第 8 册，第 58~60 页。

②　村田重治在采木公司的任职时间为 1914~1923 年。

③　荻野敏雄『朝鮮·満洲·台灣林業發達史論』220 頁。

司修筑了更多的"系筏木桩"。为了减少漂木损失以及方便木材转运，公司改变了以往仅在两三个主要地点设"系筏木桩"的习惯，在鸭绿江的干流和支流沿岸陆续新设了 19 个"系筏木桩"，以解决流筏途中的困难。①

此外，村田重治任下的采木公司也迅速改善了安东的机械化制材条件。鸭绿江沿岸的制材工场最早运用于军事工业中，因为修筑防御工事需要专门的板材。例如，1903 年俄国设在龙岩浦的制材厂（后被日本大仓组接收）和 1905 年日本在安东设的军事木材厂，都是这类工厂。至 1906 年，鸭绿江下游有三家军事制材厂，分别是安东县和龙岩浦的大仓组，以及位于义州的大林组。日本人认为，清朝人"能用木材做建筑材料的人少之又少"，而现有的三家制材厂只服务于军用，无力承接私人生意，因此"未来必须组建一个大型锯木厂"。② 1915 年，采木公司制材厂与日本大仓财阀所设制材厂合并，改名为鸭绿江制材无限公司。制材无限公司共有带锯机 5台、圆锯机 16 台、竖锯机 10 台、横切圆锯机 4 台、横式带锯机 3 台、制函用圆锯机 38 台、蒸汽横切锯机 2 台等 82 台锯木器械，采木公司拥有了完全机械化的制材厂。③

第六节　中日两式筏在鸭绿江的营运竞争

1914 年后，鸭绿江上中式筏与日式筏的竞争和结果可大致归纳为三点。

首先，鸭绿江上日式筏并未能完全取代中式筏，两者仍是以并行的方式存在。在采木公司对日式筏的大力推广下，1918 年，采木公司"日式直营筏"的出产量达到 20 万连，较之前有了长足进步。但如前所述，公司"直营采伐"是采木公司四种经营板块中的一种，在"贷金料栈"和"贷金把头"部门，仍有未受培训的中国木把和中式筏的存在。截至 1919 年，鸭绿江、浑江流域的木把约有 3 万人，安东的料栈约有上百户。④ 许多木把

① 「鴨緑江採木公司の十星霜（承前）」『大日本山林會報』427 号、1918 年 6 月、4、3、15 頁。
② 「満州の森林附鴨緑江の森林と木材市場」『大日本山林會報』289 号、1906 年 12 月、29～34 頁。
③ 満洲安東縣鴨緑江採木公司『鴨緑江林業誌』86 頁。
④ 「鴨緑江採木公司の十星霜（承前）」『大日本山林會報』427 号、1918 年 6 月、1 頁。

仍从采木公司取得贷款，他们以"贷金木把"或"贷金料栈"雇用木把的身份入山伐木造材，他们的编筏和流筏模式仍然是中式的和传统的。

其次，中式筏和日式筏的并行和比较成为鸭绿江上独特的景观（见图7-2）。同时，日本人在有关"满蒙"的游记和日记里不断"神化"日式筏和日本筏工，并创造了一种日式筏的"先进话语"以及与日本民族优越性相联系的殖民逻辑。例如，在1918年魏声和翻译的一篇日文文章中，原作者写道：

> 流筏之技，要可为日本人之特长。以如巨鲸之木筏，而得操纵之自由，每于中流容与时，口发一种之曼声，见者不禁神爽。筏之中心，旭旗飘展……余游满洲，调查我同胞状况，常不胜闷闷。兹来鸭江，将采木公司迂愚之驾驶术与我流筏之方法比照，不能不夸我篙工之巧而捷，大有凤疾顿疗之感。保守思想难化之汉种，与新进气锐大和民族相见于鸭绿江上，诚绝好之对影。而谓我日本人无劳动思想，乃诬我民族之甚者也。①

显然，作者不满采木公司至今仍保有中式筏的流筏模式。他批评中式流筏技术"迂愚"，且没有分段驾驶的变化，"不问上流中流，形式皆同"；在作者眼中，日式流筏技术就是"巧而捷"。但过分的是，该日本作者认为中式筏代表"思想保守"，日式筏则代表"新锐"，以狭隘错误的民族主义眼光神化日式筏和日本民族。

在1918年日人深谷松涛和古川狄风的《满蒙探险记》中，他们也记录了鸭绿江日式木筏和中式木筏并行的鲜明对比。深谷写道：

> 中国木筏一排一般由八九个人到十二三个人划行，而日本木筏上只有一个舵手。我们的木筏中间高高挂着日章旗，舵手操纵舵盘，左右变换方向，日本筏夫的英姿是多么飒爽！在河流平稳的地方，不需掌舵，任木筏自由漂流。

① 紫峰生：《鸭绿江之交通》，《东方杂志》第15卷第9期，1918年，第165页。

在深谷松涛和古川狄风的笔下，由一人驾驶的轻便日式筏成为一种引以为傲和歌颂的对象，象征日本的先进。在描述日式木筏受到大水冲击撞击岩壁时，他特意对比了中日两种木筏：

> 虽然木筏反复遭受损害，却还没有一根一根地分散开来、支离破碎。那是因为日本木筏采用韧劲强、绵密结实的寄木细工法。如果是中国木筏的话，不仅早就四分五裂，而且可能都化成粉尘了。①

深谷和古川提到的"寄木细工法"是日本神奈川地区特有的一种传统工艺，也称"木片儿拼花工艺"。可见，除了前述日本纪州地区的"捻木编筏法"传入朝鲜营林厂，神奈川地区的传统木筏工艺也随着日本筏工进入朝鲜半岛和中国东北。在刻意贬低中式筏的殖民话语中，日本的传统工艺在清末鸭绿江流域摇身一变，成为"先进""现代"的造筏技术代表，十分吊诡。

最后，在采木公司日式筏改良和制材技术的影响下，鸭绿江木材的运输和流筏的确有了质变。据记载，1912 年至 1926 年间，有 76619 张（筏）木材从鸭绿江上游被运往安东，平均每年 5108 张，1921 年最多，达到 10229 张，此后逐年下降。运送到的木材在采木公司所属制材厂被加工成各类板材，包括枕木、坑木和建筑用木，然后运往省内或省外的市场。木材市场包括辽阳、

中式筏 日式筏

图 7-2 中式筏与日式筏

图片来源：《鸭绿江竹筏》，1909 年，丹东，中国近代影像资料库；「流筏（鴨綠江）」亜東印画協会『亜東印画輯』12 冊、1941、128 頁。

---

① 深谷松涛、古川狄风：《满蒙探险记》，杨凤秋译，袁向东校译，暨南大学出版社，2018，第125 页。

本溪、呼兰和抚顺等，并通过安东、吉林和营口转销至国际。[①]

小　结

从东北林木与中国北方市场的关系来看，中国东北地区的林木资源尽管开发较晚，但是在前工业化时代的市场需求结构下，该地区的林木依然可以凭借其地理位置、资源优势和北方的消费习惯形成一定的市场优势。然而，清朝铁路事业的兴起在改变北方木材市场结构的同时，也深刻影响了东北地区林木业的发展走向。由于制材技术的落后和战争的影响，由华商经营的、以大东沟作为集散地的东北林木贸易，在枕木等新的市场需求冲击下，逐渐失去其在前工业化时代取得的市场优势，从而使中国北方的枕木市场呈现出海外木材相互竞争的局面。此后，东北林木尽管以"鸭绿江材"的方式重新夺回在北方的市场地位，但是其经营的主导者却由华商转变为日本的财阀势力，加剧了东北地区林木利源的流失。

在此期间，日本官方组织的中国林业调查，显然是其侵略中国和掠夺中国东北资源的一种辅助手段，相关林学士对中国东北林业的考察实际上也配合了日本在当地的殖民扩张政策。以日俄战争为分野，日本农商务省派出的多位调查中国林业的林学士，明显有着关注重心的转移。日俄战争以前从事调查的杉原龟三郎（1898～1900）、长仓纯一郎（1902～1903）和宫岛多喜郎（1902～1903）主要考察的是中国木材市场和中日木材贸易，他们在林业调查报告中更倾向于强调中国枕木市场的重要性。日俄战争之后，中村胡蝶（1906）、堀田英治（1906～1909）和佐藤佐吉（1910）等林学士则不再刻意关注中国市场，而是更为注重考察"鸭绿江森林经营"等问题，他们的林业报告意见也从重视"对华输出"，转为强调"合作经营"和"日人专营"。

对中国而言，东北林木从"大东沟材"到"鸭绿江材"的转变，不仅是一个产品名称的改易，更是日本借助其军事、经济和技术优势对中国进

---

① 东省铁路东省经济月刊编辑部：《东省经济消息汇志：东三省林业现状》，《东省经济月刊》1928 年第 1 期，第 25 页。

行殖民渗透的写照。通过升级工厂和加工技术，东北林木固然实现了在中国北方市场的贸易优势，但日本殖民者也由此强化了对东北林业资源的控制和掠夺，进而改变了北方地区乃至整个中国的林业市场秩序。鸭绿江制材的开发和供应在一定程度上也遏制了美洲木材对东亚市场的渗透。

有意思的是，"鸭绿江材"的开发和利用也影响了日本北海道木材在中国市场的流通。本来，日本是希望通过开发"鸭绿江材"来控制中国东北的林木资源，扩大其在中国林业市场上的优势，增强其在东亚地区的影响力，但此举却造成了鸭绿江材与日本本土的北海道材在中国市场的冲突，导致了日本殖民体系与本土利益之间的矛盾。实质上，这也是日本在中国专注攫取殖民利益而未能主动促进市场开发的必然结果。这就为第一次世界大战后日产木材遭遇经营危机逐步从中国市场退出，以及美洲木材占领东亚市场埋下了伏笔。

就采木公司推行的木筏改良而言，鸭绿江上"中式筏"的顽强生命力，很大程度上是由1907～1908年中日鸭绿江森林谈判的"民生条款"所决定的。《鸭绿江采木公司章程》中"必须聘用中国木把"的规定，意外地成为"中式筏"在采木公司成立初期无法被取代的根源。传统木筏工艺与中国木把的深度绑定，一定程度上抵御了日式筏的传入；而中国木把的人多势众也保证了"中式筏"在鸭绿江上的长期存在以及景观化。采木公司的章程条款也暗示了晚清政府在中外谈判中对地方民生保障的细致考量。

从木筏技术史的角度看，无论是"捻木编筏法"还是"寄木细工法"，都是起源于江户时代日本地方的传统工艺，是适应前工业时代日本特殊地理和水文环境的编筏和流筏技术，带有特殊性和局限性。然而，在清末民初日本殖民朝鲜和中国东北的特殊情境下，日本传统的木筏工艺摇身一变，被宣传和打造为一种代表"先进"和"工业化"的流筏术，并被运用于鸭绿江木筏业的改造中。日本人对"中式筏"的故意贬低是一种狭隘的民族主义思想和殖民主义的表现。

尽管"日式筏"在一定程度上适应了鸭绿江水速极快的上游段，也增加了长白山森林的木材运输量，但并未能从根本上改变东北林业开发机械化程度较低的现实和困境。清末民初，"日式筏"始终未能取代"中式筏"，中式筏与日式筏长期并行，成为鸭绿江上一道独特的景观。而朝鲜筏工创造性地融合中式筏和日式筏的特色，创造出了"中日混合木筏"，最终成为伪满洲国时期主要的木筏形式。[1]

从生态史的角度看，"日式筏"的应用在一定程度上加深了日本对鸭绿江上游长白山森林的掠夺和破坏。单层轻便的日式筏运输速度快、成本低，且人工费少，日本方面在营林厂和采木公司推行"日式筏"，都加快了对东北森林的毁坏和消耗速度，1921年前后，采木公司每年的木材出产量更是多达百万连。[2]　与此同时，采木公司对中国筏工的培训及日式筏的改良，是建立在故意压低中国筏工的工资基础上的。因此，日式筏的强制推行，不仅加速了鸭绿江上游森林的破坏，也变相地剥削和压榨了中国筏工的人力资源，导致东北民间难以自主发展近代森林产业。

---

① 荻野敏雄『朝鮮・満洲・台灣林業發達史論』167 頁。
② 「鴨緑江の採木事業」『大日本山林會報』327 号、1910 年 2 月、59 頁。

结　语

近年来，中国的森林治理逐渐在世界上产生重大反响。2019 年 2 月，
Nature Sustainability 刊文指出，中国与印度对土地的利用管理引领了自 2000
年以来的全球绿化。[①] 中国的贡献主要来自造林，而印度则基本来自农作物
种植。尽管中西学界对此仍有争论，但这体现出中国的林业管理已经在全
球森林治理中发挥着重要作用。事实上，中国现代森林治理体系的形成，
与清末民初中西碰撞下东北林业变迁的历史紧密相连。中国东北拥有全国
最大的林区，在清朝前期的统治者眼中，森林具有塑造满人权威和宿卫王
土的功能，对清朝政治的运行有着特殊意义。然而到了 19 世纪末，随着西
方森林知识的传入和日俄等国对中国东北的争夺，中国朝野对于东北森林
的认知开始产生较为显著的变化。第二次工业革命对燃料和建材的需求使
林木本身变得空前重要，东北森林很快成为全球势力交锋和竞争的场所，
而清政府也被迫卷入了一系列与林务相关的国际交涉。在新的局势下，旧
有的东北森林管理模式面临严峻挑战，以往着眼于控制本地多元族群的管
理模式被迫转向管理森林本身。

晚清民国东北森林的开发和利用在近代中国林业发展中占据着相当重
要的地位，其中形成的许多思想观念和行为准则都深刻地影响了此后中国
林业的发展趋向。这一时期东北森林的开发和利用也是清季中国诸多社会
矛盾的集中所在，而沙俄和日本因素的介入更使东北的林业问题益加复杂

---

① Chi Chen et al. , "China and India Lead in Greening of the World through Land-use Management,"
Nature Sustainability, Vol. 2, 2019, pp. 122—129.

多变，反映出近代中国经济发展的鲜明特色，即中国与列强、中央与地方、政府与社会、满人与汉人之间关系的纵横交错。

清朝前期，统治者采取了森林保护和族群隔离政策。他们将林区划分为贡山和围场，并将柳条边以东地区划为"四禁"（禁伐、禁渔、禁猎、禁耕）之区。同时，朝廷规定：

> 私入围场人犯不论首从刺字。拿获私入围场人犯，审明或打枪放狗，或采菜砍木，除照例分别拟罪外，不论首从，已得赃者皆面刺盗围场字，未得赃者皆面刺私入围场字。①

此外，清廷还对皇陵的附属林地做出了规定：

> 山前山后各有禁限，若有盗砍树株，验实真正桩茬，比照盗大祀神御物律斩，奏请定夺。为从者发近边充军。②

虽然严格的禁令并没有从根本上杜绝私人对东北森林的渗透，但边疆森林的管理和使用权仍掌握在清朝国家和皇室手中。

19世纪末的第二次工业革命给东亚的矿山、铁路和建筑业带来了前所未有的木材需求。在20世纪的大部分时间里，东北这片盛产林木的土地是中外交锋和社会抗争的场所。早在1896年，俄国皇帝尼古拉一世就希望将西方势力带入远东，并扩大财政收入，因此向黑龙江和松花江沿岸的森林地带发动了军事入侵和修筑铁路。③ 与此同时，近代日本的精英为了应对国内的"马尔萨斯陷阱"，将目标对准了朝鲜半岛和中国东北，发动了一系列侵略战争。自日本和俄国的军人与科学家为争夺鸭绿江森林发生冲突后不久，中国东北的边疆森林成了争端之地。曾经由满族部落和中朝外交关系

---

① 《钦定理藩部则例》卷37《偷窃上》，天津古籍出版社，1998，第322页。
② 《大清律例·盗园陵树木》，转引自樊实敏、李智勇《清代前期林业思想初探》，载倪根金主编《生物史与农史新探》，万人出版社有限公司，2005，第147页。
③ Victor Zatsepine, *Beyond the Amur: Frontier Encounters Between China and Russia，1850—1930*（Vancouver：UBC Press，2017）.

塑造的政治化宗藩空间衰落，取而代之的是以资源采伐为核心的新的森林经济。

清朝对东北森林的控制也受到了严重挑战。虽然日俄两国利用"合作"之名开展森林开发项目，例如中东铁路和中日鸭绿江采木公司的合办，但清廷几乎无法实际影响森林砍伐活动。因此，每次中俄或中日之间建立采木公司，都意味着森林的领土和经济权利被转让给外国势力。例如，19世纪末，吉林和黑龙江的森林仍然郁郁葱葱。森林面积达207万顷，蓄积量超过5万石。然而，清政府在1896年与沙俄签订《合办东省铁路公司合同章程》后，东清铁路公司很快沿铁路线进行大规模伐木。1905年，日俄战争爆发后，铁路沿线伐木活动更是失控。大量俄国商人、士兵趁机肆意砍伐，牟取私利。结果，短短二十余年间，铁路沿线60里内的森林便被砍伐殆尽。[①]

清末新政时期，清朝的森林管理政策发生了重大转变。1907年和1908年，清政府为了维护自身主权和经济利益，尤其是木材收入，修订了与俄国的伐木合同。1907年，中国第一个地方林业局——吉林全省林业总局成立，这是清政府与列强争夺木材利润的一项大胆尝试。这表明清政府开始采用新的理念和手段抵制俄国对森林的渗透，也体现了林业管理中的民族主义兴起。虽然吉林全省林业总局的新政策和具体实践并不顺利，未能实现中国精英的最初设计，但它在推广"林业"概念方面产生了积极影响。

正如大多数学者所指出的那样，清末新政的主要目的是维持摇摇欲坠的清朝统治。[②] 与明治维新类似，清政府推行的各项新政项目都需要长期巨额资金投入。然而，清朝经过一系列赔款后财政状况薄弱，无力负担新政的开支。在这种情况下，因资金短缺而受阻的实业改革，不断引发地方政府与当地商民劳工之间的冲突，进一步加剧了清朝的统治危机。这一困扰清朝的难题，也得到了北洋政府初期任命为农林总长的张謇的证实。[③]

① 卢明辉主编《清代北部边疆民族经济发展史》，黑龙江教育出版社，1994，第263~264页。
② 王晓秋：《余论：晚清改革的历史启示》，载王晓秋、尚小明主编《戊戌维新与清末新政——晚清改革史研究》，北京大学出版社，1998。
③ 《向部员宣布农林工商政策的通告》（1913年10月24日），载中国第二历史档案馆沈家五编《张謇农商总长任期经济资料选编》，南京大学出版社，1987，第8页。

虽然张謇试图论述民国政府取代清朝的合法性，他对清朝新政的观点可能存在偏见，但就商贸和工业管理而言，他关于清朝官僚弊病的揭露是正确的。以吉林全省林业总局为例，其运作需要其他部门的配合，然而各部门之间的公文往来和争议解决耗时费力，甚至延误了林业总局推广木材销售的计划，造成损失。由于林业总局是政府运营的，这些损失很少计入正常运营范围，积累后也很难有效收回。

20 世纪初，清朝兼容多元性的森林管理方式被追求国家建设以对抗外部压力的目标所取代。随着管理优先级的转变，森林政策从早期保护贡山和开放垦殖的轨迹转向现代林业道路。俄日两国参与中国地方林业，改变了该地区的政治和社会秩序，为北洋政府开辟了森林管理的新维度。

东北地区国有林制度的起源可以追溯到 1912 年颁布的《东三省国有林发放暂行规则》。该法规及后来的正式规则在接下来的二十年里成为林业管理政策的基石。清末民初涌现的新一代政治家和技术官僚，将国家推向工业化、管制经济和中央集权的方向，这甚至影响了边疆森林的管理。

本书展示了 20 世纪北洋政府国有林制度形成的曲折历史。历经多轮土地和森林改革，林木的所有权和使用权从私有山场权中剥离出来，成为新的国有林权，国有林也用作一种边防战略。然而，林木所有权与私人土地所有权的分离限制了村民的习惯使用权，由此引发了一系列的资源和产权纠纷。此外，尽管新规定将与满铁等日本企业和其他外国木材公司进行的木材交易定为非法，但当地民众仍继续维持着这项生意。

由地方和中央两级官员所代表的"国家"——尽管并不总是相互协调——深深地参与了对森林资源实行正式控制的过程。这一过程有两种主要模式：第一种模式始于国际冲突，例如俄日军队与中国伐木工之间因漂流木和森林特许权发生的冲突，这些冲突引发了政府干预；第二种模式是，政府官员通过制定新的土地和森林法规，以及破坏私有土地中的林木产权惯习来控制森林。这两种方式都给土地/森林权属和森林资源获取问题带来了巨大的不确定性。这种由国家干预引发的转变，将森林边界变成一个主权林业空间，作为角色之一加入了正在进行的国家历史叙事之中。

纵观晚清民国时期东北森林的开发和利用，中国方面的主导者在政策的制定和实施层面已经逐渐脱离了清朝前期形成的"封禁"和"围猎"轨道，不断地向着现代林业的道路转变。与此同时，随着对东北森林的开发和利用，沙俄和日本的势力也得以更多地介入中国东北的地方实业，北洋政府的国有林改革和东三省地方实力派的相继崛起直接改变了东北在传统时期的政治和社会秩序，也由此揭开了东北森林治理的新局面。

参考文献

史　料

中国第一历史档案馆

军机处录副奏折

辽宁省档案馆

民国档案

吉林省档案馆

吉林全省农务总会档案

吉林全省旗务处档案

吉林全省林业总局档案

吉林行省文案处档案

吉林将军衙门档案

吉林省森林局档案

黑龙江省档案馆

黑龙江省政府档案

黑龙江省实业厅档案

黑龙江省森林局档案

上海市档案馆

通孚丰联合办事处档案

台湾"中研院"近代史研究所

近代史料全文资料库

英华字典资料库

东京大学农学院生命科学图书馆

林政文库：農林行政史料アーカイブズ

中国农业大学档案与校史馆档案

陈真编《中国近代工业史资料》，三联书店，1961。

陈振汉、熊正文、萧国亮编《清实录经济史资料（顺治—嘉庆朝）·商业
　　手工业编》，北京大学出版社，2012。

《大清律例》，天津古籍出版社，1995。

丹东市民族事务委员会民族志编纂办公室编《丹东满族志》，辽宁民族出版
　　社，1992。

刁书仁等选编《中朝相邻地区朝鲜地理志资料选编》，吉林文史出版社，
　　1996。

杜文凯编《清代西人见闻录》，中国人民大学出版社，1985。

冯煦主修，陈师礼总纂《皖政辑要》，黄山书社，2005。

抚松县政协文史资料研究委员会编《抚松文史资料》第4辑，抚松县政协
　　文史资料研究委员会，1988。

龚书铎编《中国通史参考资料（近代部分）》，中华书局，1985。

广东省社会科学院历史研究室、中国社会科学院近代史研究所中华民国史
　　教研室、中山大学历史系中山研究室合编《孙中山全集》第1卷，中
　　华书局，2006。

胡宗瀛：《考察日本林政报告书》，农商部吉林林务局，1917。

李澍田主编《香余诗钞·吉林纪事诗》，吉林文史出版社，1991。

李澍田主编《吉林地志·鸡林旧闻录·吉林乡土志》，吉林文史出版社，1986。

李澍田主编《吉林纪略》，吉林文史出版社，1993。

李澍田主编《吉林志书·造送会典馆清册》，吉林文史出版社，1988。

李澍田主编《松漠纪闻·扈从东巡日录·启东录·皇华纪程·边疆叛迹》，吉
　　林文史出版社，1986。

李澍田、潘景隆、金慧珠主编《清代民国吉林档案史料选编·涉外经济贸
　　易》，吉林文史出版社，1996。

李兴盛、吕观仁主编《渤海国志长编（外九种）》，黑龙江人民出版社，1995。

《辽宁森林》编辑委员会编著《辽宁森林》，中国林业出版社，1990。

辽宁省档案馆编《奉天纪事》，辽宁人民出版社，2009。

辽宁省国家税务局编《辽宁税收历史资料选编（1840～1948)》，辽宁人民出版社，2000。

罗振玉：《罗雪堂先生全集》，大通书局有限公司，1989。

孟东风、潘景隆等整理《吉林新志·吉林公署政书》，吉林文史出版社，1991。

潘景隆、张璇如主编《吉林旗务》，天津古籍出版社，1990。

《钦定理藩部则例》，天津古籍出版社，1998。

求是斋校辑《皇朝经世文编五集》，文海出版社，1987。

璩鑫圭、唐良炎编《中国近代教育史资料汇编·学制演变》，上海教育出版社，1991。

深谷松涛、古川狄风：《满蒙探险记》，杨凤秋译，袁向东校译，暨南大学出版社，2018。

水利部、中国科学院、中国工程院编《中国水土流失防治与生态安全·东北黑土区卷》，科学出版社，2010。

天津市档案馆编《袁世凯天津档案史料选编》，天津古籍出版社，1990。

汪敬虞编《中国近代工业史资料》，科学出版社，1957。

夏润生等编注《徐鼐霖集》，吉林文史出版社，1989。

谢建勋等编著《辽海古诗征》，辽沈书社，1989。

徐丽华编《中国少数民族古籍集成（汉文版)》，四川人民出版社，2002。

《鸭绿江流域历史资料汇编》，丹东市政协文史委员会，2007。

虞和平编《中国抗日战争史料丛刊》第582册《经济·农林牧》，大象出版社，2016。

《张謇全集》编纂委员会编《张謇全集》，上海辞书出版社，2012。

张文喜等整理《蒙荒案卷》，吉林文史出版社，1990。

赵德馨编《张之洞全集》，武汉出版社，2008。

赵焕林主编《民国奉系军阀档案·一九一三年卷》，线装书局，2016。

郑毅主编《东北农业经济史料集成》，吉林文史出版社，2005。

中国第二历史档案馆沈家五编《张謇农商总长任期经济资料选编》，南京大学出版社，1987。

中国人民政治协商会议吉林省集安市委员会文史资料委员会编《集安抗日斗
　　争史料·文史资料选》第 14 辑，集安市政协文史资料委员会，2008。

中国人民政治协商会议辽宁省委员会文史资料委员会编《辽宁文史资料选辑》
　　第 26 辑，辽宁文史出版社，1989。

中国社会科学院近代史研究所近代史资料编辑部编《近代史资料》总 45 号，
　　中国社会科学出版社，1981。

中央档案馆、中国第二历史档案馆、吉林省社会科学院编《日本帝国主义侵
　　华档案资料选编·东北经济掠夺》，中华书局，1991。

朱有瓛编《中国近代学制史料》，华东师范大学出版社，1986。

阿桂等：《满族源流传》，辽宁民族出版社，1988。

阿列克谢·尼古拉耶维奇·库罗帕特金：《远东东总司令库洛巴特金回忆录：
　　俄日战争总结》，傅文宝、李迎迎、王文倩译，陕西人民出版社，2017。

爱新觉罗·玄烨：《圣祖仁皇帝御制文集》，吉林出版集团，2005。

包应卿、包应森编校《包千谷诗文选》，中国戏剧出版社，2004。

毕恭等修《辽东志》，1934 年铅印本。

丹东市地方志办公室编《丹东市志》，辽宁科学技术出版社，1996。

阜新市人民政府地方志办公室编《阜新市志》，中国统计出版社，1999。

光绪《吉林通志》，李澍田等点校，吉林文史出版社，1986。

何秋涛：《朔方备乘》，上海古籍出版社，1995。

吉林省地方志编纂委员会编纂《吉林省志·林业志》，吉林人民出版社，1994。

集安县地方志编纂委员会编《集安县志》，中国标准出版社，1987。

李迪译注《康熙几暇格物编译注》，上海古籍出版社，2008。

民国《奉天通志》，东北文史丛书编辑委员会，1983。

萨英额：《吉林外纪·吉林志略》，史吉祥等点校，上海古籍出版社，1995。

汪康年：《穰卿笔记》，匡淑红编选、校点，中共中央党校出版社，1998。

吴相湘编《康熙帝御制诗文集》，台湾学生书局，1966。

吴兆骞：《秋笳集》，麻守中校点，上海古籍出版社，1993。

徐世昌等纂《东三省政略》，李澍田等点校，吉林文史出版社，1989。

许敬文主编《东沟县志》，辽宁人民出版社，1996。

张凤台等：《长白汇征录》，吉林文史出版社，1987。

张缙彦：《宁古塔山水记·域外集》，李兴盛校点，黑龙江人民出版社，1984。

张潮、杨复古等编纂《昭代丛书》丙集，上海古籍出版社，1990。

赵尔巽等：《清史稿》，中华书局，1977。

The Bureau of Statistics, United States Department of State, *Special Consular Reports: American Lumber in Foreign Markets*, Vol. XI (Washington: Government Printing Office, 1894).

《大公报（天津版）》《大陆》《东方杂志》《东省经济月刊》《广益丛报》《湖北农会报》《农学报》《申报》《时务报》《万国公报》《新华社新闻稿》《新译界》《学艺》《政府公报》《政治官报》

South China Morning Post、*The North-China Herald and Supreme Court & Consular Gazette*、*New York Times*

『大日本山林會報』『満洲日報』

『統監府文書 10 권』1909。

『満鉄調査報告』13 巻 3 号、1933。

『駐韓日本公使館記録 20 권』1903~1904。

大崎峰登『鴨緑江満韓国境事情』丸善、1910。

内田良平著印『満韓開務鄙見』1906。

水野幸吉『中央支那事情』冨山房、1907。

本多静六著印『林政学：国家と森林の関係』前、後編、1894、1895。

安東商業會議所著印『鴨緑江木材』1922。

志賀泰山編『森林経理学』大日本山林会、1895。

東亜同文書院『支那経済全書（第十輯）』東亜同文会編纂局、1909。

河合鉐太郎編『測量学』河合氏藏本、1895。

長倉純一郎『清国視察復命書』農商務省山林局、1903。

南満州鉄道株式会社『満洲旧慣調査報告書：前篇ノ内 皇產』南満洲鉄道総務部事務局調査課、1915。

南満州鉄道株式會社編印『東省的進步：満蒙與満鉄』1928。

南満洲鉄道株式會社總務部事務局調査課編『満洲旧慣調査報告書・一般民地・中卷』大同印书馆、1915。

宮島多喜郎『清韓両国森林視察復命書』農商務省山林局、1903。

堀田英治『清韓両国及台湾各地市場木材商況調査書』農商務省山林局、1909。

第五回内国勧業博覧会事務局編『第五回内国勧業博覧会審査報告』2 部卷1、長谷川正直、1904。

奥田貞衛『森林学』博文館、1898。

農商務省山林局著印『清國林業及木材商況視察復命書』1905。

農商務省山林局著印『満洲森林調査書』1906。

農商務省山林局著印『鴨緑江流域森林作業調査復命書』1905。

鈴木審三『林業篇』博文館、1893。

鉄道省運輸局著印『木材ニ関スル經濟調査』1925。

満洲安東縣鴨緑江採木公司編纂『鴨緑江林業誌』鴨緑江採木公司、1919。

研究论著

安德鲁·马洛泽莫夫：《俄国的远东政策（1881~1904 年）》，商务印书馆编译组译，商务印书馆，1977。

安世农：《中国森林法》，华通书局，1933。

巴菲尔德：《危险的边疆：游牧帝国与中国》，袁剑译，江苏人民出版社，2011。

白永瑞：《思想东亚：朝鲜半岛视角的历史与实践》，三联书店，2011。

滨下武志：《中国近代经济史研究：清末海关财政与通商口岸市场圈》，高淑娟、孙彬译，江苏人民出版社，2008。

查尔斯·沃特金斯：《人与树：一部社会文化史》，王扬译，中国友谊出版公司，2017。

陈嵘：《历代森林史略及民国林政史料》，金陵大学农学院森林系林业推广部，1934。

陈嵘：《中国森林史料》，中国林业出版社，1983。

陈跃：《清代东北地区生态环境变迁研究》，中国社会科学出版社，2017。

丛佩远：《东北三宝经济简史》，农业出版社，1989。

习书仁：《明清东北史研究论集》，吉林文史出版社，1995。

东北三省中国经济史学会、抚顺市社会科学研究所编《东北地区资本主义发展史研究》，黑龙江人民出版社，1987。

杜正贞：《近代山区社会的习惯、契约和权利——龙泉司法档案的社会史研究》，中华书局，2018。

樊宝敏：《中国林业思想与政策史（1644~2008 年）》，科学出版社，2009。

范铁权：《近代中国科学社团研究》，人民出版社，2011。

冯天瑜等：《近代汉字术语的生成演变与中西日文化互动研究》，经济科学出版社，2016。

复旦大学历史地理研究中心编《跨越空间的文化：16~19 世纪中西文化的相遇与调试》，东方出版中心，2010。

傅斯年：《东北史纲初稿》，中央研究院历史语言研究所，1932。

高强：《清末东北边患与移民实边问题研究》，陕西人民出版社，2009。

高月：《清末东北新政研究》，黑龙江教育出版社，2012。

贡德·弗兰克：《白银资本：重视经济全球化中的东方》，刘北成译，中央编译出版社，2000。

胡增益主编《新满汉大词典》，新疆人民出版社，1994。

黄海涛：《明清实学经济伦理思想研究》，云南大学出版社，2007。

黄华平：《中国近代铁路史探微》，合肥工业大学出版社，2015。

黄甲元编著《长白山区开发史稿》，吉林文史出版社，1992。

《吉林省大事记（1912~1931）》，吉林省档案馆，1988。

江山：《德国环境史研究》，中国社会科学出版社，2021。

蒋廷黻：《最近三百年来东北外患史》，"中央日报社"，1953。

金毓黻：《东北通史》，五十年代出版社排印本，1936。

孔经纬、傅笑枫：《奉系军阀官僚资本》，吉林大学出版社，1989。

孔经纬：《东北经济史》，四川人民出版社，1986。

孔经纬：《新编中国东北地区经济史》，吉林教育出版社，1994。

孔令杰编著《领土争端成案研究》，社会科学文献出版社，2016。

李伯重：《发展与制约——明清江南生产力研究》，联经出版社，2002。

李皓：《赵尔巽与清末奉天政局（1905～1907）》，中华书局，2019。

李莉编《中国林业史》，中国林业出版社，2017。

李尹蒂：《晚清农学的兴起与困境》，科学出版社，2021。

刘文鹏：《清代驿传及其与疆域形成关系之研究》，中国人民大学出版社，2004。

龙登高：《中国传统地权制度及其变迁》，中国社会科学出版社，2018。

卢明辉主编《清代北部边疆民族经济发展史》，黑龙江教育出版社，1994。

罗桂环、李昂、付雷、徐丁丁：《中国生物学史·近现代卷》，广西教育出版社，2018。

罗桂环、舒俭民编著《中国历史时期的人口变迁与环境保护》，冶金工业出版社，1995。

吕芳上主编《中国抗日战争史新编》第一编《和战抉择》，"国史馆"，2015。

吕顺长：《清末浙江与日本》，上海古籍出版社，2001。

马平安：《近代东北移民研究》，齐鲁书社，2009。

马汝珩、马大正主编《清代边疆开发》，中国社会科学出版社，1990。

孟森：《满洲开国史》，商鸿逵整理，上海古籍出版社，1992。

孟森：《清朝前纪》，商务印书馆，1930。

孟泽思：《清代森林与土地管理》，赵珍译，曹荣湘审校，中国人民大学出版社，2009。

南京林业大学遗产研究室编《中国近代林业史》，中国林业出版社，1989。

倪根金主编《生物史与农史新探》，万人出版社有限公司，2005。

潘景隆、张璇如主编《吉林贡品》，天津古籍出版社，1992。

彭斐章主编《中外图书交流史》，湖南教育出版社，1998。

彭慕兰：《大分流：欧洲、中国及现代世界经济的发展》，史建云译，江苏人民出版社，2004。

彭慕兰：《腹地的构建：华北内地的国家、社会和经济（1853～1937）》，马俊亚译，社会科学文献出版社，2005。

沈国威：《新语往还：中日近代语言交涉史》，社会科学文献出版社，2020。

沈阳一宫两陵志编纂委员会编著《沈阳福陵志》，辽宁民族出版社，2006。

唐晓峰：《从混沌到秩序：中国上古地理思想史述论》，中华书局，2010。

唐晓峰：《人文地理随笔》，三联书店，2005。

陶炎：《东北林业发展史》，吉林省社会科学院，1987。

佟冬主编《中国东北史》，吉林文史出版社，1998。

王承礼主编《中国东北沦陷十四年史纲要》，中国大百科全书出版社，1991。

王革生：《清代东北土地制度史》，辽宁大学出版社，1991。

王佩环：《清帝东巡》，沈阳出版社，2004。

王鹏飞等：《清末日文科学文献在中国的翻译与传播》，复旦大学出版社，2021。

王晓秋、尚小明主编《戊戌维新与清末新政——晚清改革史研究》，北京大学
　　出版社，1998。

王永厚：《农业文明史话》，中国农业科学技术出版社，2006。

王长富编著《东北近代林业科技史料研究》，东北林业大学出版社，2000。

王长富：《东北近代林业经济史》，中国林业出版社，1991。

王长富：《沙皇俄国掠夺中国东北林业史考》，吉林人民出版社，1986。

王长富：《中国林业经济史》，东北林业大学出版社，1990。

乌廷玉、张云樵、张占斌：《东北土地关系史研究》，吉林文史出版社，1990。

谢先进：《鸭绿江右岸之林业》，中华农学会，1931。

熊大桐等编著《中国近代林业史》，中国林业出版社，1989。

熊月之编《晚清新学书目提要》，上海书店出版社，2007。

徐兴武：《清代汉民对东北之拓殖》，帕米尔书店，1973。

薛龙：《张作霖和王永江：北洋军阀时代的奉天政府》，徐有威、杨军译，中
　　央编译出版社，2012。

杨旸：《明代东北疆域研究》，吉林人民出版社，2008。

杨昭全、孙玉梅：《中朝边界史》，吉林文史出版社，1993。

衣保中：《东北农业近代化研究》，吉林文史出版社，1990。

易丙兰：《奉系与东北铁路》，社会科学文献出版社，2018。

尹伟伦、严耕编《中国林业与生态史研究》，中国经济出版社，2012。

苑朋欣：《清末农业新政研究》，山东人民出版社，2012。

约阿希姆·拉德卡：《自然与权力：世界环境史》，王国豫、付天海译，河北
　　大学出版社，2004。

翟中齐等编著《中国林业经济地理》，中国林业出版社，1993。

张海荣：《思变与应变：甲午战后清政府的实政改革（1895~1899）》，社会科

学文献出版社，2020。

张佳生：《独入佳境：满族宗室文学》，辽海出版社，1997。

张杰、张丹卉：《清代东北边疆的满族（1644~1840)》，辽宁民族出版社，2005。

张钧成：《中国林业传统引论》，中国林业出版社，1992。

张瑞德：《平汉铁路与华北经济发展（1905~1937)》，中华书局，2020。

张瑞德：《中国近代铁路事业管理研究：政治层面的分析（1876~1937)》，中华书局，2020。

张士尊：《清代东北移民与社会变迁（1644~1911)》，吉林人民出版社，2003。

张晓编著《近代汉译西学书目提要：明末至1919》，北京大学出版社，2012。

张应强：《木材之流动：清代清水江下游地区的市场、权力与社会》，三联书店，2006。

赵云田：《清末新政研究——20世纪初的中国边疆》，黑龙江教育出版社，2004。

赵珍：《资源、环境与国家权力：清代围场研究》，中国人民大学出版社，2012。

郑天挺：《清史探微》，独立出版社，1946。

郑宇：《近代东北森林资源产业化研究（1878~1931年)》，上海社会科学院出版社，2020。

中国科学院林业土壤研究所编《东北经济木材志》，科学出版社，1964。

中国林学会主编《中国森林的变迁》，中国林业出版社，1997。

中国社会科学院近代史研究所编《中国社会科学院近代史研究所青年学术论坛（2010年卷)》，社会科学文献出版社，2011。

中国社会科学院近代史研究所政治史研究室编《清代满汉关系研究》，社会科学文献出版社，2011。

朱诚如主编《辽宁通史》，辽宁民族出版社，2009。

朱京伟：《近代中日词汇交流的轨迹——清末报纸中的日语借词》，商务印书馆，2020。

邹振环：《疏通知译史：中国近代的翻译出版》，上海人民出版社，2012。

Adshead, Samuel Adrian M. *Material Culture in Europe and China, 1400－1800: The Rise of Consumerism*. St. Martin's Press, 1997.

Agrawal, Arun. *Environmentality: Technologies of Government and the Making of Subjects*. Duke University Press, 2005.

Aoki, Masahiko. and Renald Dore. , eds. . *The Japanese Firm*. Oxford University Press, 2000.

Appuhn, Karl. *A Forest on the Sea: Environmental Expertise in Renaissance Venice*. Johns Hopkins University Press, 2009.

Bello, David. *Across Forest, Steppe and Mountain: Environment, Identity and Empire in Qing China's Borderlands*. Cambridge University Press, 2016.

Catton, Theodore. *American Indians and National Forests*. Arizona: University of Arizona Press, 2017.

Cox, Thomas. *The Lumberman's Frontier: Three Centuries of Land Use, Society, and Change in America's Forests*. Oregon State University Press, 2010.

Di Cosmo, Nicola and Don J. Wyatt, eds. . *Political Frontiers, Ethnic Boundaries, and Human Geographies in Chinese History*. Routledge, 2003.

Duus, Peter. , Myers, Ramon H. , Peattie, Mark R. , eds. . *The Japanese Informal Empire in China, 1895－1937*. Princeton University Press. 2014.

Elvin, Mark. *The Retreat of Elephants: An Environmental History of China*. Yale University Press, 2006.

Enatsu, Yoshiki. *Banner Legacy: The Rise of the Fengtian Local Elite at the End of the Qing*, The University of Michigan Ann Arbor, 2004.

Esselstrom, Erik. *Crossing Empire's Edge: Foreign Ministry Police and Japanese Expansion in Northeast Asia*. University of Hawai'i Press, 2009.

Fedman, David. *Seeds of Control: Japan's Empire of Forestry in Colonial Korea*. University of Washington Press, 2020.

Fernow, Bernahard Eduard. *A Brief History of Forestry: In Europe, the United States and Other Countries*. University Press, 1911.

Frangsmyr, T. , J. L. Heilbron, and R. E. Rider, eds. . *The Quantifying Spirit of the Eighteenth Century*. University of California Press, Berkeley and Los Angeles，1990.

Gottschang，Thomas R.，and Diana Lary. *Swallows and Settlers: The Great Migra-tion from North China to Manchuria*. Ann Arbor Center for Chinese Studies，U-niversity of Michigan，2000.

Hecht，Susannah.，Morrison Kathleen.，Paddock，Christine，eds.. *The Social Lives of Forest: Past，Present，and Future of Woodland Resurgence*. University of Chicago Press，2014.

Isett，Christopher Mills. *State，Peasant，and Merchant in Qing Manchuria，1644—1862*. Stanford University Press，2007.

Ives，J.，David C. Pitt. *Deforestation: Social Dynamics in Watersheds and Mountain Ecosystems*. Routledge Press，1988.

Iwai，Yoshiya，ed.. *Forestry and Forest Industry in Japan*. UBC Press，2002.

Kim，Seonmin. *Ginseng and Borderland: Territorial Boundaries and Political Rela-tions Between Qing China and Choson Korea，1636—1912*. University of Califor-nia Press，2017.

Langston，Nancy. *Forest Dreams，Forest Nightmares: The Paradox of Old Growth in the Inland West*. University of Washington Press，1995.

Lary，Diana，ed.. *The Chinese State at the Borders*. UBC Press，2007.

Lattimore，Owen. *Manchuria: Cradle of Conflict*. Macmillan，1932.

Lee，Robert H. G.. *The Manchurian Frontier in Ch'ing History*. Harvard University Press，1970.

Matsusaka，Yoshihisa Tak. *The Making of Japanese Manchuria，1904—1932*. Har-vard University Asia Center，2001.

Menzies，Nicholas K.. *Forest and Land Management in Imperial China*. St. Martin's Press，Inc.，1994.

Miller，Ian M.. *Fir and Empire: The Transformation of Forest in Early Modern Chi-na*. University of Washington Press，2020.

O'dwyer，Emer. *Significant Soil: Settler Colonialism and Japan's Urban Empire in Manchuria*. Harvard University Asia Center，2015.

Park，Hyun Ok. *Two Dreams in One Bed: Empire，Social Life，and the Origins of the North Korean Revolution in Manchuria.* Duke University，2005.

Perdue，Peter C. *Exhausting the Earth: State and Peasant in Hunan，1500—1850.* Harvard University Asia Center，1987.

Perlin，John. *A Forest Journey: The Role of Wood in the Development of Civilization.* Harvard University Press，1989.

Radkau，Joachim. *Wood: A History.* Polity Press，2012.

Reardon-Anderson，James. *Reluctant Pioneers: China's Expansion Northward，1644—1937,* Stanford University Press，2005.

Rogaski，Ruth. *Knowing Manchuria: Environments，the Senses，and Natural Knowledge on an Asian Borderland.* The University of Chicago Press，2022.

Schlesinger，Jonathan. *A World Trimmed with Fur: Wild Things，Pristine Places，and the Natural Fringes of Qing Rule.* Stanford University Press，2016.

Schneider，Aaron L. . *Deforestation and Development in Canada and the Tropics: The Impact on People and the Environment.* University College of Cape Breton Press，1989.

Scott，James. C. . *Seeing Like a State: How Certain Schemes to Improve the Human Condition Have Failed.* Yale University Press，1999.

Seow，Victor. *Carbon Technocracy: Energy Regimes in Modern East Asia.* The University of Chicago Press，2022.

Shan，Patrick Fuliang. *Taming China's Wilderness: Immigration，Settlement，and the Shaping of the Heilongjiang Frontier.* London：Routledge，2017.

Shao，Dan. *Remote Homeland，Recovered Borderland: Manchus，Manchoukuo，and Manchuria，1907—1985.* University of Hawai'i Press，2011.

Sieferle，Rolf Peter. *The Subterranean Forest: Energy Systems and the Industrial Revolution.* White Horse Press，2010.

Tanimoto，Masayuki，and R. Bin Wong，eds. . *Public Goods Provision in the Early Modern Economy: Comparative Perspectives from Japan，China，and Europe.* University of California Press，2019.

Tsing，Anna Lowenhaupt. *The Mushrooms at the End of the World: On the Possibility of Life in Capitalist Ruins.* Princeton University Press，2015.

Von Glahn, Richard. *The Economic History of China: From Antiquity to the Nineteenth Century*. Cambridge University Press, 2016.

Wang, Chi-Wu. *Forests of China*. Harvard University Press, 1961.

Westoby, Jack. *Introduction to World Forestry*. Wiley-Blackwell, 1991.

Young, Louise. *Japan's Total Empire: Manchuria and the Culture of Wartime Imperialism*. University of California Press, 1998.

Yun-Casalilla, B. and Patrick O'Brien, eds.. *The Rise of Fiscal States: A Global History, 1500—1914*. Cambridge University Press, 2012.

Zatsepine, Victor. *Beyond the Amur: Frontier Encounters between China and Russia, 1850—1930*. UBC Press, 2017.

Zhang, Meng. *Timber and Forestry in Qing China: Sustaining the Market*. University of Washington Press, 2021.

松波秀實『明治林業史要』大日本山林会、1919。

荻野敏雄『朝鮮・満洲・台灣林業發達史論』大空社、1965。

朝倉治彦編『明治官制辞典』東京堂出版、1969。

林業発達史調査会編『日本林業発達史』林野庁、1960。

安冨歩・深尾葉子編『「満洲」の成立：森林の消尽と近代空間の形成』名古屋出版社、2009。

萩野敏雄『日本近代林政の基礎構造』日本林業調査会、1984。

周藤吉之『清代満州土地政策の研究：特に旗地政策を中心として』河出書房、1944。

外林会満蒙部会『満蒙大陸林業史』農林出版株式会社、1977。

步平：《东北边疆开发与近现代化过程》，《学习与探索》1993年第3期。

陈锋：《清末民国年间日本对华调查报告中的财政与经济资料》，《近代史研究》2004年第3期。

丛佩远、宋德金：《明清时代吉林船厂建置年代考》，《社会科学战线》1979年第4期。

戴磊：《晚清科技期刊与西方林学的引进——基于〈格致汇编〉〈农学报〉的

考察》，《北京林业大学学报》（社会科学版）2020 年第 2 期。

稻香蛙：《当年朝鲜也做瓜分中国梦》，《东方早报·上海书评》，2014 年 4 月
27 日，http://www.dfdaily.com/html/1170/2014/4/27/1146633.shtml。

邓亦兵：《清代前期竹木运输量》，《清史研究》2005 年第 2 期。

刁书仁：《清代吉林、盛京围场开放述略》，《史学集刊》1993 年第 4 期。

杜正贞《晚清民国山林所有权获得与证明——浙江龙泉县与建德县的比较研
究》，《近代史研究》2017 年第 4 期。

高超群：《从"商"到"实业"：中国近代企业制度变迁的观念史研究》，《中
国社会经济史研究》2017 年第 3 期。

高寿仙：《明代北京燃料的使用与采供》，《故宫博物院院刊》2006 年第 1 期。

龚胜生：《元明清时期北京城燃料供销系统研究》，《中国历史地理论丛》
1995 年第 1 期。

管书合：《"火烧船厂"与近代吉林城市消防变迁——以宣统三年吉林省城大
火为中心》，《史学集刊》2009 年第 4 期。

韩庆峰、蒋立文：《20 世纪初沙俄在中国东北的木植经营》，《长春师范大学
学报》2018 年第 3 期。

郝英明等：《清末东三省林业的管理及近代林业的萌芽》，《北京林业大学学
报》2011 年第 3 期。

洪广冀：《林学、资本主义与边区统治：日治时期林野调查与整理事业的再思
考》，《台湾史研究》2004 年第 2 期。

洪广冀、张家纶：《近代环境治理与地方知识——以台湾的殖民林业为例》，
《台湾史研究》2020 年第 2 期。

侯深：《变动的环境 变动的国家——美国作为一个环治国家的演化》，《华中
师范大学学报》（人文社会科学版）2020 年第 2 期。

侯杨方：《清代十八省的形成》，《中国历史地理论丛》2010 年第 3 期。

黄兴涛：《新名词的政治文化史——康有为与日本新名词关系之研究》，载黄
兴涛主编《新史学》第 3 卷《文化史研究的再出发》，中华书局，2009。

经君健：《清代前期民商竹木的采伐和运输》，《燕京学报》1995 年第 1 期。

孔经纬：《清朝统治时期东北官地旗地的经营和向民地转化》，《吉林大学社会
科学学报》1978 年第 Z1 期。

黎敬文：《明代东北疆域考》，《考古学报》1976年第1期。

李伯重：《明清江南工农业生产中的燃料问题》，《中国社会经济史研究》1984年第4期。

李伯重：《明清时期江南地区的木材问题》，《中国社会经济史研究》1986年第1期。

李乐菅、王景泽：《长白府设置的背景及意义》，《中国边疆史地研究》2004年第2期。

李澍田、刁书仁：《吉林船厂考略》，《吉林师范学院学报》1984年第3期。

李澍田、衣保中：《关于东北近代史的几个理论问题》，《吉林师范学院学报》1989年第3期。

李文良：《日治时期台湾总督府的林野支配与所有权——以"缘故关系"为中心》，《台湾史研究》1998年第2期。

林文凯：《晚清奉天省土地改革与日本关东州土地调查：统治理性与调查学知识之比较》，《"中央研究院"近代史研究所集刊》第114期，2021年12月。

刘文鹏：《论清代东北驿站功能的发展》，《吉林师范大学学报》2003年第2期。

刘选民：《清代东三省移民与开垦》，《史学年报》第2卷第5期，1938年。

刘玉芹：《晚清民国时期现代林学知识的译介、地方化和行动化》，《当代外语研究》2023年第1期。

罗继祖：《王国维与樊炳清》，《史林》1989年第3期。

吕超：《清末日语翻译沈纮译介活动初探》，《浙江外国语学院学报》2013年第1期。

邱仲麟：《明代的煤矿开采——生态变迁、官方举措与社会势力的交互作用》，《清华学报》2007年第2期。

邱仲麟：《人口增长、森林砍伐与明代北京生活燃料的转变》，《"中央研究院"历史语言研究所集刊》第74本第1分，2003年3月。

饶野：《20世纪上半叶日本对鸭绿江右岸我国森林资源的掠夺》，《中国边疆史地研究》1997年第3期。

沈国威：《康有为及其〈日本书目志〉》，『或问』5期、2003年。

石莹：《清代汉口的竹木市场及其规模分析》，《中国经济史研究》2015年第

1 期。

孙传杰、孙静丽：《日本对我国东北森林资源的掠夺》，《世界历史》1996 年
第 6 期。

孙冬虎：《元明清北京的能源供应及生态效应》，《中国历史地理论丛》2007
年第 1 期。

陶勉：《清代鸭绿江右岸荒地开垦经过》，《中国边疆史地研究》1999 年第
1 期。

王希亮：《从俄日对鸭绿江流域森林的掠夺看其掠夺东北森林资源的特点及其
异同》，《龙江史苑》1986 年第 2 期。

王希亮：《近代中国东北森林的殖民开发与生态空间变迁》，《历史研究》
2017 年第 1 期。

王扬宗《1850 年代至 1910 年中国与日本之间科学书籍的交流述略》，『関西
大学東西学術研究所紀要』33 輯、2000 年 3 月。

徐建平：《总督锡良与东北边疆的开发》，《北方论丛》2001 年第 6 期。

许淑明：《清末吉林省的移民和农业的开发》，《中国边疆史地研究》1992 年
第 4 期。

杨旸：《再谈关于明代东北疆域研究中的几个问题》，《博物馆研究》2007 年
第 4 期。

叶磊：《鸭绿江采木公司与日本对东北林业生产的殖民介入（1908～1931）》，
《近代史研究》2022 年第 3 期。

衣保中、吴北战：《论清前期东北垦荒政策的演变》，《长白学刊》1999 年第
6 期。

衣保中：《弛禁放荒与东北地区资本主义的产生》，《吉林大学社会科学学报》
1999 年第 5 期。

于逢春：《论中国疆域最终奠定的时空坐标》，《中国边疆史地研究》2006 年
第 1 期。

元廷植：《清中期北京的煤炭不足和清朝的对策》，《中国社会经济史研究》
1998 年第 3 期。

元廷植：《清中期北京地区的煤炭生产和流通的变化》，柏桦主编《庆祝王钟
翰教授八十五暨韦庆远先生七十华诞学术论文合集》，黄山书社，1999。

张杰：《柳条边、印票与清朝东北封禁新论》，《中国边疆史地研究》1999年第1期。

张杰：《清代鸭绿江流域的封禁与开发》，《中国边疆史地研究》1994年第4期。

赵珍：《清代盛京围场处》，《历史档案》2009年第4期。

赵珍：《晚清吉林果子楼的贡品管理》，《故宫博物院院刊》2012年第3期。

赵中孚：《清代东北三省北部的开发与汉化》，《"中央研究院"近代史研究所集刊》第15期下，1986年12月。

赵中孚：《清代东三省地权关系与封禁政策》，《"中央研究院"近代史研究所集刊》第10期，1981年7月。

赵中孚：《移民与东三省北部的农业开发，1920～30》，《"中央研究院"近代史研究所集刊》第3期下，1972年12月。

郑振满：《明清时期的林业经济与山区社会——福建永泰契约文书研究》，《学术月刊》2020年第2期。

周五更、李莉：《清代湖北木材贸易研究》，《北京林业大学学报》2016年第4期。

庄钦永、周清海：《十九世纪上半叶基督新教传教士在汉语词汇史上之地位——以郭实猎中文译著之旧语新词为例》，『或問』17期、2009年。

Appuhn, Karl. "Inventing Nature: Forests, Forestry, and State Power in Renaissance Venice." *The Journal of Modern History*, 72.4 (2000): 851–889.

Bello, David. "To Go Where No Han Could Go for Long: Malaria and the Qing Construction of Ethnic Administrative Space in Frontier Yunnan." *Modern China*, 31.3 (2005): 283–317.

Bello, David. "The Culture Nature of Imperial Foraging in Manchuria." *Late Imperial China*, 31.2 (2010): 1–33.

Bello, David. "Relieving Mongols of Their Pastoral Identity: The Environment of Disaster Management on the 18th Century Qing China Steppe." *Environmental History*, 19.3 (2014): 480–504.

Christopher M. Meissner and John P. Tang. "Upstart Industrialization and Exports:

Evidence from Japan, 1880−1910. " *The Journal of Economic History*, 78. 4 (2018): 1068−1102.

Cox, Thomas. "The North American-Japan Timber Trade: The Roots of Canadian and U. S. Approaches. " *Forest and Conservation History* (1990): 112−121.

Elliott, Mark C.. "The limits of Tartary: Manchuria in Imperial and National Geographies. " *The Journal of Asian Studies*, 59. 3 (2000): 603−646.

Enatsu Yoshiki. "Establishment of the Modern Land System in Fengtian at the Beginning of the Twentieth Century: Development of Land Market in Manchuria. " *The Memoirs of the Toyo Bunko* 59 (2001): 87−107.

Hirano, Katsuya. "The Politics of Colonial Translation: On the Narrative of the Ainu as a 'Vanishing Ethnicity'. " *The Asia-Pacific Journal*, 7. 3 (2009): https://apjjf. org/-Katsuya-Hirano/3013/article. html.

Isett, Christopher Mills. "Village Regulation of Property and the Social Basis for the Transformation of Qing Manchuria. " *Late Imperial China*, 25. 1 (2004): 124−186.

Moore, Aaron Stephen. "The Yalu River Era of Developing Asia: Japanese Expertise, Colonial Power, and the Construction of Sup'ung Dam. " *The Journal of Asian Studies*, 72. 1 (2013): 115−139.

Morris-Suzuki, Tessa. "The Nature of Empire: Forest Ecology, Colonialism and Survival Politics in Japan's Imperial Order. " *Japanese Studies*, 33. 3 (2014): 225−242.

Reardon-Anderson, James. "Land Use and Society in Manchuria and Inner Mongolia during the Qing Dynasty. " *Environmental History*, 5. 4 (2000): 503−530.

Skinner, G. William. "The Structure of Chinese History. " *Journal of Asian Studies*, 44. 2 (1985): 271−292.

Strauss, Julia C.. "Forestry Reform and the Transformation of State Capacity in Fin-de-Siècle China. " *The Journal of Asian Studies*, 68. 4 (2009): 1163−1188.

Sugihara, Kaoru. , R. Bin Wong. "Industrial Revolution in Early Modern World History. " *Cambridge World History*, 6. 2 (2015): 283−310.

Tessa, Morris-Suzuki. "The Nature of Empire: Forest Ecology, Colonialism and Survival Politics in Japan's Imperial Order." *Japanese Studies*, 33. 3 (2014): 225–242.

Vandergeest, Peter, and Nancy Lee Peluso. "Empires of Forestry: Professional Forestry and State Power in Southeast Asia, Part 1." *Environment and History* 12. 1 (2006): 31–64.

Vandergeest, Peter, and Nancy Lee Peluso. "Empires of Forestry: Professional Forestry and State Power in Southeast Asia, Part 2." *Environment and History* 12. 4 (2006): 359–393.

Wilcock, David. "Railway Engineering 101, Session 38." https://www. ltrc. lsu. edu/ltc_13/pdf/presentations/S38_Railroad%20Engineering%20101_LTC2013. pdf.

구범진（丘凡真）「9 세기盛京東邊外山場의管理와朝·清公同會哨」『史林』32 号、2009 年 2 月。

吕超「清末中国对日本农学书籍的译介——以沈纮为例」『東アジア文化交渉研究』7 卷、2014 年 3 月。

王大川「近代満州林業に於ける日中合弁事業——林場権紛争を中心に——」『経済論叢別冊 調査と研究』30 号、2005 年 4 月。

江夏由樹「辛亥革命後、旧奉天省における官有地の払い下げについて」『一橋論叢』98 巻 6 号、1987 年 12 月。

江夏由樹「辛亥革命後、舊奉天省における官地の拂い下げ：昭陵窰柴官甸地の場合」『東洋史研究』53 巻 3 号、1994 年 12 月。

小林正「森林·林業施業法制概説—特に森林の自然保護に留意して—」『レファレンス』58 巻 2 号、2008 年 2 月。

小関隆祺「北海道林業の発展過程」『北海道大學農學部演習林研究報告』22 巻 1 号、1962 年 11 月。

上田信「封禁·开采·弛禁——清代中期江西における山地开发」『东洋史研究』61 巻 4 号、2003 年 3 月。

菅野直樹「鴨緑江採木公司と日本の満州進出—森林資源をめぐる対外関係

の変遷」『国史学』172 号、2000 年 8 月。

菅野直樹「日露戦争時の戦地陸軍建築部」『防衛研究所紀要』20 巻 2 号、2018 年 3 月。

蘇雲山・岩井吉弥「鴨緑江流域における森林開発構造の特質」『京都大學農學部演習林報告』64 号、1992 年 12 月。

中島弘二・竹本太郎・中山大将・永井リサ・米家泰作・三島美佐子・水野祥子「帝国林業、森林、林学―帝国の自然をめぐる科学的まなざし」『E-journal GEO』16 巻 1 号、2021 年。

長沼秀明「近代日本の『実業』概念 ―報徳運動の再検討の必要性―」『自由が丘産能短期大学紀要』41 号、2008 年 6 月。

塚東進「日中合弁鴨緑江採木公司の分析―中国東北地域における日本資本による林業支配の特質」『アジア経済』31 号、1990 年 10 月。

飯塚寛「松野硼と志賀泰山」『森林計画誌』32 号、1999 年 2 月。

許倩伦:《清代东北封禁政策之研究》，硕士学位论文，台湾师范大学，1999。

张士尊:《清代东北移民与社会变迁（1644~1911）》，博士学位论文，东北师范大学，2003。

Caffrey, Patrick J. The Forests of Northeast China, 1600－1953: Environment, Politics and Society. Ph. D. dissertation. Georgetown University, 2002.

王大川『近代中国東北地方における林業開発』博士学位論文、京都大学、2009。

附　录

吉林全省林业总局办事规则

第一条　各员或兼他差，或居私宅，夏/冬令午前八/十点钟务必一律到局办事，夏/冬令午后六/四点钟散值，无事之员听其自便。

第二条　各员须轮流值班，在局住宿，每员每月轮宿五夜，如因病因事，预先请假，与下班轮值之员互相更替，凡身兼要差者不在此例。凡夜间稽查门户、照料火烛、查点夫役等事，皆归轮宿之员经营。

第三条　总局设考勤簿，请总办派员掌管，每日十二点钟将此簿摊放公厅，到者齐集亲自签名，随时送总办查阅。过时不到不得补签，连三日不到者记过一次，连五日不到者记大过一次，如有事故先行请假者不在此例。

第四条　各员办公之室以整齐严肃为主，各员司无事不得团聚喧笑，任意歌唱，有客则另室接待，以免误公。

第五条　赌博吸烟大干例禁，凡牌具烟具概不准携带入局，违者员司书撤差，丁役革逐。

第六条　各员司共事一局，实际不重虚文，每值总办提调临局，只须在公厅谒见，其站班迎送等仪一概蠲免。

第七条　各司书无事不准任意离局，有事出门须在本股委员处告假，夜间不归须向值宿委员处回明原委。

第八条　各司书无论有事无事，须常在办公室内守候，每上灯以后各归卧房休息。

第九条 每日十一点钟以后，各员司书除有要公必须秉烛办事，此外一律吹灯就寝，停止炉火，由值班委员查点。

第十条 提调领袖全局，有提纲挈领之责，凡局中一应大事，及往来文牍并各员司书记功记过等事，皆须回明提调知照。

第十一条 总文案收掌文牍，凡本股员司书办公勤惰，并归稽察，各司书如办事不力时常离局，以及误公犯规等情，回明总办请示撤换。

第十二条 文案处设掌案委员一员掌管案卷，一应往来文件并归该员收发核对，督率司事随时登号，如有遗失讹错等情，惟该委员是问。

第十三条 文案处司事帮同掌案委员收管案卷、收文发文、编号登簿，及指挥书识分派誊缮等事，立文案考勤簿，每日书识所写字数详晰登记，逐日送总文案查核。

第十四条 文案书识六名，誊清缮稿听掌案员司指挥分派，内提值班书识一名，启事用印承上起下，不司缮写。

第十五条 缮写文牍以整齐圆润、洁净迅速为贵，切忌脱漏挖改、草率破体。上行之件尤宜加意检点，每件不满千字者当日必须写齐，不得延至次日交卷；二三百字者必须一气写完，不得间断搁笔任意他适，违者每件记过一次。

第十六条 凡缮写呈文、移文、札文、清折等件，连稿并签不得过二日之限，如有大宗册报、告示须写多分者不在此例。

第十七条 总稽核处经管稽核帐目，并各分局报销清册、照根、票根等件，如有舛错随时驳正，回明总办执照文案拟稿。

第十八条 会计处经管收发款项，按月督率本股司书分款造报文案，拟稿后由该股书识缮册分送。

第十九条 会计处须立逐日流水，无论钱项多寡，皆须登帐，五日一小结。誊清方帐，送总办盖戳，一月一总，凡有用款须有总办戳记，始准发给。局中无论何项人等，不准私自挪借分文。

第二十条 款项由官帖局领出，存于殷实铺商，立某号存钱信折，随用随取，不取官利。折存总办，如用款时由会计处开条，总办核定加戳，取折拨钱后随即将折交还总办核对，无讹于折内钱数上盖戳。

第二十一条 总司库收管各木把所用米盐靰鞡等项，由庶务处采办齐备，交库存储，以备各分局备文具领，随时知照会计处分款造报。

第二十二条 各处用物须由库房开条送总办批准，发交庶务处采买，将发单送总办盖戳，货交库房核收，认定标码等次收存库内，然后发给各处，凭发单向收支处取钱。

第二十三条 庶务处采办物料及局中伙食薪炭一应杂事，遇有采买等事，随时检同发单赴会计处领钱，所办物料交库收储。

第二十四条 材料厂发委员专管各分局运省之木，随时登记花色件数，遇有买卖木料，会同庶务处议价，知会总司库收款，凭总司库开单发货。总司库将逐日所发款项报知会计处列款造报。

第二十五条 总局设差弁四名、什长一名、护勇十名、茶房一名，文案、稽核、会计、庶务四处派茶房四名，伺候该股司书。委员各带跟丁伺应，司事以下用公中茶房伺候，不得自行带人以示限制。

第二十六条 总局大门晨启夕闭，夏令早四点钟、冬令早六点钟开门，十点钟关门落锁，钥匙送庶务处经管。

第二十七条 各员司、差弁、门班、茶房、跟丁人等，除公中预备伙食茶水薪炭外，每员按月发茶叶半斤、洋烛四封；文案处司书按月发茶叶五斤、洋烛六封；稽核司库、会计、庶务司书按月每处发茶叶一斤、洋烛四封；门房按月发茶叶三斤、洋烛六封，此外各人自备。

以上各条，各员司书人等一体遵守，如有未尽事宜，随时酌量增定，再行宣布。

光绪三十四年三月

后　记

　　本书的完成意味着我在博士期间开始的研究暂时告一段落，这离不开很多人的帮助。首先，我要感谢我在加州大学洛杉矶分校的论文指导委员会成员以及其他优秀学者的帮助和鼓励。我的导师王国斌（R. Bin Wong）认真阅读了本书各阶段的草稿并提出了一系列改进意见，从博士期间申请研究资助、搜集资料到写作成文的漫长过程，他一直都在给予积极建议和慷慨帮助。万志英（Richard von Glahn）教授审阅了我的论文初稿，尽管它们存在很多缺陷，但他仍然鼓励我的想法。平野克弥（Hirano Katsuya）教授在论文写作的每个阶段都提供了指导和反馈，他对北海道阿伊努人的研究给我带来很多宝贵的启发。苏珊娜·海克特（Susanna B. Hecht）教授引导我进入"环境人文主义"（environmental humanities）和"政治生态学"（political ecology）领域，并经常为我介绍拉丁美洲森林史的最新学术成果，大大拓宽了我的研究视野。孟泽思（Nicholas Menzies）、罗森塔尔（Jean-Laurent Rosenthal）、郭安瑞（Andrea S. Goldman）、维奈·拉尔（Vinay Lal）四位教授在我着手这个选题的研究后提供了不可或缺的远见、指导和无私的支持。

　　在书稿修改完善的过程中，我也得到了很多学者的支持和建议。与日本"满洲研究小组"的交流使我对近代中国东北土地和资源的开发有了更为深刻的理解，和侯嘉星、江夏由树、上田贵子、永井リサ等学者的讨论促使我继续思考森林与国家的互动。张玲、兰德（Brian Lander）、韩圭贤（Kyuhyun Han）有关东亚森林的政治经济史建议让我获益良多。詹姆斯·牛顿（James Newton）引导我重新思考边疆与森林采伐之间的关系，并提供了美国林业史的新视角。在有关中国经济史和环境史的会议、工作坊中，我报告过本书的部分章节，特别感谢葛夫平、高超群、郑振满、曹树基、杜正贞、帕特里克·卡弗里（Patrick Caffrey）、贝杜维（David Bello）、陈爽、彭凯翔、徐志民、杜丽红、李晓龙、梁敏玲、陈博翼、菅野智博、金以林、汪朝光、杜继东、马忠文、周祖文、吴敏超、侯中军、云妍、潘晓霞、薛轶群、薛刚、张海荣、冯淼、魏兵兵、林展、徐鑫、邱源媛、孙昊、阿风、陈明华、刘诗古、赖俊楠、申斌、赵思渊、王大任、叶磊、平山长富、米里亚姆·上西（Miriam Kaminishi）、孟一衡（Ian M. Miller）、董国强、林超超、蒋宏达、徐涛、贺江枫、焦建华、刘晶、段柏慧等诸位师友在论文修改和资料扩展方面的重要意见和帮助。

　　我要感谢论文写作各阶段在学术和生活上给予我指导和帮助的师友。特别感谢仲伟民教授，没有他耐心细致的指导和鼓励，我不会发现自己对东北史和林业史的强烈兴趣。我衷心感谢龙登高、李伯重、陈争平、倪玉平、王东杰和原祖杰教授。他们在我学习和职业生涯的每个阶段都提供无私帮助，也是我学术道路上的榜样。感谢加州理工学院-加州大学洛杉矶分校中国经济史小组成员的帮助和建议：戴史翠（Maura Dykstra）帮助我拟定了博士生资格考试的阅读书目；郭丹妮（Amy Gordanier）、李善圭（Sunkyu Lee）和我组成论文小组，每两周的见面和讨论对我有重要意义；约舒亚·赫尔（Joshua Herr）、吉列尔莫·鲁伊斯·斯托维尔（Guillermo Ruiz Stovel）、张萌、严冬、王悠和郝晓雯帮助我搜集资料和拓展思路，并在章节撰写的不同阶段提供重要反馈；曾与我一起参加研讨课的郭乔伊（Joyce Kuo）、苏汝律（Yu Lut So）、陈慧敏和杨盈川也以各种方式启发了我的研究。奥塞-奥帕雷（Nana Osei-Opare）、尼维迪塔·纳特（Nivedita Nath）、珍妮丝·利维（Janice Levi）、胡安·帕布罗·莫拉莱斯·加尔萨（Juan Pablo Morales Garza）等历史系同学的友谊是我在博士学习期间收到的宝贵礼物。奥塞-奥帕雷慷慨地为我博士学位论文的前两章提供了反馈意见，他和他的太太维维安（Vivian）在专业学习和生活上给予我重要帮助；纳特和利维是最好的倾听者，我们彼此分享了眼泪、欢笑和职业规划；加尔萨是中国文化的爱好者，我享受我们在中国和墨西哥历史及现实上的对话。我们四人曾提出一个设想，未来要共同撰写一本涵盖中国、印度、加纳和墨西哥相互关联的书。我希望那一天早日到来，并将为此努力。

　　在资料搜集方面，感谢迟立安老师、王剑教授和周琳老师，在东北查阅资料期间，他们为我提供重要的日文调查报告和资料线索。在台北和上海，李宇平、游逸飞、林志宏、徐秀孟、翁稷安、卫姿仔、黄相辅和陈建守等老师帮助我扫描资料并送给我他们最新出版的著作。感谢"东亚殖民地共同研究小组"的赵崧杰、左春梅和张弘毅，他们慷慨地与我分享搜集到的地图和日文研究；刁成林、许龙生、周坤为我提供了重要的日本史研究资料和信息。沈志华教授就俄罗斯档案馆的林业资料给予我宝贵建议。同时，我还要感谢辽宁省档案馆、吉林省档案馆、黑龙江省档案馆、大连市图书馆、丹东市档案馆、丹东市图书馆、斯坦福大学胡佛研究所、加州大学伯克利分校东亚图书馆、加州大学洛杉矶分校东亚图书馆以及日本国立国会图书馆的老师和工作人员，他们为我提供中国东北史料搜集的指引和便利。在资料搜集过程中，我得到了American Council of Learned Societies/Luce Foundations 基金会（ACLS/Luce）、亚洲研究协会（AAS）、美国环境史学会（ASEH）、加州大学洛杉矶分校日本研究中心（UCLA Japanese Studies Center）、中国国家社会科学基金青年项目和中国社会科学院青年科研启动项目的慷慨资助，这使我能够在不同国家和地区进行研究和发表，在此一并致谢。

　　此外，我自 2019 年下半年进入中国社会科学院近代史研究所工作以后，所领导以及其他所内同人对本书申请资助、资料扩充、文献翻译等给予了宝贵建议和慷慨支持，对此我深表感谢。同时，我要特别感谢社会科学文献出版社宋荣欣和陈肖寒两位老师的大力指导和帮助。陈肖寒老师不仅以专业审慎的态度指导我完成整个出版流程，还对书稿提出重要建议和反馈，他的严谨、细致使书稿可以呈现出更好的状态。

　　最后，我要向我的家人致以深切的谢意。感谢我的先生周海建，他曾和我一起阅历时空的日月山河，特别是在沈阳、长春、哈尔滨、旧金山等地查阅资料的过程中，他的厨艺和陪伴是我克服艰难险阻的最佳动力。同样感谢我们双方的父母，他们从事的都是"实用"的职业，却一直用爱和鼓励支持我进行"无用"的研究，并无条件相信我能够做出成果来。当然，书中的不足之处完全是我的责任。

2024 年 3 月 15 日

图书在版编目（CIP）数据

　　林业的生成：近代中国东北的森林治理与产业秩序：
1860~1931 / 池翔著. -- 北京：社会科学文献出版社，
2025.3
　　（中国社会科学院青年学者文库）
　　ISBN 978-7-5228-3731-4

　　Ⅰ.①林…　Ⅱ.①池…　Ⅲ.①林业史-东北地区-
1860-1931　Ⅳ.①F326.29

　　中国国家版本馆 CIP 数据核字（2024）第 112042 号

·中国社会科学院青年学者文库·

林业的生成：近代中国东北的森林治理与产业秩序（1860~1931）

著　　者／池　翔

出 版 人／冀祥德
责任编辑／陈肖寒
责任印制／王京美

出　　版／社会科学文献出版社·历史学分社（010）59367256
　　　　　地址：北京市北三环中路甲 29 号院华龙大厦　邮编：100029
　　　　　网址：www.ssap.com.cn
发　　行／社会科学文献出版社（010）59367028
印　　装／三河市龙林印务有限公司

规　　格／开　本：787mm×1092mm　1/16
　　　　　印　张：17.25　字　数：272 千字
版　　次／2025 年 3 月第 1 版　2025 年 3 月第 1 次印刷
书　　号／ISBN 978-7-5228-3731-4
定　　价／89.00 元

读者服务电话：4008918866